**Hrsg.
Iwanowski's
Reisebuchverlag**

101 Deutsche Ostseeküste
Geheimtipps und Top-Ziele

IWANOWSKI´S *i* REISEBUCHVERLAG

Im Internet:

www.iwanowski.de

Hier finden Sie aktuelle Infos zu allen Titeln, interessante Links – und vieles mehr!

Einfach anklicken!

Schreiben Sie uns, wenn sich etwas verändert hat. Wir sind bei der Aktualisierung unserer Bücher auf Ihre Mithilfe angewiesen:

info@iwanowski.de

101 Deutsche Ostseeküste - Geheimtipps und Top-Ziele
1. Auflage 2014

© Reisebuchverlag Iwanowski GmbH
Salm-Reifferscheidt-Allee 37 • 41540 Dormagen
Telefon 0 21 33/26 03 11 • Fax 0 21 33/26 03 34
info@iwanowski.de
www.iwanowski.de

Titelfoto: Darßer Weststrand (huber-images.de / Bäck)
Alle anderen Farbabbildungen: siehe Bildnachweis Seite 247
Redaktionelles Copyright, Konzeption und deren ständige Überarbeitung:
Michael Iwanowski
Redaktion: Mareike Wegner, Sebastian Thomson-Sabors
sowie Simone Nörling (www.derschoenstesatz.de)
Layout: Ulrike Jans, Krummhörn
Umschlagkarten: Kartografie + Grafik Klaus-Peter Lawall, Unterensingen
Titelgestaltung: Point of Media, www.pom-online.de

Alle Rechte vorbehalten. Alle Informationen und Hinweise erfolgen ohne Gewähr für die Richtigkeit im Sinne des Produkthaftungsrechts. Verlag und Autoren können daher keine Verantwortung und Haftung für inhaltliche oder sachliche Fehler übernehmen. Auf den Inhalt aller in diesem Buch erwähnten Internetseiten Dritter haben Autoren und Verlag keinen Einfluss. Eine Haftung dafür wird ebenso ausgeschlossen wie für den Inhalt der Internetseiten, die durch weiterführende Verknüpfungen (sog. „Links") damit verbunden sind.

Gesamtherstellung: Grafisches Centrum Cuno, Calbe
Printed in Germany

ISBN: 978-3-86197-095-8

Inhalt

Einleitung — 6
Eine Ostseeküste für alle — 7

Strände & Seebäder — 8
1	Das Ostsee Resort Damp: Familienurlaub und Hightech-Medizin	10
2	Hohwacht: Ostseeheilbad in schönster holsteinischer Landschaft	12
3	Weißenhäuser Strand: Gutshäuser und Ferienburgen	14
4	Heiligenhafen: Seebad der Gegensätze	16
5	Kellenhusen: Seebad im größten Waldgebiet der Ostseeküste	18
6	Grömitz: lebendig, abwechslungsreich, von der Sonne verwöhnt	20
7	Timmendorfer Strand: Seepromenade, Seebrücke und SEA LIFE	22
8	Strände auf Poel: Reif für die Insel	24
9	Heiligendamm: die Weiße Stadt am Meer	26
10	Darßer Weststrand: Baden am Rand des Nationalparks	28
11	Die Seebrücken von Binz und Sellin: Flaniersteige zum Horizont I	30
12	Die Seebrücken von Heringsdorf, Ahlbeck, Bansin: Flaniersteige zum Horizont II	32

Leuchttürme & Aussichtspunkte — 34
13	Leuchtturm Falshöft: Heiraten und Meer	36
14	Der Bungsberg: „Mount Everest" Schleswig-Holsteins	38
15	Leuchtturm Dahmeshöved: das Licht der Freiheit	40
16	Brodtener Steilufer: die Lübecker Bucht im Blick	42
17	Travemünde altbekannt? Ein alter und ein neuer Leuchtturm sowie weitere Highlights	44
18	Warnemündes Wahrzeichen: Leuchtturm und Teepott	46
19	Leuchtfeuer Dornbusch: Hiddensees malerischer Leuchtturm	48
20	Kap Arkona auf Rügen: drei Türme über den Kreidefelsen	50

Natur & Tiere — 52
21	Die Halbinsel Holnis: Familienstrand und Naturschutzgebiet	54
22	In der Geltinger Birk: Wildpferde und Highland-Rinder	56
23	Fehmarns Nordküste: wenig bekanntes Kleinod	58
24	Im Nienhäger Gespensterwald: Naturschutzgebiet mit Seeblick	60
25	Robbenstation Hohe Düne: Marine Science Center in Rostock	62
26	Vogelbeobachtung im Nationalpark Vorpommersche Boddenlandschaft: Zug der Kraniche	64
27	Wanderungen durch den Nationalpark Jasmund und zum Königsstuhl	66

Geschichte erleben — 68
28	Rum- und Zuckermeile Flensburg: von den Westindienfahrern des 18. Jahrhunderts bis heute	70
29	Das Landschaftsmuseum Angeln/Unewatt in Langballig: ein ganzes Dorf als Museum	72
30	Das Wikingermuseum Haithabu nahe Schleswig: Metropole der Nordmänner	74
31	Laboe: spektakuläre Aussicht über die Kieler Förde und U-Boot-Besichtigung am Marine-Ehrenmal	76
32	Schloss Plön: königliche Sommerresidenz und Kadettenanstalt für preußische Prinzen	78
33	Die Lütjenburger Turmhügelburg: mittelalterliches Zentrum Schleswig-Holsteins	80
34	Wismarer Mumme: Bier als Exportschlager	82
35	Wissemara: Eine Hansekogge besegelt die Ostsee	84

36	Dokumentations- und Gedenkstätte in der ehemaligen Stasi-U-Haft Rostock: Beklemmung pur	86
37	Freilichtmuseum Klockenhagen: Landleben anno dazumal	88
38	Vineta: Atlantis der Ostsee	90
39	Prora, das Seebad der 20.000: der totale Urlaub?	92
40	Wernher von Braun und die V2 in Peenemünde: der Tod aus der Luft	94

Kunst, Kultur & Literatur   96

41	„Die Pumpe" in Kiel: von der Abwasserentsorgung zum Kulturzentrum	98
42	Eutiner Festspiele: Freilicht-Opernbühne im Weimar des Nordens	100
43	Bad Segeberg: Festspiele und Fledermäuse	102
44	Lübecker Nobelpreisträger: Thomas Mann, Willy Brandt und Günter Grass	104
45	Lübecks Museumsquartier St. Annen: vom Mittelalter bis Andy Warhol	106
46	Klütz: Uwe Johnsons Jerichow	108
47	Galerie Alte und Neue Meister im Staatlichen Museum Schwerin: Brueghel und Hals, Rubens und Rembrandt	110
48	Skulpturen in Rostock: von der Lebensfreude, der Rathausschlange und einer Goldenen Nase	112
49	Künstlerkolonie Ahrenshoop: Bild des Friedens und der Abgeschiedenheit	114
50	Gerhart Hauptmann: ein Dichterfürst auf Hiddensee	116
51	Heimatmuseum in Wolgast: die Kaffeemühle	118
52	Im Pommerschen Landesmuseum Greifswald: Caspar David Friedrich, Max Liebermann und Vincent van Gogh	120
53	Lüttenort: das Künstlerrefugium von Otto Niemeyer-Holstein	122

Architektur   124

54	Wasserschloss Glücksburg: „Wiege Europas" und Fernsehkulisse	126
55	Rendsburgs Technikdenkmal und Wahrzeichen: Eisenbahnhochbrücke und Schwebefähre	128
56	Gut Panker: eine der schönsten Gutsanlagen Schleswig-Holsteins	130
57	Die Fehmarnsundbrücke: ein „Kleiderbügel" als Inselwahrzeichen	132
58	Lübecks Stadttore: Holstentor und Burgtor	134
59	Die Stadt der sieben Türme: Lübecks backsteingotische Kirchen	136
60	Rathaus und Markt: Lübecks hansestädtisches Selbstverständnis	138
61	Alter Schwede: Architektur in Wismar	140
62	Schwerin: ein wahres Märchenschloss	142
63	Bad Doberans Münster: Kleinod der Backsteingotik und Klosteridyll	144
64	Stralsunder Rathaus: gotisches Prestigeobjekt	146
65	Stralsunds Kirchen: Backsteingotik in Vollendung	148
66	Putbus: klassizistische Stadt in Weiß	150
67	Greifswalder Kirchen: die dicke Marie, der schlanke Nikolaus und der kleine Jakob	152

Aktivitäten & Sport   154

68	Tolk-Schau: familiärer Freizeitpark mit Tradition	156
69	Altenhof bei Eckernförde: Klettern, Golfen und Kultur	158
70	Eckernförder Bucht: Segeln lernen an malerischen Steilküsten und Naturstränden	160
71	Am Nord-Ostsee-Kanal zwischen Kiel und Brunsbüttel: unterwegs mit dem Fahrrad auf der „Deutschen Fährstraße"	162
72	In der Probstei: abwechslungsreiche Ferien für Familien	164
73	Triple-Ultra-Triathlon in Lensahn: ein Dorf feiert seine Helden	166
74	Hansa-Park in Sierksdorf: Familien-Erlebnispark am Meer	168
75	Ostsee-Meeting in Bad Doberan: bunte Hüte und donnernde Hufe	170
76	Von Bad Doberan nach Kühlungsborn: die Mecklenburgische Bäderbahn „Molli"	172
77	Hanse Sail: Rostock unter Segeln	174

Inhalt

78	Störtebeker: der Freibeuter und die Festspiele	176
79	Unterwegs auf Rügen: die Bäderbahn „Rasender Roland"	178
80	Usedom: mit dem Kanu auf dem Peenestrom	180

Bummeln & Einkaufen 182

81	Flensburgs Schönste: die Rote Straße	184
82	Spaziergang durch die Altstadt von Eckernförde: Räucherfisch und alte Bausubstanz	186
83	Die Kieler Holstenstraße: Deutschlands älteste Fußgängerzone	188
84	Preetz: altehrwürdige Schusterstadt in einer traumhaften Seenlandschaft	190
85	Burg auf Fehmarn: Bummeln in der Inselhauptstadt mit Charme	192
86	Neustadt in Holstein: ein Spaziergang durch die Heimatstadt des „Traumschiffs"	194
87	Die Inselstadt Ratzeburg: Bötchenfahrt, Barlach und legendäres Eis	196
88	Shoppen in Lübecks Altstadt: mehr als Marzipan und Weihnachtsmarkt	198
89	Strandkörbe aus Heringsdorf	200

Typisches & Kurioses 202

90	GEOMAR, Zoologisches Museum und Aquarium in Kiel: bizarre Welten 11.000 Meter unter der Meeresoberfläche	204
91	Der Fußball des Nordens: Handball-Rekordmeister THW Kiel und Verfolger SG Flensburg-Handewitt	206
92	Die Bräutigamseiche im Dodauer Forst: ein Baum mit eigener Postadresse	208
93	Astronomische Uhr in der Rostocker Marienkirche: schlägt seit 1472 (nicht nur) die Stunde	210
94	Bernsteinmuseum in Ribnitz-Damgarten: das Gold der Ostsee	212
95	Wie der Bismarckhering in Stralsund zu seinem Namen kam	214
96	Stralsund: Meer erleben im MEERESMUSEUM und im OZEANEUM	216

Ausflüge ins Ausland 218

97	Das dänische Sønderborg: Kriegsschauplatz und Segelparadies an der Flensburger Förde	220
98	Dänische Hotdogs aus Sønderhav: beliebt und preisgekrönt von Annies Kiosk	222
99	Über die deutsch-dänische Grenze: ein Waldspaziergang von Wassersleben über den Grenzübergang Schusterkate nach Kollund	224
100	Lolland: mit der Fähre von Puttgarden nach Rødbyhavn	226
101	Ausflug nach Polen: mit der Usedomer Bäderbahn nach Swinemünde	228

Anhang 230

Pfeffersäcke und bauchige Koggen: eine kleine Geschichte der Hanse	232
Die deutsche Ostseeküste – Zahlen und Fakten	234
Praktische Informationen	236
Urlaub für die ganze Familie	241
Besondere Unterkünfte – eine kleine Auswahl	242
Literatur	244
Register	245
Bildnachweis	247
Das Autorenteam	248

Einleitung

Eine Ostseeküste für alle

Die Ostsee ist durch die Kimbrische Halbinsel, die Landmasse oberhalb der Elbe bis zur Nordspitze Dänemarks, und die skandinavischen Länder von der Nordsee getrennt. Das sogenannte **„Baltische Meer"** erstreckt sich also von Dänemark im Westen bis zu den baltischen Ländern und dem russischen St. Petersburg im Osten. Die südliche Grenze sind die Küsten Deutschlands und Polens, über der Inselgruppe Åland ragt der Bottnische Meerbusen bis weit in den Norden Schwedens und Finnlands hinein.

Die **Deutsche Ostseeküste** ist erst seit 1990 wieder durchgängig zu bereisen. Nach dem Ende der DDR waren die Westdeutschen neugierig auf die historischen Hansestädte und Kaiserbäder Mecklenburg-Vorpommerns. Umgekehrt konnte man die östlich von Lübeck liegende ehemalige Zonengrenze überwinden, die heute mancherorts nur noch als Schneise im Wald auszumachen ist, und die Seebäder auf der anderen Seite der Mecklenburger Bucht besuchen. Seither ist die Ostseeküste, und vor allem deren östlicher Teil, neben den bayerischen Landen das beliebteste Urlaubsziel der Deutschen.

Trotz dieses Zulaufs und mancher baulicher Verfehlung gibt es immer noch sehr viele unverbaute Stellen mit naturbelassenen, feinsandigen Stränden. Diese sind oft kilometerlang und liegen nicht weit von den befestigten Promenaden, auf denen es sich weit flanieren lässt. So kann man sich einen Großteil der Küste spazierend, auf ausgebauten Wegen radelnd oder anderweitig sportelnd erschließen. Auf dem Seeweg geht das sowieso – **Schwimmen**, **Segeln** und jegliche Art von **Wassersport** sind hier immer Teil des Urlaubs.

Bei der Unterkunft kann der Reisende zwischen feinen Schloss- und hochklassigen Landhotels, topmodernen Wellnesstempeln, aber auch kleineren Pensionen mit herzlichen Gastgebern sowie gut ausgestatteten Campingplätzen wählen. Mancherorts setzen die Gemeinden auf **gutsituierte „Golden Ager"**. Trotzdem gibt es auch sehr „junge" Ecken: Einerseits ausgewiesene Surfgebiete mit studentischem Publikum, andererseits ruhige Orte mit Ferienwohnungen, die gerade für **Familien** mit Kindern ideal sind. Am Ferienende sind alle begeistert, dass die Ostseeküste für jedes Alter etwas bietet. Erholung ist trotz eines abwechslungsreichen Angebots an **Kultur und Aktivitäten** aber garantiert, dafür sorgt schon das unverwechselbare Farbenspiel:

Gelb zur Rapsblüte im Mai, ein sattes Grün im Frühsommer, beruhigende Brauntöne der wogenden Felder im Spätsommer. Darüber thront der tiefblaue Himmel mit schneeweißen Wolken, dazu das beruhigende Wogen des Meeres ... Entgegen ihrem Ruf ist die Ostseeküste ein **Schönwettergebiet**. Weil sich die Wolken oftmals erst über dem Festland abregnen, gehören viele Orte an der Küste zu den regenärmsten und sonnenreichsten Gebieten Deutschlands. Vor allem Fehmarn, Fischland-Darß und Hiddensee stehen meist ganz vorne in der Jahreshitliste der Orte mit den meisten Sonnenstunden.

In diesem Sinne wünschen einen heiteren Ostseeurlaub,
das Autorenteam und die Redaktion
im Frühjahr 2014

Strände & Seebäder

Das Ostsee Resort Damp: Familienurlaub und Hightech-Medizin

Das **Wappen** der 1.500-Seelen-Gemeinde Damp in der Region Schwansen nordöstlich von Eckernförde zeigt auf blauem Grund einen modernen Sportsegler mit weißem Segel, einen goldenen Ritterhelm und eine goldene Ähre. Die beiden letzteren stehen für die Tradition der Gutswirtschaft, die im östlichen Schleswig-Holstein vom Mittelalter bis in die frühe Neuzeit üblich war. Dabei gehörten riesige landwirtschaftlich genutzte Ländereien einer einzigen reichen Adelsfamilie. Im Mittelalter wurden diese Ländereien oft von massiven Befestigungsanlagen umgeben, denn die Herrschaftsfamilie war nicht nur Nutznießer, sondern auch für den Schutz und die Wehrfähigkeit ihres Besitzes einschließlich der Bewohner zuständig. Später verloren die Gutsanlagen ihren kriegerischen Charakter und wurden durch kunstvolle Architektur und prächtige Gartenanlagen zu repräsentativen Wohnsitzen ausgebaut.

Das **Gut Damp**, aus dem die heutige Gemeinde 1927 hervorging, wurde 1438 erstmals urkundlich erwähnt. Das Herrenhaus im Renaissance-Stil wurde ab 1595 erbaut und zusammen mit dem sogenannten Kuhhaus bis Mitte des 17. Jahrhunderts mehrfach umgebaut. Zur Gutsanlage gehören ein Barockgarten sowie eine romantische Kapelle. Das Herrenhaus selbst befindet sich in Privatbesitz und kann nicht besichtigt werden. Der vordere Bereich der Außenanlage ist jedoch frei zugänglich und beherbergt einen Antiquitätenladen sowie das Restaurant

Die Gemeinde Damp trägt nicht von ungefähr ein Segelboot im Wappen

KuhHaus, das wie die Schlei-Landschaft um Kappeln durch die TV-Serie „Der Landarzt" (s. S. 156) eine gewisse Berühmtheit erlangte.

Das Segelboot im Wappen steht für das heutige Damp, das als Badeort und für Ferien- und Freizeitspaß bekannt ist. Dass sich die Gemeinde so entwickelt hat, ist kein Zufall: In den 1960er-Jahren wurde unter dem damals noch äußerst originellen Titel **„Damp 2000"** beschlossen, ein Ferienzentrum der Extraklasse entstehen zu lassen. Die Gemeinde hat über die folgenden Jahrzehnte viel eigenes Kapital sowie Geld aus diversen Fördertöpfen investiert, um eine touristische Infrastruktur zu schaffen, die in Schleswig-Holstein Ihresgleichen sucht. Diverse Unterkünfte und Restaurants gehören selbstverständlich dazu, insbesondere aber Indoor- und Outdoor-Freizeitangebote für jedes Alter und jeden Geschmack.

Das Café und Restaurant KuhHaus gehört zur Anlage von Gut Damp

Eine der Hauptattraktionen war bis 2012 das Meerwasser-Schwimmbad Aqua Tropicana, das inzwischen geschlossen wurde, aber im Frühjahr 2014 durch das neue **Entdeckerbad Damp** zum Thema Wikinger ersetzt wird. Ansonsten sind Klettern, Skaten, Beachball drinnen und draußen, „Adventure-Golf", Bowling, Wasserski und Reiten nur einige der angebotenen Aktivitäten. Inzwischen heißt das Projekt selbstverständlich nicht mehr „Damp 2000", sondern wurde nach langen Jahren als „Ostseebad Damp" 2011 in **„Ostsee Resort Damp"** umbenannt. Wobei der moderne Name nicht über die heute etwas gewöhnungsbedürftige 1960er-Jahre-Architektur hinwegtäuschen kann.

Ein wichtiges wirtschaftliches Standbein der Gemeinde Damp taucht allerdings im Wappen nicht auf. Ein Äskulap-Stab oder ein künstliches Kniegelenk wären hier als Symbol denkbar gewesen, denn Damp steht auch für seine Kliniken und Reha-Einrichtungen. Auch dieser Zweig war schon relativ früh im Konzept für „Damp 2000" vorgesehen, die Kombination aus **modernster Medizin** und Erholung an guter Ostseeluft sollte für medizinisch bedürftige Kurgäste attraktiv sein – was bis heute gut funktioniert. (mw)

Information: Ostsee Resort Damp, Seeuferweg 10, 24351 Damp, Tel. 04352/80666, www.ostsee-resort-damp.de (siehe dort auch aktuelle Informationen zum Entdeckerbad).

Essen & Trinken: Restaurant KuhHaus, Mi–So ab 12 Uhr; Gut Damp, Tel. 04352/1515, www.kuhhaus-damp.de.

Strände & Seebäder

Hohwacht: Ostseeheilbad in schönster holsteinischer Landschaft

Die Hohwachter Bucht und insbesondere der namensgebende Ort Hohwacht sind immer noch so etwas wie ein Geheimtipp. Inmitten **einer herrlichen Naturlandschaft**, zwischen einem grünen Band dichter Bäume und der leuchtend blauen Ostsee wird fündig, wer Ruhe und Beschaulichkeit sowie einen schönen, zum Teil wenig besuchten Strand sucht.

Dass der **Wald** bis dicht an Hohwacht heran ragt und zusammen mit der Steilküste das Erscheinungsbild des Ortes bestimmt, ist der Weitsicht der Lokalpolitik in den 1960er- und 70er-Jahren zu verdanken. Mitten im Bauboom jener Zeit beschloss die Gemeindevertretung, dass die Häuser in dem ehemaligen Fischerdorf nicht über die Baumkronen hinaus gebaut werden dürfen. So blieben dem Ostseebad die typischen Bettenburgen jener Zeit weitgehend erspart. Hohwacht konnte so seinen ganz eigenen „grünen" Charakter bewahren. Und dennoch – oder gerade deswegen – gibt es im Ort eine für die Ostseeküste ungewöhnlich hohe Dichte an Hotels, aber auch viele nette und einfache Ferienunterkünfte.

Der Strand von Hohwacht ist sozusagen zweigeteilt. Hinter dem großen Parkplatz am westlichen Ortsrand erstreckt sich der Hauptbadestrand, vor dem ein promenadenartiger Weg zum Flanieren einlädt. Die **Hohwachter Flunder**, eine originell gestaltete Seeplattform, nimmt die Funktion einer Seebrücke ein. Nach Osten hin wird der Strand zunächst immer schmaler, weil hier das hohe Ufer bis direkt an das Wasser heran ragt. Davor stehen einige malerisch anmutende Badehütten, die es so nirgendwo an der schleswig-holsteinischen Ostseeküste mehr gibt. Von hier führt eine Treppe hinauf auf das kurze Stück Steilküste, das etwa in der geografischen Mitte des Ortes die beiden Hohwachter Strände voneinander trennt. Eine Aussichtsplattform bietet einen tollen Blick über die Ostsee, bevor der Weg einige hundert Meter weiter schon wieder hinab und nach **Alt-Hohwacht** im Osten des Ortes führt. Auch hier gibt es schöne kleinere Hotels und Ferienwohnungen sowie einen kleinen Badesteg am Bootsliegeplatz. Grün angemalte Fischerhütten sorgen für eine gemütlich-maritime Atmosphäre. Anstatt die Steilküste zu erklimmen, kann man natürlich auch bequem am Uferstreifen entlang zu diesem Strandabschnitt laufen.

Auch rund um Hohwacht, wo sich sanft hügeliges Hinterland anschließt, gibt es viel zu entdecken. Kei-

*Eher ruhig und idyllisch,
ist Hohwacht ideal für einen Familienurlaub*

Hohwacht: Ostseeheilbad in schönster holsteinischer Landschaft

Der Wald ragt bis dicht an den Ort heran

ne drei Kilometer weiter westlich liegt der kleine Hafen Lippe. Dahinter erschließt sich der **Große Binnensee**, ein wunderschöner, knapp fünf Quadratkilometer großer Strandsee, an dem das in eine Parklandschaft eingebettete Gut Waterneverstorf liegt. Das prächtige Herrenhaus ist noch heute Wohnsitz der Grafen von Waldersee. Im Anwesen selbst und in den umliegenden Reetdachkaten werden aber auch Ferienwohnungen vermietet. Schön angelegte Spazierwege laden zum Wandern ein.

Die herrliche holsteinische Landschaft ist uraltes Kulturland, in dem zahlreiche alte Burganlagen und Hünengräber nachweisbar sind. Wenig bekannt, aber sehr sehenswert ist die steinzeitliche **Langbetten-Grabanlage Ruserberg**, die sich knapp zwei Kilometer südlich des Großen Binnensees zwischen dem Dorf Futterkamp und Gut Neudorf befindet. Drei über 4.500 Jahre alte „Riesenbetten" von 30 bis 60 Metern Länge sind noch annähernd erhalten geblieben. Einst war das größte von ihnen mit 100 mächtigen Findlingen eingefasst. (dk)

Information: Tourist-Information Hohwacht, Berliner Platz 1, 24321 Hohwacht, Tel. 04381/90550. Hohwacht betreibt gemeinsam mit den benachbarten Gemeinden die Homepage www.hohwachterbucht.de.
Essen & Trinken: Das **Restaurant Klabautermann** ist ein zünftiges Gasthaus mit Logenplatz am Jachthafen von Lippe und von Hohwacht aus leicht in einem knapp 3 km langen Strandspaziergang zu erreichen. Die Holzbänke und Tische vor der kleinen reetgedeckten Kate stehen auf einer Wiese am Wasser. Innen herrscht rustikale Holzpanelen-Optik vor. Empfehlenswert ist hier vor allem Deftiges, insbesondere frischer gebratener Fisch (abends besser reservieren). Tgl. 11–21 Uhr, Tel. 04381/8250, www.klabautermann-lippe.de.

③ Weißenhäuser Strand: Gutshäuser und Ferienburgen

Die östliche Hohwachter Bucht birgt zahlreiche Gegensätze und am Weißenhäuser Strand prallen gewissermaßen **zwei Welten** aufeinander. Während der riesige Ferienpark Weißenhäuser Strand mit 1.200 Ferienwohnungen aufwartet, liegt keine zwei Kilometer entfernt das Schlossgut Weißenhaus, das in den letzten Jahren zum noblen Ressort ausgebaut wurde.

Die **Ferienanlage Weißenhäuser Strand** wurde in den 1970er-Jahren buchstäblich aus dem Boden gestampft. Mit jährlich rund 160.000 Gästen, die es zusammen auf über 800.000 Übernachtungen bringen, handelt es sich um die größte Anlage dieser Art in Deutschland. Die Architektur der schmucklosen Wohnblöcke ist nicht gerade preiswürdig, aber die Anlage ist gepflegt und durch regelmäßige Modernisierungen technisch auf dem neuesten Stand. Zahlreiche – meist kostenpflichtige – Annehmlichkeiten finden sich hier auf engstem Raum. Es gibt eine überdachte Galerie mit diversen Restaurants und Geschäften, einen Minigolfplatz, einen Tennisplatz, einen künstlichen See mit Wasserski-Anlage und vieles mehr. Ein Höhepunkt ist das riesige Erlebnis-Schwimmbad, das unter dem Motto „Draußen Ostsee – drinnen Südsee" vermarktet wird. Neben der 214 Meter langen Superrutsche gibt es Wasserkanonen, einen Wildwasserkanal und viele andere actionreiche Aktivitäten für Kinder, aber natürlich auch einen Wellnessbereich mit Whirlpools und Saunalandschaft. Ein Publikumsmagnet ist auch das „Abenteuer Dschungelland", ein riesiger Indoor-Spielplatz mit zahlreichen Kletter- und Spielmöglichkeiten, einer Goldwaschanlage und einigen Terrarien.

Kontrastprogramm: voller Weißenhäuser ...

Weißenhäuser Strand: Gutshäuser und Ferienburgen

Natürlich lebt die Anlage vom drei Kilometer langen Strand, den man in einem kurzen Spaziergang durch die naturgeschützten Dünen erreicht. Hier gibt es auch eine kleine Seebrücke, einen Hundestrand und einen FFK-Bereich. Im Osten wird der Weißenhäuser Strand vom Truppenübungsplatz Putlos begrenzt. Im Westen, jenseits des Oldenburger Grabens, geht er in einen Naturstrand über, der von den Einheimischen „Eitz" genannt wird. Vor der Steilküste liegen einige Anglerboote, ansonsten ist der **Eitzer Strand** weitgehend in der Hand der zahlungskräftigen Gäste der dahinter liegenden Schlossanlage.

Das **Schloss Weißenhaus** wurde im Jahr 1896 im neobarocken Stil als Herrenhaus eines ehemaligen Hofguts errichtet und erstrahlt heute in leuchtendem Weiß vor der umliegenden Parkanlage. Ein Hamburger Unternehmer kaufte der Adelsfamilie von Platen im Jahr 2005 das gesamte Areal mit Schloss, Nebengebäuden und ca. 750.000 Quadratmetern Grund ab. Bis 2014 wurde das Anwesen sehr aufwändig renoviert und das Schloss zum exklusiven 5-Sterne-Hotel umgebaut. Auch die zahlreichen Nebengebäude wie Meierei und Torhaus beherbergen nun hochwertige Zimmer und Suiten. In einer großen Reetscheune finden kulturelle Veranstaltungen statt.

Bemerkenswert ist auch das sehenswerte Hinterland von Weißenhaus, denn dort liegen inmitten hügeliger Landschaft einige der **schönsten Gutshöfe Ostholsteins**. In unmittelbarer Nähe zum Gut Weißenhaus befinden sich das Gut Farve mit alter Holländerwindmühle, Gut Ehlerstorf mit reetgedecktem Gebäudeensemble und Gut Testorf mit mächtiger Scheune und Kuhhaus. Alle Güter sind nach wie vor in Privatbesitz und nur von außen zu besichtigen. (dk)

... und menschenleerer Eitzer Strand

Information: **Ferien- und Freizeitpark Weißenhäuser Strand**, Seestr. 1, 23758 Weißenhäuser Strand, Tel. 04361/550, www.weissen haeuserstrand.de. Badelandschaft tgl. 9.30–20.30 Uhr, Tageskarte 22 € (Kinder 3–14 J. 15 €, Familienkarte 49 €). Indoor-Spielplatz Dschungelland tgl. 10–22 Uhr, Kinder ab 3 J. 11 € (Familienkarte 38 €). Hausgäste erhalten für beide Attraktionen einmalig eine Ermäßigung.
Schloss Weißenhaus, Parkallee 1, 23758 Weißenhaus, Tel. 04382/ 92621718, www.weissenhaus.net.

Essen & Trinken: Das noble Strandrestaurant **Bootshaus Weißenhaus** serviert in schönster Lage direkt am Ostseestrand Eitz frische „California Cuisine". Die Räumlichkeiten sowie die Außenterrasse sind loungeartig und mit viel Holz gestaltet, tgl. 12–22 Uhr. Etwas weiter westlich in Richtung Steilküste bietet das Strandcafé **Alte Liebe** Kuchen und herzhafte Snacks an (tgl. 11–19 Uhr). Kontakt für beide: Strandstraße, 23758 Weißenhaus, Tel. 04382/92623500.

Heiligenhafen: Seebad der Gegensätze

Heiligenhafen ist ein Seebad der Gegensätze, und ein besonders sehenswertes dazu. Einerseits lädt die schöne und geschichtsträchtige Altstadt um den großen Marktplatz herum zum Bummeln ein. Andererseits ragt am Rande der Stadt, zwischen Binnensee und Ostsee, der **Ostsee-Ferienpark** in den Himmel – ein im Bettenburgenstil der 1970er-Jahre erbauter riesiger Ferienwohnungskomplex. Im Zentrum befindet sich dort das sogenannte Aktiv-Hus, ein Ensemble mit Schwimmbad, Multifunktionshalle und Einkaufspassage.

Im **traditionellen Hafen** der Kleinstadt entladen in den Morgenstunden die Fischer ihre Kutter und bieten fangfrischen Fisch zum Kauf an. Außerdem liegen hier noch einige Ausflugsschiffe für Hochseeangler sowie Traditionssegler. Der riesige moderne **Jachthafen** dagegen beherbergt auf seinen etwa 1.000 Liegeplätzen Deutschlands größte Flotte von Charterjachten.

Auch die verschiedenen Strandabschnitte stecken voller Gegensätze, denn Heiligenhafen ist ein Paradebeispiel für die unvorstellbaren Kräfte von Sand, Wind und Wasser. Von der Kliffküste westlich der Stadt wurde im Laufe der Zeit durch Wind und Wetter viel Material abgetragen. Aufgrund der Strömung und der damit verbundenen Sandverdriftung haben sich zwei **gewaltige Nehrungshaken** gebildet, die dem Hafen vorgelagert sind. Sie werden Steinwarder und Graswarder genannt. Durch eine Sturmflut im Jahr 1954 wuchsen beide Warder zusammen und die Fischer hatten mit einem Mal keine Hafenzufahrt mehr. Seither müssen die Boote einen großen Bogen um den Graswarder herum fahren.

Der **Steinwarder** wurde befestigt, umschließt heute den Heiligenhafener Binnensee und verfügt an seiner Nordseite über feinsandigen Badestrand. Der **Graswarder** hingegen ist ein außergewöhnlich schön gelegenes Naturschutzgebiet, an dessen Binnenseite sich zahlreiche, eigen-

Malerische Steilküste

Heiligenhafen: Seebad der Gegensätze

Die Strandvillen am Graswarder machen einen Spaziergang dort besonders reizvoll

artig geformte Landzungen gebildet haben. An der Seeseite stehen in exponierter Lage einige reetgedeckte, zwischen 1901 und 1910 erbaute Strandvillen. Ein Spaziergang am dortigen Strand lohnt sich aufgrund des malerischen Anblicks unbedingt.

Zwischen Stein- und Graswarder wurde im Jahr 2012 eine 440 Meter lange, teilweise zweistöckige **Seebrücke** mit Liegemöglichkeiten und Badedeck eröffnet. Die Brücke ist der Auftakt zum im Bau befindlichen neuen touristischen Zentrum am Strand mit reetgedeckten Ferienhäusern (Marina Resort) inmitten einer künstlichen Dünenlandschaft und zwei Hotels in bester Lage unmittelbar vor der neuen Seebrücke. (dk)

Information: Tourismus-Service Heiligenhafen, Bergstr. 43, 23774 Heiligenhafen, Tel. 04362/90720; Außenstelle Ferienpark Tel. 04362/ 502900, www.heiligenhafen-touristik.de (auf der Homepage gibt es auch einen Link zu einer Reihe privater Vermietungsbüros).

Essen & Trinken: Frischen Fisch gibt es nicht nur am Hafen, sondern auch im SB-Restaurant **Fisch-Hütte** mit eigener Fischräucherei am Rande des Heiligenhafener Gewerbegebiets. Neben dem verglasten Verkaufsraum bietet ein kopfsteingepflasterter Hof reichlich Platz zum Verzehr der frisch zubereiteten Spezialitäten wie Räucherfisch und Aal. Tgl. 8.30–21 Uhr, Industriestraße 13, 23774 Heiligenhafen, Tel. 04362/2232, www.fisch-huette.de.

Wer keinen Fisch mag, der wird vielleicht in der **Altdeutschen Bierstube** fündig. Hier gibt es deftige Küche (v. a. Bratkartoffelgerichte) und ein zünftiges Bier in gemütlicher Wirtshausatmosphäre. Historisches Giebelhaus auf dem Marktplatz mit netter Außenbestuhlung. Markt 11, Tel. 0432/6411.

Kellenhusen: Seebad im größten Waldgebiet der Ostseeküste

Auf dem Weg in das etwas abseitig gelegene Kellenhusen durchquert man das mit knapp sechs Quadratkilometern größte zusammenhängende Waldgebiet der schleswig-holsteinischen Ostseeküste. Kellenhusen ist mit nur rund 1.000 Einwohnern etwas kleiner als seine Nachbarbäder, was dem Ort eine gewisse **Gemütlichkeit** verleiht. Der flach abfallende Strand des kleinen Familienbades ist schön breit und relativ feinsandig. Zudem vermindern flache, dem Ufer vorgelagerte Sandbänke den Wellenschlag. Die modern und familienfreundlich gestaltete **Strandpromenade** lädt zum Flanieren ein und ist naturgemäß so etwas wie die Lebensader des Ostseebades. Hier befinden sich Restaurants, Cafés und Imbissstände, aber auch Boutiquen und andere kleine Läden. In den geräumigen Buden der Strandkorbvermieter, die es andernorts schon lange nicht mehr gibt, lassen sich aufgepumpte Schlauchboote, Luftmatratzen oder andere Strandutensilien kostenlos verstauen, sodass man sie am Abend nicht wieder ins Ferienquartier schleppen muss. Zwischen dem Strand und dem Wohnort mit seinen verkehrsberuhigten Straßen erstreckt sich der für diesen Küstenabschnitt obligatorische Deich. Er wurde nach der großen Sturmflut von 1872 errichtet.

Entspannt abhängen auf der futuristischen Kellenhusener Seebrücke

Mittelpunkt Kellenhusens ist – wie in anderen Ostseebädern auch – die **Seebrücke** mit ihrem geräumigen Vorplatz. Doch diese 300 Meter lange und etwas futuristisch anmutende Brücke ist ziemlich besonders. Sie verfügt über drei begehbare Themeninseln mit Hängematten, Bänken, Aussichtsplattform und verschiedenen Sprungbrettern. Wahrzeichen des Ortes ist allerdings nicht die Brücke, sondern ein überdimensionaler hölzerner Fischer auf dem Brückenvorplatz.

Stolz sind die Einheimischen zu Recht auf den sich landeinwärts erstreckenden, **hohen Mischwald** mit Buchen, Eichen und Eschen. Im Gemeindewappen finden sich entsprechend nicht nur das Symbol des im Boot stehenden Fischers, sondern auch drei Blätter der im Laubwald vorherrschenden Laubbäume. Im Wald gibt es ein insgesamt 40 Kilometer langes Wegenetz, einen anschaulich gestalteten Waldlehrpfad, einen Abenteuerspielplatz, ein Hundeauslaufgatter und ein gut einsehbares Wildschweingehege.

Bekannt war und ist der wildreiche Kellenhusener Forst vor allem wegen einiger alter und sehr **besonderer Eichen**, die am Waldweg in Richtung Grönwohldshorst zu finden sind: Die Wasserstandseiche zeigt an, bis wohin die Sturmflut von 1872 stieg. Im Schatten der Königseiche soll anno dazumal der König von Dänemark wahrhaft königlich gespeist haben. Die 350 Jahre alte Fünfmarkseiche diente einst dem Künstler Maximilian Dasio als Vorlage für das Prägebild des 5-Mark-Stücks der Weimarer Republik. Am bekanntesten ist die 1.000 Jahre alte Kroneiche, ehemals ein beliebtes Ausflugsziel. Doch auch Eichen leben nicht ewig, Kron- und Königseiche sind längst von einem Sturm gefällt worden. Auch die Fünfmarkseiche ist abgestorben, steht aber noch. Lediglich die Wasserstandseiche trotzt bislang allen Widrigkeiten. 1999 ist mit der Präsidenteneiche eine weitere, allerdings sehr junge Namenseiche hinzugekommen. Sie wurde während der alljährlich im Oktober stattfindenden Kellenhusener Hubertuswochen anlässlich eines Besuchs des damaligen Bundespräsidenten Johannes Rau gepflanzt. (dk)

Die Wasserstandseiche zeigt an, bis zu welcher Höhe die Sturmflut von 1872 reichte

Information: Tourismus-Service Kellenhusen, Strandpromenade 15, 23746 Kellenhusen, Tel. 04364/49750, www.kellenhusen.de (unter „Unterkünfte" findet sich hier auch ein Link zu einer Reihe privater Vermietungsagenturen, beispielsweise zum Fremdenverkehrs- und Gewerbeverein Kellenhusen e.V.).

Von April bis Oktober findet jeden Mittwoch um 15.30 Uhr am ortsnahen Wildschweingehege die **Wildfütterung** statt; Treffpunkt am „Waldpilz" im Erholungswald, Eintritt kostenlos, häufig mit informativer Erklärung sowie Kaffee- und Kuchenverkauf.

Tipp: Mit seinen 22 direkt am Meer gelegenen Bahnen verfügt Kellenhusen über Deutschlands größte **Discgolfanlage**. Beim Discgolf werden Wurfscheiben (Frisbee) in speziell entwickelte Metallkörbe geworfen, wobei auch natürliche Hindernisse zu überwinden sind. Die Benutzung der Bahn ist kostenlos. Discgolf-Scheiben können beim Tourismus-Service ausgeliehen werden.

Grömitz: lebendig, abwechslungsreich, von der Sonne verwöhnt

Ganz klar, Grömitz ist das lebendigste und vielleicht auch interessanteste Bad an der schleswig-holsteinischen Ostseeküste – das größte ist es sowieso. Nicht umsonst nennt sich Grömitz das „Ostseebad der Sonnenseite", denn die Großgemeinde bietet alles, was man sich für einen erholsamen Ostseeurlaub wünscht. Und das ist vor allem der feine, ganze acht Kilometer lange **Sandstrand**, der sich vom riesigen Jachthafen bis zum Vorort Lensterstrand zieht, und der im Zentrum von Grömitz von einer 3,5 Kilometer langen Strandpromenade flankiert wird.

Dieser Strand ist die Hauptattraktion des Ortes, denn der Sand ist in Grömitz noch etwas feiner als andernorts. Zudem verläuft die Küstenlinie hier so, dass das Wasser vom Strand aus gesehen südlich liegt. Wer also einen der rund 5.000 Strandkörbe mietet, kann diesen zur **Sonnenseite** ausrichten und dennoch auf das seicht dahinplätschernde Wasser der Ostsee blicken – eine seltenes Vergnügen an der deutschen Küstenlandschaft. Bei guter Sicht kann man die 16 Kilometer entfernte mecklenburgische Küste erkennen.

Familien fühlen sich hier ebenso wohl wie Senioren, jährlich gut zwei Millionen Übernachtungen werden verzeichnet. Trotzdem hat man hier dank des riesigen Strandes und ausreichender Infrastruktur nie das Gefühl, dass es überlaufen ist.

Trotz der Größe des Ortes braucht man hier kein Auto. Grömitz ist so angelegt, dass alles gut zu Fuß erreichbar ist. Supermärkte und andere Läden liegen hauptsächlich an der Fußgängerzone rund um die Kirchstraße. Allzu gerne läuft man dabei an der **Nico-**

Drachenfest am sonnenverwöhnten Strand von Grömitz

Grömitz: lebendig, abwechslungsreich, von der Sonne verwöhnt

laikirche vorbei. Die Feldsteinkirche aus der Mitte des 13. Jahrhunderts ist – wie so viele Kirchen an der deutschen Ostseeküste – dem Hl. Nikolaus als Schutzpatron der Fischer und Seefahrer geweiht. Im Inneren des mehrfach umgebauten Gotteshauses sind noch einige mittelalterliche Wandmalereien zu erkennen, die sonstige Innenausstattung stammt aus dem 17. und 18. Jahrhundert.

Kloster Cismar

Im Mittelalter ein mächtiges Wallfahrtszentrum, zu dem ein Großteil Ostholsteins gehörte – heute ein sechs Kilometer vom Seebad Grömitz entfernter Vorort. Beeindruckend ist vor allem die backsteinerne Klosterkirche. Darin befindet sich ein Hauptwerk der deutschen Schnitzkunst, ein imposanter, um 1315 erschaffener **Flügelaltar**, der zusammen mit dem Altar aus dem Bad Doberaner Münster als ältester der Welt gilt.

Ungewöhnlich groß ist der **Kurpark**, der sich zwar genau in der Ortsmitte zwischen Fußgängerzone und Strand befindet, aber dennoch etwas versteckt gelegen ist. Wer ihn betritt, findet eine grüne Oase mit altem Baumbestand rund um einen Ententeich vor. Für Kinder gibt es einen Spielplatz mit Klettergerüsten.

Das eigentliche Zentrum von Grömitz ist jedoch der Seebrückenvorplatz. Von der 400 Meter langen **Seebrücke** aus starten Ausflugsschiffe hinüber nach Boltenhagen oder entlang der Bäderküste nach Travemünde. Abwärts geht es dagegen in der **Tauchgondel**, die alle 40 Minuten auf etwa 3,5 Meter Tiefe abgesenkt wird und durch deren Panoramascheiben man den Meeresboden betrachten kann. Begleitet wird der Tauchgang durch wechselnde 3D-Unterwasserfilme.

Auch sonst ist im Ort für Abwechslung gesorgt. Mit dem Zoo-Park **Arche Noah** verfügt Grömitz beispielsweise über ein Tiergehege, das sich mit Seehundbecken, Schimpansen, Löwen, Luchsen und Lamas durchaus sehen lassen kann. Auch Ponyreiten wird hier angeboten.

Wer ein wenig mehr Ruhe sucht, der sollte im Süden von Grömitz in Richtung Jachthafen schlendern. Quer durch den Hafen zieht sich eine wellenförmige Erlebnispromenade aus Holzbohlen. Dahinter erstreckt sich ein besonders schöner Naturstrand mit einem naturbelassenen Stück **Steilküste**. Ein bisschen vorsichtig sollte man hier allerdings sein: Jedes Jahr bricht durch heftige Stürme und Regen ein Teil der bewaldeten Küste weg. Am Strand liegen daher häufig herabgestürzte Bäume zwischen den freigespülten Findlingen. (dk)

INFO

Information: Tourismus-Service Grömitz, Neuer Markt 1 und Kurpromenade 56 (Am Seebrückenvorplatz), 23743 Grömitz, Tel. 04562/2560.
Essen & Trinken: Der **Obsthof Schneekloth** ist ein familiäres Plantagencafé der ursprünglichen Art. Auf der Sonnenterrasse und unter den Kirschbäumen locken leckere Kuchen oder Eis mit frischen Beeren. Auch herzhafte Speisen wie Suppen, Matjes oder Pfannkuchen sind im Angebot, zudem gibt es ein prima Frühstück. Im Hofladen sind Eier, Schinken, Gemüse, Konfitüre und Liköre sowie Kunsthandwerk zu erwerben. In den angrenzenden Obstplantagen kann man Beeren oder Kirschen selbst pflücken. Streicheltiere und Kinderspielplatz vor Ort. Pappelhof 6a, 23743 Grömitz (direkt am Grömitzer Ortseingang Richtung Neustadt gelegen),
Tel. 04562/1704,
www.obsthof-schneekloth.de.

Timmendorfer Strand: Seepromenade, Seebrücke und SEA LIFE

Kaum ein Ort an der Ostseeküste hat einen **nobleren Ruf** als Timmendorfer Strand – und das ist kein Zufall, dieser Ruf wird nach allen Regeln der Marketing-Kunst gepflegt. Dementsprechend hat die Gemeinde Timmendorfer Strand ihren Namen zusammen mit dem Logo des Seepferdchens auch gleich als Markennamen schützen lassen.

Das Ortsbild prägt in erster Linie der **Strand**, der dem Seebad den Namen verlieh und der sich – dicht mit Strandkörben belegt – von der Ostseetherme bei Scharbeutz im Norden über sechs Kilometer bis jenseits des südlich gelegenen Hafens Niendorf erstreckt. Dichte Hecken zwischen Strand und Hinterland sorgen dafür, dass man nur an den Strandkorbvermietern vorbei zum kurtaxenpflichtigen Strand kommt. Die **Seebrücke** im Ort ist nicht spektakulär, aber – wie überall an der Küste – der Mittelpunkt des Strandlebens (s. S. 30 u. 32). Es gehört einfach zu einem Ostsee-Urlaub dazu, über die Seebrücke zu flanieren und die Ausflugsboote zu beobachten oder den Blick von der Brücke auf das Strandpanorama zu genie-

SEA LIFE Timmendorfer Strand

In der Nähe der Seebrücke befindet sich das architektonisch einer Welle nachempfundene Meeresaquarium SEA LIFE. Von außen wirkt das Gebäude mit dem blauen Dach nicht gerade imposant, doch der Eindruck täuscht, denn ein Großteil der beeindruckenden Unterwasserwelt, die sich über ganze 1.500 m² erstreckt, ist unterirdisch angelegt.

Das Meeresaquarium SEA LIFE bietet einen tollen Einblick in die Welt unter und am Wasser

Ein Rundgang bietet einen Einblick in die ganze Bandbreite der faszinierenden **Welt unter Wasser** – vom Berührungsbecken (mit Seesternen, Anemonen und Krebsen) über das Mangrovenbecken und das Ottergehege bis zu Aquarien mit Tropenfischen, Seepferdchen, Riesenseespinnen und Quallen. Insgesamt sind 38 naturgetreu gestaltete Schauaquarien zu betrachten. Der acht Meter lange, **gläserne Tunnel** durch ein 200.000-Liter-Becken mit Haien und Meeresschildkröten ist dabei der größte Besuchermagnet. Interessant und unterhaltsam sind die von Vorträgen begleiteten Fütterungen. Lange Warteschlangen vor den Kassen des Aquariums sind nicht ungewöhnlich, wenn während der Hochsaison die Sonne mal einen Tag Pause macht. Trotzdem lohnt ein Besuch dieser gelungenen (Unter-)Wasserwelt.

ßen. Unübersehbar wird die Szenerie vom hochaufragenden Maritim-Hotel dominiert. Ganz in der Nähe befindet sich auch das Meeresaquarium SEA LIFE.

Die eigentliche **Kurpromenade** ist allerdings nicht direkt am Meer gelegen, sondern – anders als in den meisten Ostseebädern – ein wenig landeinwärts versetzt. Sandfarben gepflastert, markiert sie nicht nur den 54. Breitengrad, der den Ort durchzieht, sondern beherbergt neben vielen Restaurants und Straßencafés auch zahlreiche erlesene Boutiquen und Schmuckgeschäfte.

Die weitläufige **Strandallee** verläuft parallel zur Kurpromenade durch den lang gezogenen Ort. Hier findet sich auch die eine oder andere Prachtvilla der vorletzten Jahrhundertwende, nicht selten inmitten eines großen Gartens mit herrlichem alten Baumbestand. Die Strandallee ist auch die erste Adresse der eleganten Hotels und Pensionen – einen Campingplatz sucht man in Timmendorfer Strand vergeblich.

Sehen und gesehen werden auf der Kurpromenade

Timmendorfer Strand bietet aber auch reichlich Unterkunfts- und Freizeitmöglichkeiten für einen gemütlichen Familienurlaub. Das gilt vor allem für Timmendorfs „kleine Schwester", den benachbarten Fischerort **Niendorf**. Beide Ortsteile bilden zusammen die Großgemeinde Timmendorfer Strand, allerdings geht es in Niendorf ein wenig beschaulicher zu, vor allem die gemütliche Hafenatmosphäre spricht für den kleinen Nachbarort. (dk)

Information: Timmendorfer Strand Niendorf Tourismus GmbH, Timmendorfer Platz 10, 23669 Timmendorfer Strand, Tel. 04503/35770, www.timmendorfer-strand.de.

SEA LIFE: tgl. ab 10 Uhr (letzter Einlass ca. 18 Uhr), Eintritt 14,95 € (Kinder 3–14 J. 11,95 €), bei Buchung über die Webseite ca. 20% Rabatt; Kurpromenade 8, www.visitsealife.com/timmendorfer-strand.

Strände auf Poel: Reif für die Insel

37 Quadratkilometer groß ist die beliebte Ostseeinsel, die sich wie ein schützender Riegel in die Wismarer Bucht schiebt. Es ist ein idyllisches, **ruhiges Eiland**. Der Hauptort Poels, Kirchdorf, befindet sich in der Inselmitte und hat doch einen kleinen Seglerhafen – dank einer Bucht namens Kirchsee, die tief in die Insel einschneidet und ihr die Form eines Hufeisens verleiht. Trockenen Fußes erreicht man Poel via Fährdorf. Seit 1927 verbindet ein Straßendamm die Insel mit dem Festland.

Die Ost- und Südküste von Poel prägen recht unwegsame Salzwiesen. Diese ausgedehnten Schilfgürtel – schwer zu sagen, wo die Insel aufhört und die Ostsee anfängt – sind ein Paradies für zahlreiche Wasservögel. Bereits seit 1924 hat die benachbarte Insel **Langenwerder** den Status eines Vogelschutzgebiets. Die Landschaft rund um die kleine Bucht namens **Fauler See** im Südwesten der Insel steht ebenfalls unter Naturschutz. Entlang der weit geschwungenen Küstenlinie im Westen und Norden der Insel erstrecken sich zwischen diesen beiden Naturschutzgebieten die Strände Poels: einsame, abgelegene Naturstrände, kinderfreundliche Sandstrände oder auch windverwöhnte Surfer-Hot-Spots.

Ruhesuchende finden an der Westküste zwischen dem Naturschutzgebiet Fauler See-Rustwerder und Timmendorf einen einsamen **Naturstrand**, streckenweise mit einer niedrigen Steilküste im Rücken. Zwar findet sich hier angeschwemmter Tang und die badetuchtauglichen Sandflächen liegen meist hinter dem steinigen Strandstreifen, wer aber abseits des Ferientrubels baden möchte, ist hier genau richtig. Der Abschnitt ist nicht überwacht. Obwohl nicht direkt als FKK-Strand ausgewiesen, wird sich hier kaum jemand an einem hüllenlosen Sonnenbad stören. Man erreicht diesen Strandabschnitt, wenn man in Wangern abbiegt und weiter bis

Die einsamen Naturstrände der Insel sind ideal für Ruhesuchende

Strände auf Poel: Reif für die Insel

hinter Hinterwangern zu einem Parkplatz fährt oder man wendet sich ab Timmendorf Strand nach Süden.

Nördlich von **Timmendorf Strand** mit seinem markanten Leuchtturm erstreckt sich ein Bilderbuch-Ostseestrand. Feinsandig fällt der breite Küstenstreifen sacht ins Wasser ab. Niedrige Dünen werden von Sanddornbüschen gekrönt. Kinder bauen Sandburgen, Surfer und Kiter lassen sich vom Wind treiben, Urlauber dösen in den Strandkörben. In Timmendorf Strand herrscht in den Sommermonaten Trubel, es gibt strandnahe Campingplätze und Ferienwohnungen, Restaurants und Imbissbuden, Wassersportangebote und Strandkorbverleih. In Ortsnähe überwacht die DLRG den Strand während der Saison. Vor allem bei Surfern und Kitern erfreut sich Timmendorf Strand großer Beliebtheit.

Timmendorf Strand ist beliebt bei Familien, aber auch bei Surfern und Kitern

Familiärer geht es **Am Schwarzen Busch** zu. Hier hat der Badeurlaub eine lange Tradition. Auch dieser von Buhnen unterteilte, breite, feinsandige Strand bietet Strandkörbe, und Schwimmer der DLRG halten die Badenden im Auge. Der nördlichste Strand ist noch ein wenig einsamer und mit feinem Sand ebenfalls kinderfreundlich, wenn auch nicht überwacht. Er befindet sich hinter Gollwitz. Von hier öffnet sich der Blick auf das Naturschutzgebiet der Insel Langenwerder.

Was alle Strände gemein haben? Die **Wasserqualität** ist nachweislich und ausnahmslos ausgezeichnet! (st/sb)

Information: Kurverwaltung Insel Poel, Mitte Mai bis Mitte Sept. Mo–Fr 9–17.30, Sa 14–16, So 10–12, Mitte Sept. bis Mitte Mai Mo–Fr 9–12 und 14–17 Uhr; Wismarsche Straße 2, 23999 Insel Poel/OT Kirchdorf, Tel. 038425/20347, www.insel-poel.de.
Hinkommen: Die **Buslinie 430** fährt von Wismar aus mehrmals tgl. die Insel Poel an, am Wochenende 5 x.
Essen & Trinken: Das **Café Frieda** bietet vielfältige Abwechslung vom Strandleben. Man sitzt sehr gemütlich in dem freundlichen Kunstcafé oder im hübschen Garten davor. Berühmt ist das Café für seine köstlichen hausgemachten Kuchen und Torten! Dazu gibt es fair gehandelten Bio-Kaffee oder -Tee. Im ersten Stock befindet sich eine kleine Galerie, in der in wechselnden Ausstellungen auch hiesige Künstler vorgestellt werden. Zudem werden diverse Veranstaltungen angeboten, Lesungen, Konzerte etc. Im Sommer tgl. 12–18 Uhr, im Winter eingeschränkt (zuletzt Fr–So 14–18 Uhr); Oertzenhof 4, 23999 Insel Poel, Tel. 0384525/429820, www.cafe-frieda.de.

Heiligendamm: die Weiße Stadt am Meer

Über dem imposanten Säulengang des zentral gelegenen Kurhauses von Heiligendamm prangt die lateinische Inschrift: HEIC TE LETITIA INVITAT POST BALNEA SANUM, was so viel heißt wie: „Nach dem gesunden Bad erwartet Dich hier der Frohsinn". Davon gab es im 19. und frühen 20. Jahrhundert wahrlich ausreichend in Heiligendamm, als der **europäische Adel** das Seebad als Kurort entdeckte. Der riesige Ballsaal im Kurhaus war Schauplatz zahlreicher rauschender Feste.

Baden gegen den Trübsinn

Einer Art Schocktherapie bediente man sich im 19. Jahrhundert bei allerlei körperlichen und seelischen Leiden: Der Patient – recht häufig vielmehr: die Patientin – wurde in einem Badekarren hinaus in die Ostsee gezogen und dort ins kalte Wasser gelassen. Die Anwendung sollte helfen bei Hysterie und Melancholie, Rheumatismus, Fallsucht (Epilepsie) und Rachitis. Dank des Badekarrens war auf diese Weise ein sittlich korrektes Bad ohne eventuelle Blicke des anderen Geschlechts möglich. Gebadet wurde seinerzeit nämlich streng nach Geschlechtern getrennt. Zusammen kam man in geselliger Runde nur am Strand, dann aber voll bekleidet, da auch das Sonnenbad bzw. die gebräunte Haut als unschicklich galten.

Seine Entstehung hat Heiligendamm dem schwächlichen Gesundheitszustand des Herzogs **Friedrich Franz I. von Mecklenburg** (1756–1837) zu verdanken. Dem wurde nämlich von seinem Leibarzt dringend zu heilsamen Bädern im Meer geraten. Prof. Dr. Samuel Gottlieb Vogel, Kur- und Badearzt, gab so den Anstoß für die Entstehung des ältesten Seebads in Deutschland. Im Jahr 1793 wurden hier auf Geheiß des Herzogs die ersten Badehäuser gebaut. Die neoklassizistische weiße Pracht am Meer entstand dann etwa zwei Jahrzehnte später, als Carl Theodor Severin die Bauleitung übernahm.

Zu den prominenten Gästen des Seeheilbades zählten Rilke und Proust, aber auch Hitler und Mussolini. Nach Ende des Zweiten Weltkriegs war Heiligendamm ab 1947 ein Sanatorium für Werktätige (bis 1990), viele der einst so prachtvollen neoklassizistischen Gebäude verfielen. Nach langjährigen und aufwendigen Restaurierungsarbeiten durch einen Kölner Privatinvestor und entsprechende staatliche Beihilfe erstrahlte das Gebäudeensemble ab 2003 als **Grand Hotel Kempinski** im neuen

Bäder in der kalten Ostsee sollten im 19. Jahrhundert bei allerlei Gebrechen helfen

Die denkmalgeschützten Strandvillen zeugen von der noblen Vergangenheit des Seebades

Glanz. Die Einschränkung des Wegerechts – Zugang zum Grandhotel nur für zahlende 5-Sterne-Hotelgäste – wie auch der Abriss eines historischen Gebäudes sorgten bei der Bevölkerung für Unmut und schadeten dem Image des Vorzeigeobjekts. Unter massivsten Sicherheitsvorkehrungen fand hier im Juni 2007 der **G 8-Gipfel** statt. Anfang 2009 zog sich die Luxushotelkette Kempinski aus Heiligendamm zurück, drei Jahre später meldete das Grand Hotel Konkurs an. Seit Sommer 2013 ist die weitläufige Hotelanlage im Besitz eines Privatinvestors aus Hannover. (st/sb)

INFO

Information: Tourist-Information Bad Doberan, Mo–Fr 9–18, Sa 10–15, in den Wintermonaten Mo–Fr 9–16, Do bis 18 Uhr; Severinstraße 6, 18209 Bad Doberan (im Zentrum, am Kamp), Tel. 038203/62154, www.bad-doberan.de.
Hinkommen: Entweder mit dem **Bus Nr. 121** ab Bad Doberan oder Kühlungsborn (ca. 10 x tgl., am Wochenende seltener) oder mit der historischen **Schmalspurbahn Molli** (s. S. 172). **Parken** kann man gebührenpflichtig unweit des Strandes.
Essen & Trinken: Ein wenig versteckt liegt das Hotel-Restaurant **Jagdhaus Heiligendamm** im Wald. Von der Zufahrtsstraße zum Grandhotel – noch vor der Abzweigung zum Strandparkplatz und zum Bahnhof – rechts ab. Moderne und viel gelobte Küche, die der Gault Millau zuletzt mit 15 Punkten bedachte. Wild und Fisch, heimisches Biogemüse und Kräuter bilden die Basis der raffinierten Küche von Alexander Ramm, Hauptspeisen 17–26 €. Im Obergeschoss werden außerdem vier Gästezimmer vermietet. Im Sommer mittags und abends geöffnet, Mi Ruhetag, im Winter in der Woche nur abends, Di/Mi Ruhetag; Seedeichstraße 18 b, 18209 Ostseebad Heiligendamm, Tel. 038203/735775, www.jagdhaus-heiligendamm.de.

⑩ Darßer Weststrand: Baden am Rand des Nationalparks

Es besteht kaum Zweifel: Der Darßer Weststrand ist der **schönste Naturstrand** Deutschlands. Naturstrand ist hier durchaus wörtlich gemeint, denn kein Strandkorb drängt ins Bild, keine DLRG-Station, keine Fischbude, kein Strandcafé. Angeschwemmtes Holz, Tang und sonstiges Strandgut bleiben einfach liegen. Hauptsächlich Individualisten zieht es im Sommer an den lang gestreckten Sandstrand. Das Naturparadies besticht mit den charakteristischen und überaus fotogenen, von Wind und Wetter geformten Kiefern (Windflüchtern), den Dünen und dem dahinterliegenden Darßwald mit zahlreichen Feuchtgebieten und kleinen Seen. Auch wenn der Strand manchmal gut besucht ist: Ein ruhiges Plätzchen zum Sonnenbaden findet hier jeder, auch in der Hochsaison.

> **Natureum am Darßer Ort**
>
> Über den malerischen Darßer Ort erhebt sich weithin sichtbar ein über 35 Meter hoher ziegelroter Leuchtturm, der 1847/48 errichtet wurde. Der Turm, der auch erklommen werden kann und einen herrlichen Blick über den Darßer Ort bietet, ist heute Teil des Natureums, einer Außenstelle des Deutschen Meeresmuseums in Stralsund (s. S. 216). Die sehenswerte Ausstellung widmet sich u. a. dem Naturraum Ostseeküste, der Dynamik einer sich stets verändernden Küstenlinie und der Flora und Fauna im Nationalpark. Das freundliche Café im Hof lädt zu einer Pause ein.

Keine Buden, keine Strandkörbe, kein Trubel – der Darßer Westrand ist so naturbelassen wie kaum ein anderer Ostseestrand

Darßer Weststrand: Baden am Rand des Nationalparks

Der Traumstrand erstreckt sich über gut acht Kilometer zwischen Ahrenshoop im Süden und Darßer Ort mit dem Museum Natureum an der Nordspitze. Geologisch gesehen ist der Darßer Weststrand noch recht jung: Bis vor etwa 3.000 Jahren verlief die Küstenlinie des Altdarß ein gutes Stück weiter landeinwärts. Reste dieser Steilküste sind an der Kreuzung der beiden Hauptwanderwege, am sogenannten Großen Stern, noch zu sehen. Der **Neudarß**, zu dem heute auch der Darßer Weststrand gehört, entstand durch Verlandung, mittlerweile findet aber der gegenteilige Vorgang statt: Tagtäglich verliert der Darßer Weststrand durch Wind und Wellen ein paar Sandkörner, die weiter nördlich, am Darßer Ort, wieder angelandet werden, der Sandhaken hier wächst bis zu mehreren Metern pro Jahr.

Der 1990 gegründete **Nationalpark Vorpommersche Boddenlandschaft** umfasst mit Ausnahme der Orte den gesamten Darß und den rund 50 Quadratkilometer großen Darßwald. In der Schutzzone I, der Kernzone, dürfen Wanderwege nicht verlassen werden (Das gilt nicht für den Strand, hier darf man natürlich entlanglaufen).

„Windflüchter" werden die von Sturm und Regen gebeutelten Kiefern genannt

Geschützt werden Rotbuchen, Eichen, Erlen und die Windflüchter am Strand, außerdem die vielfältige Flora und Fauna der Moor- und Feuchtgebiete im Hinterland der Küste. Im Darßwald brüten so viele Seeadler wie nirgendwo sonst im Nationalpark, zu den Bewohnern zählen außerdem u. a. Reh, Hirsch und Wildschwein sowie Fuchs, Dachs, Marder und der Fischotter. (st/sb)

INFO

Information: Natureum, Mai bis Okt. 10–18, Nov. bis April 11–16 Uhr, Eintritt 5 € (1. Kind 3 €, weitere Kinder frei); Darßer Ort 1, 18375 Born a. d. Darß, Tel. 038233/304, www.meeresmuseum.de/natureum.

Hinkommen: Ein dichtes Netz von **Wander- und Fahrradwegen** erschließt den Darßwald und ermöglicht an mehreren Stellen den Zugang zum Strand (Fahrradparkplätze u. a. am Darßer Ort und am Müllerweg). **Parken** kann man in Ahrenshoop: am Parkplatz Drei Eichen an der Straße nach Born, auf der linken Seite, oder in Prerow (beide gebührenpflichtig). Wer zum Leuchtturm (Natureum) möchte, kann sich ab Prerow mit dem Touristenbähnchen (**Darßbahn**) oder mit der Kutsche fahren lassen.

Die Seebrücken von Binz und Sellin: Flanierstege zum Horizont I

Lebensretter aus Binz

Auch wenn die Seebrücken gebaut wurden, um die Anreise von See aus bequemer und sicherer zu machen, waren die Pfahlkonstruktionen doch nicht vor Unfällen gefeit. Zu einem schwerwiegenden Zwischenfall kam es 1912 in Binz, als die Brücke unter der Last der Besucher teilweise zusammenbrach. Zahlreiche Urlauber stürzten ins Meer, über ein Dutzend Menschen ertranken. Dieses dramatische Ereignis führte zur Gründung der Deutschen Lebens-Rettungs-Gesellschaft (DLRG), deren Rettungsschwimmer bis heute über die Seebrücken und Strände wachen.

Einen ganz besonderen Aspekt der mondänen Bäderarchitektur mit weißen Fassaden und verspielten Details stellen die Seebrücken dar. Sie sind mehr als nur Konstrukte aus Pfählen am Ufer mit ein paar Holzplanken darauf. Durch Seebrücken werden Strandpromenaden aufs Meer hinaus verlängert. So flaniert man beim romantischen Abendspaziergang über das Wasser.

Die Initialzündung für die Errichtung der Seebrücken war allerdings nicht der Romantik geschuldet. All die Urlauber, die über das Meer anreisten, und das waren in Zeiten ohne Pkw deutlich mehr Menschen als heute, mussten von den Dampfschiffen auf kleine Segler und Ruderboote umsteigen, um an den Strand der Ostseebäder zu gelangen. Das war, zumal bei rauer See, häufig eine recht wacklige, um nicht zu sagen heikle Angelegenheit. Im Sommer 1900 kam es dabei in Sellin zu einem Unfall mit Todesfolge. Um die Anreise also bequemer und sicherer zu gestalten, wurde 1902 in **Binz** die erste Seebrücke Rügens errichtet.

Und bald hatte man den Me(e)hrwert der Seebrücken entdeckt. Sehen und gesehen werden, flanieren und parlieren. So dauerte es nicht lange, bis die ersten Aufbauten die Seebrücken zierten, Pavillons und Restaurants steigerten die Attraktivität der Stege. Die 1902 erbaute Seebrücke Binz war nicht nur die erste auf Rügen, sondern mit etwa 560 Metern eine der längsten. Die vier Jahre später errichtete Seebrücke **Sellin** war mit malerischen Aufbauten versehen. Allerdings machte die

Seebrücken sollten die Anreise der Gäste sicherer und bequemer machen – hier die moderne Seebrücke von Binz

Die Seebrücken von Binz und Sellin: Flanierstege zum Horizont I

Die Seebrücke von Sellin gehört zu den schönsten an der Ostsee

Das Jagdschloss Granitz

Inmitten des herrlichen Waldgebiets zwischen Binz und Sellin, der Granitz, hat sich Wilhelm Malte I., Fürst zu Putbus (s. S. 150) ein bemerkenswertes und heute viel besuchtes Jagdschloss errichten lassen. Es wurde ab 1837 auf dem 107 Meter hohen Tempelberg gebaut und sollte ursprünglich wie ein mittelalterliches Kastell wirken, mit einem Lichthof in der Mitte. Doch der berühmte Architekt Karl Friedrich Schinkel versah das Schloss mit einem zentralen, mächtigen, 38 Meter hohen Turm. Dieser verleiht dem Gebäude nicht nur ein einzigartiges Aussehen, sondern ermöglicht auch einen herrlichen Ausblick über die Granitz – sofern man die spektakuläre gusseiserne Treppe überwindet, die im Inneren des Turms hinaufführt. Auch die Räumlichkeiten im Jagdschloss kann man besichtigen, außerdem eine Ausstellung über den Fürsten und sein Bauwerk.

Mai bis Sept. tgl. 9–18, Okt. und April 10–16, Nov. bis März Di–So 10–16 Uhr, Eintritt 6 € (Kinder 1 €), 18609 Binz, Tel. 038393/66710.

exponierte Lage die Seebrücken auch anfällig für Orkanböen, Sturmhochwasser und Packeis. Von den großartigen historischen Brücken ist heute keine mehr erhalten. Aber auch ihre Nachfolger können sich sehen lassen. Die 1994 wiedererrichtete Seebrücke von Binz bringt es auf immerhin 370 Meter und gehört zum Bild des Seebads wie Kurhaus und Strandkorb. Mit ihren prächtigen Aufbauten zählt die Brücke von Sellin (neben der Seebrücke Ahlbeck, s. S. 32) zu den schönsten der gesamten Ostseeküste. (st/sb)

Information: Kurverwaltung Binz, Feb. bis Okt. Mo–Fr 9–18, Sa/So 10–18, Nov. bis Jan. Mo–Fr 9–16, Sa/So 10–16, an Feiertagen ganzjährig 10–16 Uhr; Heinrich-Heine-Straße 7, 18609 Binz, Tel. 038393/148148, www.ostseebad-binz.de. In den Sommermonaten gibt es bei der Seebrücke einen Infopavillon.
Kurverwaltung Sellin, Mai bis Sept. Mo–Fr 8.30–18, Sa/So 10–14, Okt. bis April Mo–Fr 8.30–16.30 Uhr; Warmbadstraße 4, 18586 Sellin, Tel. 038303/160, www.ostseebad-sellin.de.
Essen & Trinken: In Binz ist die **Strandhalle** eine empfehlenswerte Adresse, man sitzt gemütlich in historischem Ambiente, sehr gute Küche, leicht gehobenes Preisniveau. Strandpromenade 5, 18609 Binz, Tel. 038393/31564. Ungemein stilvoll diniert man natürlich auf der Seebrücke selbst, **Palmengarten** und **Kaiserpavillon** heißen die Restaurants auf der Selliner Seebrücke, Tel. 038303/929600.

Die Seebrücken von Heringsdorf, Ahlbeck, Bansin: Flanierstege zum Horizont II

Bekanntlich begann der Badetourismus mit einem – heute würde man sagen – Wunsch nach Wellness einer ausschließlich adligen Klientel. Später gesellte sich ein städtisch großbürgerliches, honoriges und vor allem zahlungskräftiges Publikum hinzu, dank dessen die frühen Ostseebäder in der zweiten Hälfte des 19. Jahrhunderts eine erste Blüte erlebten. Auf Usedom beliebte sogar Seine Majestät der Kaiser die Sommerfrische zu genießen. *Noblesse oblige* – Ahlbeck, Heringsdorf und Bansin nennen sich heute stolz die **„drei Kaiserbäder"**.

Der Bäderbetrieb nahm zunächst Mitte des 19. Jahrhunderts in Heringsdorf seinen Anfang, bald gefolgt von Ahlbeck. Bansin schloss sich in den 1890er-Jahren an. Nach und nach entstanden Villen im Stile der Bäderarchitektur, in denen es sich bequem und standesgemäß logieren ließ und entlang derer man trefflich flanieren konnte. Was wäre, damals wie heute, ein Ostseeurlaub ohne einen Spaziergang über die Strandpromenade: auf der einen Seite die grandiose Kulisse aus verspielten, blendend weißen Fassaden, auf der anderen Seite der traumhafte Strand und das Meer und als Verbindungsglied die Seebrücken.

Die **Seebrücke von Heringsdorf** war einst der bemerkenswerteste Steg an der Ostseeküste. Einen halben Kilometer weit reichte die 1894 errichtete Seebrücke über den Strand und in die Ostsee hinein. Segler und Motorboote machten an ihr fest, Urlaubsdampfer legten an. In einem grandiosen Hallenvorbau konnte man in Kaffeehäusern verweilen oder bei einem Einkaufsbummel die Zeit vertrödeln. Man flanierte auf die Ostsee hinaus, sah dem Badetrubel zu oder den Schiffen hinterher. Unglücklicherweise kam das Original nach dem Zweiten Weltkrieg durch zwei Brände unrettbar zu Schaden. Die heutige Seebrücke verfügt zwar auch über Ca-

Die Seebrücke von Ahlbeck mit dem schneeweißen Brückengebäude ist ein beliebtes Fotomotiv

fés, Restaurants und Geschäfte, wirkt mit ihrer modernen Architektur aber ungleich nüchterner.

Anders die **Seebrücke von Ahlbeck**. Sie ist heute – neben der Seebrücke Sellins – die schönste an der Ostsee. Ursprünglich stand nur eine Aussichtsplattform auf Stelzen über dem Strand. Doch 1898 wurde die Seebrücke samt ihrer prächtigen Aufbauten eingeweiht. Eismassen zerstörten die Brücke im Winter 1940/41, doch das Brückengebäude blieb erhalten. 1997 restauriert, erstrahlt sie heute in altem Glanz. Gemeinsam mit der historischen Jugendstil-Uhr auf dem Vorplatz bildet die Seebrücke von Ahlbeck ein fotogenes Ensemble, das Generationen von Fotoalben mit Erinnerungen an schöne Tage an der Ostseeküste füllt.

Die Seebrücke von Heringsdorf – hier im Hintergrund – ist eher nüchtern gehalten

Im Gegensatz zu Heringsdorf und Ahlbeck flaniert man in **Bansin** über einen einfachen, 285 Meter langen Steg ohne Aufbauten aufs Meer hinaus (zur Entstehung der Seebrücken s. S. 30). (st/sb)

Bäderarchitektur

Der Begriff Bäderarchitektur umreißt den Baustil, der die Badeorte an der deutschen Ostseeküste prägt. Es handelt sich dabei um eine fast spielerische Zusammenstellung diverser Formelemente: hier eine klassizistische, von Säulen getragene Vorhalle, dort ein neogotischer Ziergiebel, über diesem Dach ein historisierendes Türmchen, an jener Fassade ornamentfreudige Jugendstilverzierungen. Die vielgestaltige Bäderarchitektur entstand, um einem großbürgerlichen Publikum die Sommerfrische so glanzvoll und angenehm wie möglich zu gestalten. So wurden die herrschaftlichen Villen beispielsweise mit Veranden, Loggien und Balkonen versehen. Sie dienten als privater Raum im Freien und spendeten an heißen Sommertagen Schatten. Auf den hübschen, ganz im Stil der Bäderarchitektur gestalteten Strandpromenaden ließ es sich auch schon vor 100 Jahren vorzüglich flanieren. Die Kurmuschel für das gepflegte Kurkonzert und das Kurhaus für gesellige Tanzveranstaltungen, Kaffeehäuser, Parkanlagen, Badeanstalten und natürlich die Seebrücken ließen Urlaubsträume wahr werden.

Information: Touristinformation Seeheilbad Ahlbeck, Dünenstraße 45, 17419 Ahlbeck, Tel. 038378/499350. **Touristinformation Seeheilbad Heringsdorf**, Kulmstraße 33, 17424 Heringsdorf, Tel. 038378/2451. **Touristinformation Seeheilbad Bansin**, An der Seebrücke, 17429 Bansin, Tel. 038378/47050. Für alle drei gelten folgende Öffnungszeiten: Mai bis Sept. Mo–Fr 9–18, Sa/So 10–15, Okt./April 9–17, Sa/So 10–13, Nov. bis März 9–16, Sa/So 10–12 Uhr. Infos unter www.drei-kaiserbaeder.de. **Hinkommen:** Auf Usedom kommt man hervorragend mit der **UBB**, der Usedomer Bäderbahn, herum. Sie verkehrt im Sommer im Halbstundentakt zwischen Swinemünde und Wolgast und hält natürlich an den Bahnhöfen der drei Kaiserbäder.

Leuchttürme & Aussichtspunkte

Leuchtturm Falshöft: Heiraten und Meer

Über Jahrhunderte waren Leuchtfeuer und Leuchttürme in der Seefahrt notwendige und oft **lebensrettende Orientierungsmale**. Bei Dunkelheit, Nebel oder sonstigen schlechten Sichtverhältnissen zeigten die Markierungen an, wo sich Untiefen befanden, wie das Fahrwasser verläuft oder boten Hilfestellung bei der Bestimmung der eigenen Position. Wie sehr die Seeleute auf die Markierungen angewiesen waren, zeigt sich daran, dass Piraten und Strandräuber gerne falsche Leuchtfeuer nutzten, um Schiffe auf Grund laufen zu lassen und anschließend auszurauben. Die moderne Navigation über Funk und Satellitentechnik hat die Leuchttürme zwar an vielen Stellen überflüssig gemacht, insbesondere im nahen Küstenbereich sind die visuellen Signale jedoch nach wie vor unverzichtbar. Und: Sollte die moderne Technik auf den Schiffen einmal versagen, ist man auf See nachts oder bei Nebel ohne Leuchtsignale heute genauso hilflos wie im Mittelalter.

Viele der ausgedienten Landmarken wurden jedoch in den letzten Jahren einer neuen Bestimmung zugeführt: Immer mehr **Hochzeitspaare** geben einander hoch über der sturmumtosten Küste das Ja-Wort. Die Symbolkraft des Leuchtturms als Orientierungsanker, die obligatorische Küstenlage mit toller Aussicht von der Plattform sowie die reizvolle Fotokulisse sorgen für die steigende Beliebtheit dieser Art von Hochzeitslocation.

Der 1908/09 erbaute **Leuchtturm Falshöft**, der als Leit- und Orientierungsfeuer sowie als Quermarkenfeuer diente, wurde inzwischen außer Betrieb gestellt.

Der Leuchtturm von Falshöft markiert die Einfahrt zur Flensburger Förde

Heiraten auf dem Leuchtturm

Wer auf dem Leuchtturm Falshöft heiraten oder eine Lebenspartnerschaft begründen möchte, muss sich zunächst ganz normal beim Standesamt der Gemeinde seines Wohnsitzes mit den üblichen Unterlagen anmelden. Anschließend wird mit dem Standesamt Geltinger Bucht ein Termin zwischen April und Dezember vereinbart. Die Gebühren für die beiden Standesämter sowie für die Nutzung des Leuchtturms belaufen sich insgesamt auf etwa 300 €. Die Trauung im Leuchtturm wird von einem den vier Standesbeamten des Amtes Geltinger Bucht im extra dafür eingerichteten Trauzimmer durchgeführt und dauert etwa eine Stunde. Wünsche für die persönliche Gestaltung der Zeremonie (Musik, Ringetausch etc.) können vorab mit den Standesbeamten abgesprochen werden. Nach der Trauung bleibt noch genügend Zeit für ein Glas Sekt mit den Gästen und für Erinnerungsfotos auf der Galerie. Für die Planung der Feierlichkeiten – und um Konkurrenzkämpfe unter den Gästen zu vermeiden – ist zu beachten, dass im Trauzimmer maximal 14 Personen zugelassen sind.

Weitere Informationen auf der Webseite des Leuchtturms (s. u.) und beim Standesamt Geltinger Bucht, Tel. 04643/18320, www.amt-geltingerbucht.de/standesamt.

Am 1. März 2002 wurde das Signalfeuer, das u. a. die Untiefen Bredgrund und Kalkgrund in der Einfahrt zur Flensburger Förde anzeigte, gelöscht. 24,4 Meter hoch ist der in charakteristischem Rot und Weiß gehaltene, gusseiserne Turm auf steinernem Sockel. 43 Stufen führen hinauf zum gemütlichen – natürlich im maritimen Stil eingerichteten – Trauzimmer.

An Cafés, Restaurants, Pensionen und Hotels herrscht in der Nähe von Falshöft kein Mangel, sodass danach auch einer größeren **Hochzeitsfeier** an der Küste nichts im Wege steht. Auch ein (Kurz-)Urlaub im Anschluss bietet sich an.

Der **Strand** von Falshöft zeichnet sich durch seine Ruhe und Naturbelassenheit aus, die einen angenehmen Kontrast zu den teilweise überlaufenen Stränden in der Umgebung bilden. (mw)

Am Strand von Falshöft ist es meist sehr ruhig – ideal zum Entspannen

Information: Individuelle Besichtigungstermine nach Vereinbarung, Kontakt siehe www.leuchtturm-falshoeft.de. Derzeit entsteht im Turm ein Museum, das aber zum Zeitpunkt des Drucks im Frühjahr 2014 noch nicht eröffnet war.

Hinkommen: Von Flensburg mit dem Auto aus auf der B 199 bis nach Gelting, dort links abbiegen in Richtung Pommerby/Kronsgaard. Nach **Pommerby** links in Richtung Nieby abbiegen, dann die 3. Abfahrt nach rechts nehmen und den Schildern zum Leuchtturm folgen.

Der Bungsberg: „Mount Everest" Schleswig-Holsteins

Etwa in der Mitte zwischen Eutin und Oldenburg, bei dem kleinen Örtchen Schönwalde, erhebt sich der höchste Berg Schleswig-Holsteins, der Bungsberg. Der Gipfel der hiesigen Bergwelt ist sagenhafte **168 Meter** hoch und wird von einem umzäunten Granitstein gekrönt, der inmitten einer zumeist von Rindern bevölkerten Wiese liegt. Der Stein ist ein Überbleibsel der dänischen Landvermessung von 1838.

In schneereichen Wintern – man glaubt es kaum – verwandelt sich jene Wiese zu **Deutschlands nördlichstem Wintersportgebiet** und wird als Ski- und Rodelpiste genutzt. Zumeist währt das Vergnügen jedoch nicht lange, und der „Lift" ist lediglich ein Seil, an dem man sich einige Meter hinaufziehen lässt, um dann in rund 25 Sekunden die nur etwa 300 Meter lange „Piste" hinab zu sausen.

Wie bei allen Hügeln in der Holsteinischen Schweiz, handelt es sich auch beim Bungsberg um eine eiszeitliche Endmoräne, also eine wallartige Aufschüttung von Gesteinsmaterial am Ende eines Gletschers. Hier oben entspringt aus mehreren Quellen die **Schwentine**, der längste Fluss Schleswig-Holsteins, den die in der Frühzeit hier siedelnden Slawen als „heiligen Fluss" (=Sventana) bezeichneten. Der Begriff „Fluss" scheint allerdings etwas übertrieben, denn die Schwentine ist auf ihren 63 Kilometern nur in wenigen kurzen Abschnitten als solcher wahrnehmbar und durchfließt bis zu ihrer Mündung in Kiel zahlreiche, nämlich insgesamt 17 Seen der Holsteinischen Schweiz.

Die größte Attraktion am Bungsberg ist der riesige, im Jahr 1977 von der damaligen Deutschen Bundespost errichtete **Fernmeldeturm**. 179 Meter ist er hoch und damit höher als der Bungsberg selbst. Durch ein Drehkreuz und über 217 Stufen gelangt man auf den Turm hinauf *(tgl. 10–17 Uhr)*. Die Aussichtsplattform in 42 Metern Höhe gewährt bei gutem Wetter einen absolut traumhaften Rundumblick. Ganz Ostholstein liegt einem dann zu Füßen, denn immerhin befindet man sich nun fast 200 Meter über dem Meeresspie-

Idyllisch am See gelegen:
das Dorfmuseum von Schönwalde

gel; derzeit ist der Bau einer noch attraktiveren Aussichtsplattform im Gespräch.

Etwas verloren neben dem riesigen Fernsehturm steht der alte, 22 Meter hohe **Elisabethturm**. Er ist benannt nach der Gattin des Großherzogs von Oldenburg, der den Turm im Jahr 1863 als Aussichtsturm errichten ließ. Jahrzehntelang fristete der von Bäumen umgebene Turm ein Schattendasein. Auch das ehemalige Bergrestaurant im alten Forsthaus nebenan war lange dem Vandalismus preisgegeben und verfiel zusehends. Doch seit 2013 bemüht sich ein Förderverein um die Neugestaltung des gesamten Areals um den Bungsberg. Ein „Erlebnishaus", in dem vor allem Anschauungsunterricht für Schulklassen über Natur, Geschichte und Geologie der Region stattfinden soll, wurde bereits errichtet. Zudem wird das Forsthaus neu als Waldschänke eingerichtet und auch der Elisabethturm soll bald wieder zugänglich sein. Nach jahrelangem Dornröschenschlaf hat sich der Bungsberg wieder zu einem sehenswerten Ausflugsziel entwickelt – inklusive Waldspielplatz und (geplantem) Baumwipfelpfad.

Rund 600 Meter nordwestlich des Bungsbergs ragt – ebenfalls weithin sichtbar – ein weiteres Bauwerk in den Himmel, ein rot-weiß bemalter, fast 250 Meter hoher **Sendemast** des Norddeutschen Rundfunks. (dk)

Wanderung zum Bungsberg

Der höchste Punkt Schleswig-Holsteins ist auch bequem von Schönwalde aus zu erwandern. Während des rund 45-minütigen Spaziergangs sind immer wieder schöne Ausblicke zu genießen. Von der Dorfmitte in Schönwalde geht es zunächst die Eutiner Straße hinab über den Lachsbach, bald darauf halbrechts in die Bergfelder Straße hinein. Dieser folgen Sie für ca. 1,5 Kilometer, es geht vorbei an einem Feuchtbiotop bis zur Kreisstraße. Sie befinden sich nun auf einem Teilstück des Europäischen Fernwanderweges, der mit einem weißen „x" markiert ist. Halbrechts überqueren Sie die Straße, nun führt der Weg einen Kilometer durch den Wald. Nach Überquerung einer weiteren Straße gelangen Sie über einen herrlichen Pfad am Waldrand entlang hinauf zum Bungsberg.

Der Gipfelstein ist ein Überbleibsel der dänischen Landvermessung von 1838

Hinkommen: Der Bungsberg gehört zum Gemeindegebiet Schönwalde am Bungsberg. Von dort aus geht es über die L 216 in Richtung Hanssühn, nach knapp 4 km führt links ab eine schmale Straße einen weiteren Kilometer hinauf zum Bungsberg.
Tipp: Das **Dorfmuseum Schönwalde** ist im Zentrum des Ortes im ehemaligen Schulgebäude von 1823 untergebracht. Heimatkundliche Sammlung mit original eingerichtetem Dorfschulraum sowie Exponaten aus den Bereichen Haus, Hof, Handwerk, Jagd und Forst. Mitte Mai bis Ende Sept. Di/Fr 14–16 Uhr, Juli/Aug. auch So 16–18 Uhr, Eintritt 1,50 € (Kinder 1 €); Am Ruhsal, Tel. 04528/737, www.dorfmuseum-schoenwalde.de.

Leuchtturm Dahmeshöved: das Licht der Freiheit

Das „Licht der Freiheit" leuchtet etwa auf halbem Weg zwischen Travemünde und Fehmarn, auf einer Geländehöhe („Höved") südlich des Ostseebads Dahme. 109 Stufen, die letzten 15 davon über eine enge Stiege, führen auf die Galerie des Leuchtturmes Dahmeshöved. Von hier aus kann man die ganze **Lübecker Bucht** überblicken. Im Norden sieht man die Insel Fehmarn, im Westen reicht der Blick bis weit ins Hinterland und im Osten ist bei guter Sicht die Mecklenburgische Küste zu erkennen. Umgekehrt war das beständig leuchtende Licht zu DDR-Zeiten so etwas wie ein Gruß aus dem freien Westen und vor allem ein wichtiger Navigationspunkt für Republikflüchtlinge.

In den Jahren nach dem Bau der Mauer versuchten etwa 6.500 meist jüngere DDR-Bürger die **Flucht** über die Ostsee. Dazu entwickelten sie zum Teil abenteuerliche Schwimmkonstruktionen oder wagten sich in Schlauch- oder Paddelbooten auf das kalte Wasser. Einige versuchten auch, die Lübecker Bucht ohne Hilfsmittel zu durchschwimmen, um so das westliche Ufer erreichen. Alle hatten dabei das beharrlich blinkende Leuchtfeuer von Dahmeshöved als einzigen Orientierungspunkt im Blick. Häufig beendeten die täglich im Morgengrauen patrouillierenden Küstenschutzboote der DDR den Fluchtversuch. Zudem strichen nachts regelmäßig russische Flakscheinwerfer mit einer Reichweite von 18 Kilometern über die Ostsee. Die meisten Flüchtlinge wurden jedoch schon auf dem Festland abgefangen, weil die DDR einen fünf Kilometer breiten Streifen der mecklenburgischen Küste zur **Grenzzone** erklärte, die nur mit Ausnahmegenehmigung betreten werden durfte. Von 70 Beobachtungsposten aus wurde dieses grenznahe Hinterland mitsamt der Küste überwacht.

Tatsächlich gelang nur 900 Männern, Frauen und Kindern die Flucht übers Wasser, viele von ihnen landeten ganz in der Nähe des Leuchtturms Dahmeshöved an. Mindestens 189 Menschen bezahlten den Fluchtversuch mit ihrem Leben, sie kenterten und ertranken oder starben im strömungsreichen Gewässer an Entkräftung und Unterkühlung. Die Dunkelziffer der Opfer dürfte jedoch noch weit höher liegen. Heute erinnert ein einfacher **Gedenkstein** am Küstenweg in Richtung Kellenhusen an ihr Schicksal, seine Aufschrift lautet: „Über der Ostsee leuchtete für uns das Licht der Freiheit".

Spaziergang am Strand von Dahmeshöved

Leuchtturm Dahmeshöved: das Licht der Freiheit

Der achteckige Ziegelturm mit seiner roten Laterne wurde 1878/79 erbaut. Nach wie vor dient der Turm, der auf einem Küstenvorsprung am Übergang von der Lübecker zur Mecklenburger Bucht steht, der Schifffahrt als **Orientierungsfeuer**. Der Turm an sich ist 28,5 Meter hoch, zusammen mit der Höhe der Steilküste strahlt das Licht aus einer Höhe von knapp 34 Metern über das Meer. Früher wurde das Leuchtfeuer mit Petroleum betrieben, das der Leuchtturm-Wärter mühsam hinaufschleppen musste; zudem war dadurch die Linse ständig verrußt. 1925 wurde das nautische Leuchtfeuer elektrifiziert. Sein Licht ist 23 Seemeilen, also gut 42 Kilometer weit zu sehen. Einst war direkt über der Steilküste zudem eine „Luftnebelschallanlage" installiert, also ein Nebelhorn, das bei schlechter Sicht fortgesetzt und sehr laut den Morsebuchstaben „D" aussendete (lang, kurz, kurz).

Neben dem eigentlichen Leuchtturm steht ein Dienst- und Wohngebäude. 1939 wurde auf dem Areal zudem noch ein zweiter, ebenfalls backsteinerner Turm erbaut. Dieser diente einst als Beobachtungs- und Wachturm zur Prüfung der Sichtverhältnisse, sodass bei Nebel unverzüglich das Nebelhorn eingeschaltet werden konnte. Heute sind darin **Ferienwohnungen** untergebracht.

Der Leuchtturm war einst ein wichtiger Orientierungspunkt für DDR-Flüchtlinge

Die Dahmer sind auf ihren relativ kleinen Leuchtturm mit seiner speziellen deutsch-deutschen Geschichte so stolz, dass er als **Wahrzeichen** das Gemeindewappen ziert. Das Turmzimmer wird heute bisweilen auch als Standesamt genutzt. Die Hochzeitsgesellschaft darf dann allerdings nicht groß sein, denn neben dem Brautpaar, dem Standesbeamten und den beiden Trauzeugen sind dort oben nicht mehr als sieben Gäste zugelassen. Auch bei Führungen sind maximal zwölf Personen erlaubt, was angesichts der Enge im Turm und auf der Galerie nicht verwundert.

Es lohnt sich, die Turmbesichtigung mit einem Spaziergang am **Dahmer Kliff** unterhalb der Steilküste zu verknüpfen. Der Zugang zum Strand erfolgt über eine Treppe, welche sich schräg gegenüber dem Leuchtturm (neben der Eltern-Kind-Fachklinik) befindet. (dk)

Information: Besichtigung des Turms nur im Rahmen einer halbstündigen Führung. In der Saison tgl. außer Sa um 15, 15.30, 16 und 16,30 Uhr (jeweils max. 12 Personen), Eintritt 2,50 € (Kinder 1 €), Eintrittskarten im Turm; Leuchtturm Dahmeshöved, 23747 Dahme (Holstein).

Hinkommen: mit dem PKW nur über das Ostseebad Dahme zu erreichen. Vom südlichen Ortsrand aus führt die Leuchtturmstraße in 2 km nach Dahmeshöved (kleiner Parkplatz hinter dem Turm links).

Brodtener Steilufer: die Lübecker Bucht im Blick

Den schönsten Blick auf die Lübecker Bucht hat man in Travemünde. Dafür lohnt es sich auch, eine kleine Wanderung zu unternehmen. Am Parkplatz Mövenstein (*3 €/Tag*) – Hungrige können gleich daneben einen Fischsnack für die Hand erstehen – startet der beliebte Höhenweg am Brodtener Steilufer. Am Golfplatz vorbei, erreicht man die **Hermannshöhe**, wo über Jahrzehnte ein sehr plüschiges Oma-Café zum Verweilen einlud. Im heutigen „Erlebniscafé Hermannshöhe" ist alles modern und skandinavisch angehaucht; Selbstbedienung ist angesagt, was einerseits schnell und praktisch ist, andererseits aber ein wenig auf Kosten der Atmosphäre geht … Der Piratenspielplatz für Kinder, die Strandkörbe und vor allem der Ausblick sind natürlich über alle Kritik erhaben. Immer wieder sieht man die dicken Pötte der Reedereien und, wenn man Glück hat, auch Schwäne am Horizont über die Ostsee ziehen.

Schon der Dichter **Joseph von Eichendorff** war vor über zweihundert Jahren von Travemünde begeistert. Am 22. September 1805 schrieb er in sein Tagebuch: „In schwindlichter Weite verfloß die Riesen-Wasserfläche mit den Wolken, und Himmel und Wasser schienen ein unendliches Ganzes zu bilden. Im Hintergrunde ruhten ungeheure Schiffe, wie an den Wolken aufgehangen." Von Travemünde aus

Dem Romantiker Eichendorff gefielen sicher auch die herabgestürzten Bäume, die malerisch ins Wasser ragen

sichtbar sind die westlich gelegenen Küstenstädtchen Timmendorfer Strand, Scharbeutz und Pelzerhaken. Weiter nördlich liegen Grömitz, Kellenhusen und Dahme.

Auf dem vier Kilometer langen **Spazierpfad oberhalb des Steilufers**, der durch kleine Wäldchen führt und auf dem man in der Regel einigen Wanderern und Fahrradfahrern begegnet, ist allerdings Vorsicht geboten, besonders, wenn Kinder dabei sind. Aufgrund der an dieser Stelle teilweise sehr wilden Wetterverhältnisse bricht alljährlich ein Teil vom Steilhang in die Tiefe. Manche Bäume sehen wie verunfallte Kletterer aus, die Wege werden häufig umgeleitet oder – ganz selten – sogar gesperrt. Unterwegs kommt man an einem Haus vorbei, das ziemlich nah an der Abbruchkante liegt ... Jährlich investiert die Stadt um die 40.000 € in die Erhaltung dieses schönen Wanderwegs, der direkt nach Niendorf führt. Dort gibt es zahlreiche Cafés und nach einer kleinen Stärkung kann man entweder auf dem gleichen Weg oder aber am Fuß des abfallenden Kliffs zurückflanieren.

Wer am wilden Strand unterhalb des Steilufers spazieren möchte, sollte gut zu Fuß sein

Wer sich für den **Weg unterhalb des Steilufers** entscheidet, der kann die größte Uferschwalbenkolonie Schleswig-Holsteins beobachten. 2.500 Brutröhren soll es hier geben, an den lehmigen Steilhängen sieht man die kleinen Öffnungen ziemlich gut. Nach einem Unwetter ist von dem Weg unterhalb des Steilufers jedoch dringend abzuraten, da dann Bäume, Betonteile oder Erdmassen herabstürzen können! Manchmal kommt man auch nicht an heruntergefallenen Wurzeln vorbei oder man braucht Gummistiefel, um durch die Fluten waten zu können. Apropos: Männer in Watstiefeln sieht man hier häufig. Sie angeln und wirken vor der Spiegelfläche der See wie Wartende, die einer unbestimmten Sehnsucht hinterher blicken.

Natürlich kann man auch mit dem **Auto** zum Parkplatz an der Hermannshöhe (*2 €/2 h, jede weitere Stunde 1 €*) fahren. Dafür verlässt man Travemünde in nördlicher Richtung und biegt kurz vor Brodten rechts ab. (mk)

INFO

Essen & Trinken: Hermannshöhe Erlebniscafé, Mo–Fr 10–18, Sa/So 8–19 Uhr. Am Wochenende gibt es bis 11 Uhr Frühstück, das bei dem genialen Meerblick noch einmal so gut schmeckt. Hermannshöhe 1, 23570 Travemünde, Tel. 04502/8885425, www.die-hermannshoehe.de. Neben dem Restaurant gibt es auch noch einfache Stände, an denen man sich mit Snacks eindecken kann.

Travemünde altbekannt? Ein alter und ein neuer Leuchtturm sowie weitere Highlights

Als Marcel Reich-Ranicki 2005 zu einer Sondersendung des „Literarischen Quartetts" – in der es selbstverständlich um Thomas Mann ging – ins Columbia Hotel Casino Travemünde einlud, begrüßte er sein Publikum aus einem „Vorort von Lübeck". So aufschlussreich und unterhaltsam die Sendung ansonsten gewesen ist, diese Formulierung war grundfalsch. Travemünde ist ein Stadtteil von Lübeck, allerdings ein so besonderer, dass man den Eindruck bekommt, es handle sich um eine eigenständige Gemeinde. Das **Casino** befindet sich inzwischen nicht mehr in jenem legendären Fünf-Sterne-Haus, das in den „Buddenbrooks" und in Thomas Manns Biographie eine Rolle spielt. Im „Lebensabriß" von 1930 schrieb der frisch gekürte Nobelpreisträger: „Die lichtesten Zeiten meiner Jugend aber waren die alljährlichen Sommerferienwochen in Travemünde mit ihren Badevormittagen am Strande der Ostseebucht und ihren Nachmittagen zu Füßen des fast ebenso leidenschaftlich geliebten Kurmusiktempels gegenüber der Hotelanlage." Weniger vornehm zockte man bis Herbst 2012 in der angeschlossenen Spielbank.

Während der Wirtschaftswunderzeit hatte sich Travemünde zu einem mondänen und international angesehenen Seebad aufgeschwungen, man sprach in Anspielung auf Monte Carlo von **„Travemonte"**. Der griechische Milliardär Aristoteles Onassis, Sophia Loren, Kaiserin Soraya von Persien und sogar der „Keine-Experimente"-Kanzler Konrad Adenauer saßen hier einst am Spieltisch.

Ein Wahrzeichen von Travemünde war und ist der alte **Leuchtturm am Leuchtenfeld**. „Auf der See-Seite hat er ein ungeheuer großes Fenster, hinter welchem

Die Ostseestation Priwall bietet zahlreiche Aktivitäten für Kinder wie Kescherkurse und Strandwanderungen an

Travemünde: Leuchttürme und weitere Highlights

jede Nacht eine Menge Lampen angezündet werden, deren Schein durch einen hinten angebrachten metallenen Hohlspiegel auf das Meer zu geworfen wird", schrieb Joseph von Eichendorff im Jahr 1805. Diesen obersten Raum des ältesten Leuchtturmes der Republik – er wurde 1539 von holländischen Festungsmaurern erbaut und war 433 Jahre im Einsatz – kann man noch heute besichtigen. Darin befindet sich eine noch funktionsfähige Leuchtanlage mit 1.000-Watt-Glühbirnen. Die teilweise ziemlich steilen 142 Stufen nimmt man aber nicht nur deswegen auf sich: Von oben hat man einen fantastischen Blick auf Travemünde und die enge Travetrasse mit ihren riesigen Hotelschiffen. Praktischerweise werden an eine Wand im Endgeschoss des Turms die Ankunftszeiten von großen und kleinen Schiffen projiziert. Seit 1974 ist das Leuchtfeuer für Kreuzfahrtschiffe, Fähren und Containerfrachter allerdings im 36. Stock des Maritim-Hotels in 114,7 Metern Höhe angebracht – es ist damit eines der höchsten Europas.

Travemünde wurde schon 1802 offiziell zum Seebad erhoben und ist heute – trotz der 2012 renovierten und ausgebauten Strandpromenade – leider ein wenig aus der Mode gekommen. Wer sich für die glanzvolle Historie Travemündes interessiert, der sollte das eher kleine, aber medial überzeugende **Seebadmuseum** aufsuchen. Die **Ostseestation Priwall** ist ein Highlight für Kinder, da bei den geführten Rundgängen altersgerechte Erklärungen und Experimente zu den heimischen Meeresbewohnern dazugehören. Vom Priwall aus kann man auch wunderbare Strandspaziergänge bis nach Mecklenburg-Vorpommern unternehmen – und mit ganz viel Glück sogar Bernstein finden.

Neben dem alten Leuchtturm hat sich auch die **Passat** zum Wahrzeichen Travemündes entwickelt. Der Viermaster, der 1911 in Hamburg gebaut wurde und mit satten 18 Knoten (= 33 Kilometern pro Stunde) die Wassermassen zu teilen wusste, lief im November 1957 mit Schlagseite in Lissabon ein und ging seither nicht mehr auf große Fahrt. Immerhin entging die Passat aber anders als ihr Windjammer-Schwesterschiff Pamir einem Kenterunglück. Zugegeben, die an Bord versammelten kleinen Ausstellungen hätten ein wenig fantasievoller ausfallen können. Dennoch lohnt sich ein Besuch, da man viele der originalen Kajüten und Kabinen sieht, und vom Deck aus einen wunderbaren Blick auf die Vorderreihe hat, die Vorzeigemeile von Travemünde. (mk)

Information: Alter Leuchtturm, April bis Okt. 13–16, Juli/Aug. ab 11 Uhr, Eintritt 2 € (Kinder bis 14 J. 1 €); Am Leuchtenfeld 1, 23570 Lübeck-Travemünde, Tel. 04502/8891790, www.leuchtturm-travemuende.de.
Seebadmuseum Travemünde, März bis Dez. Di–So 11–17 Uhr. Eintritt 3 € (Kinder bis 14 J. in Begleitung Erwachsener frei); Torstraße 1, 23570 Lübeck-Travemünde, Tel. 04502/9998094, www.heimatverein-travemuende.de.
Ostseestation Priwall, April bis Okt. Di–So 10–17, Nov. bis März Do–So 10–16 Uhr. Eintritt 6 € (Kinder bis 12 J. in Begleitung Erwachsener 4 €), Am Priwallhafen 10, 23570 Lübeck-Travemünde, Tel.: 04502/308705, www.ostseestation-priwall.de.
Viermastbark Passat, Öffnungszeiten können differieren, generell gilt: April bis Mitte Mai sowie Okt. 11–16.30, Mitte Mai bis Sept. tgl. 10–17 Uhr. Eintritt 4 € (Kinder/Jugendliche 6–18 J. 2 €); Am Priwallhafen 16, 23570 Lübeck-Travemünde, www.ss-passat.com.

Warnemündes Wahrzeichen: Leuchtturm und Teepott

Es ist ein ungleiches Paar, das Warnemünder Seezeichen und der markante Pavillon. Gemeinsam ergeben sie ein sehenswertes Ensemble, das längst zum unverwechselbaren Wahrzeichen des Seebads geworden ist. So gehört das Erinnerungsfoto vor dem Duo quasi zum Warnemünder Pflichtprogramm.

Ein Leuchtfeuer steht seit jeher an der Einfahrt zur Unterwarnow und damit an der Zufahrt zum traditionsreichen Hansehafen Rostock. Eine über elf Meter hohe Ziehlaterne wurde Mitte des 19. Jahrhunderts errichtet. Diese wurde dann 1897/98 durch den 31 Meter hohen **Leuchtturm** abgelöst. Damals befeuerte man das leitende Licht noch mit Petroleum, bevor es 1917 durch Gas und zehn Jahre später durch elektrisches Licht ersetzt wurde. Heute kann der von zwei umlaufenden Galerien strukturierte, formschöne Leuchtturm bestiegen werden.

In den 1920er-Jahren bekam der Leuchtturm Gesellschaft. Ihm wurde ein **Teepavillon** zur Seite gestellt, in dem sich die Warnemünder Badegäste laben konnten. Bald hatte das kreisrunde Gebäude mit dem niedrigen Kuppeldach, das sich neben dem hoch aufragenden Leuchtturm duckte, seinen Spitznamen weg: „Teepott". Doch das beliebte Teehaus brannte 1945 nieder und es sollte über 20 Jahre dauern, bis der Wiederaufbau vollendet war.

Ungleiches Paar: der historische Leuchtturm und der 1968 neu errichtete Teepavillon

Warnemündes Wahrzeichen: Leuchtturm und Teepott

31 Meter hoch und elegant gestreift: der Leuchtturm von Warnemünde

Warnemünde

Warnemünde hat zwei Gesichter. Das eine ist alt und stimmungsvoll: hübsche bunte Häuschen, hier und da ein kleiner gepflegter Vorgarten, kopfsteingepflasterte Gassen, malerische Fischerboote am Alten Strom. Dieses Gesicht erzählt von Warnemünde, dem kleinen mecklenburgischen Dorf an der Mündung der Warnow, dessen Bewohner seit jeher als Fischer, Matrosen und Lotsen von und mit der Ostsee lebten.

Auch das andere Gesicht Warnemündes zeigt sich vom Meer geprägt. Seine Blütezeit verdankt der Ort dem sensationellen Strand. Mit dem Beginn des Badetourismus entstanden im 19. Jahrhundert schicke Bädervillen, ein Kurpark, eine flanierfreundliche, weite Strandpromenade für all die „Berliner", die zum Sonnenbaden nach Warnemünde strömten. Nur eine Seebrücke benötigte der Ort nicht, denn im Gegensatz zu all den anderen Ostseebäder hat das alte Warnemünde noch seinen Hafen. Wer sich von der Geschichte Warnemündes als altes Fischerdorf und als beliebtes Badeziel ein Bild machen möchte, ist im traditionsreichen Heimatmuseum richtig, das sich in einem hübschen alten Fischerhaus befindet (*April bis Sept. Di–So 10–18, Okt. bis März Mi–So 10–18 Uhr, Eintritt 3 € (Familienticket 6 €), Alexandrinenstraße 30/31, 18119 Seebad Warnemünde, Tel. 0381/52667, www.heimatmuseum-warnemuende.de*).

Auf einem wieder kreisrunden Grundriss entstand der **Neubau** 1968 nach den Plänen des Architekten Ulrich Müther, der dem Gebäude eine kühn geschwungene Dachkonstruktion aufsetzte. Wie vielerorts steht auch in Warnemünde Müthers Hyperschalenarchitektur – das Dach besteht aus einer hyperbolischen Paraboloidschale, daher der Name – unter Denkmalschutz. Futuristisch wirkte das Gebäude damals und auch heute sieht es mehr nach architektonischer Moderne aus (oder einer riesigen Muschel), als nach einem Teepott, doch der alte Name hat sich erhalten. Und auch seine Bestimmung hat sich, nach einer Rundumsanierung um die Jahrtausendwende, nicht verändert: Im Teepott laden Gastronomie und Souvenirläden zur Pause vom Strandaufenthalt ein. (st/sb)

Information: Tourist-Information Warnemünde (bei der Brücke über den Alten Strom, Richtung Ortszentrum), Mai bis Okt. Mo–Fr 9–18, Sa/So 10–15, Nov. bis April Mo–Fr 10–17, Sa 10–15 Uhr; Am Strom 59, 18119 Rostock/Warnemünde, Tel. 0381/548000, www.rostock.de.
Leuchtturm Warnemünde, Ostern bis erste Oktoberwoche tgl. 10–19 Uhr, Eintritt 2 € (Kinder 1€, Familienticket 4 €). Infos unter Tel. 0381/5192626, www.warnemuende-leuchtturm.de.

Leuchtfeuer Dornbusch: Hiddensees malerischer Leuchtturm

Malerisch erhebt sich der **weiße Turm** des Leuchtfeuers Dornbusch mit der roten Haube über die grünen Wiesen des sanft gewellten „Hochlands" von Hiddensee. Unzählige Male diente dieses Landschaftsidyll (Hobby-)Künstlern als Motiv für Aquarelle und Zeichnungen und wahrscheinlich mehrmals täglich klicken auf dem Dornbusch die Fotoapparate der Urlauber.

Der Turm selbst, der nur zu Fuß oder mit dem Fahrrad erreichbar ist, misst zwar nur knapp 28 Meter, durch seine Lage auf dem Schluckswiek (auch Bakenberg), mit 72 Metern über dem Meeresspiegel die **höchste Erhebung** der Insel, dreht sich das Licht des Leuchtturms jedoch auf einer Höhe von 95 Metern. So leitet er Schiffe bis zu einer Entfernung von bis 25 Seemeilen (etwa 46 Kilometer). Der Baubeginn des „Leuchtthurms auf Hiddensö" datiert auf Ende des Jahres 1887. Bereits ein Jahr später wurde das Signalfeuer entzündet. Doch Wind und Wetter setzten dem aus Ziegel über einem Feldsteinfundament errichteten Bauwerk bald zu. Hinzu kam, dass sich der Untergrund unter der Last senkte, sodass der Turm um die

Beliebtes Bildmotiv: der weiße Leuchtturm über den grünen Wiesen von Hiddensee

Leuchtfeuer Dornbusch: Hiddensees malerischer Leuchtturm

Wende zum 20. Jahrhundert feine, aber bedenkliche Risse zeigte. Alle Versuche, die Schäden zu kitten, fruchteten nicht. Also wurde 1926 bis 1929 ein zwölfeckiger **Mantel aus Stahlbeton** umgelegt, der den Turm bis heute stützt.

Exponierte Lage in malerischer Umgebung: Das verspricht **fantastische Ausblicke**. Die kann man tatsächlich genießen, wenn man 102 Stufen erklommen hat. Auf einer Höhe von 20 Metern gelangt man zur umlaufenden Aussichtsplattform. Hier schweift der Blick vom Enddorn und den Sandhaken Alt- und Neubessin im Norden über den Dornbusch bis zum reliefarmen Süden der Insel.

Ganz im Süden Hiddensees übrigens, auf dem Sandhaken Gellen, steht das Gegenstück zum Leuchtfeuer Dornbusch. Der **Süderleuchtturm**, auch „Quermarkenfeuer Gellen" oder einfach nur „kleiner Leuchtturm" genannt, wirkt mit seinen zwölf Metern Höhe geradezu niedlich. 1905 erbaut, reckt sich der rot-weiße Turm etwa eineinhalb Kilometer südlich von Neuendorf gen Himmel. Er ist ebenfalls nur zu Fuß oder mit dem Fahrrad zu erreichen. Zu besichtigen ist er nicht. (st/sb)

Hiddensee ist autofrei und auch der Turm ist nur zu Fuß oder per Fahrrad zu erreichen

INFO

Information: Insel Information Hiddensee, Mai bis Sept. Mo–Fr 9–17, Sa/So 10–12 (Mai So geschl.), in den Wintermonaten eingeschränkt, meist Mo–Fr 9–16 Uhr; Achtern Diek 18 a, 18565 Vitte, Tel. 038300/608684, www.seebad-hiddensee.de.
Leuchtturm Dornbusch, Mai bis Okt. tgl. 10.30–16, im Winterhalbjahr nur Do 11–14 Uhr – und das auch nur bei gutem Wetter (trocken, bis Windstärke 5 und bei ausreichender Sicht), zwischen den Jahren tgl. 11–15 Uhr, Eintritt 4 € (Kinder 1,50 €). Zutritt für max. 15 Personen, Kinder unter 6 Jahren und Hunde dürfen nicht auf den Leuchtturm. Infos gibt es bei der Insel Information Hiddensee in Vitte (s. o.). Im Dornbuschwald 1, 18565 Kloster.
Hinkommen: Hiddensee ist autofrei. Zwar gibt es eine Handvoll zugelassener Kraftfahrzeuge (Dorfpolizist, Arzt) und darunter auch den Inselbus, der zwischen den Dörfern pendelt, doch fährt der Bus die Leuchttürme nicht an. Also gelangt man nur mit dem **Fahrrad** (streckenweise muss man aber auf der sandigen Piste schieben) oder **zu Fuß** dorthin. Vom Hafen in Kloster bis auf die höchste Erhebung des Schluckswiek sind es gut 2 km.

Kap Arkona auf Rügen: drei Türme über den Kreidefelsen

Die Jaromarsburg

Das Kap war dank seiner exponierten Lage bereits in vorchristlicher Zeit besiedelt. Hier stand die Jaromarsburg. Die Tempelfestung war das geistige Zentrum der slawischen Bevölkerung auf Rügen. Im Innern des mit Palisaden bewehrten, hohen Walls wurde Svantevit, die dreigesichtige Gottheit verehrt – jedenfalls bis die Christen kamen. Unter der Führung des Roskilder Bischofs Absalon wurde die Jaromarsburg 1168 eingenommen und zerstört, das hölzerne Götterbildnis gestürzt, die Slawen christianisiert. Teile des Walls haben sich bis heute erhalten, allerdings gerade einmal ein Drittel der ehemaligen Anlage. Wind und Wetter ausgesetzt, stürzte der Rest mit den Kreideklippen ins Meer.

Insgesamt 312 Stufen lassen sich am berühmten Kap Arkona, Rügens Nordkap, hinauf- und wieder hinabsteigen und dabei drei Türme erklimmen: zwei Leuchttürme und ein Marinepeilturm a. D. Von wo auch immer man sich nähert – vom Meer, vom Strand oder über die Straße – das Kap Arkona bietet bei gutem Wetter einen malerischen Anblick. Bis zu 45 Meter hebt sich die **Kreideküste** über das Meer, gekrönt durch das Ensemble der drei Türme, umgeben von Rapsfeldern und blühenden Wiesen.

Der älteste Turm, der **Schinkelturm**, ist auch der architektonisch interessanteste: Entworfen hat das klassizistische Bauwerk kein Geringerer als Karl Friedrich Schinkel, Preußens berühmter Baumeister. Die drei backsteinernen Geschosse des nach ihm benannten Turmes recken sich 21 Meter in die Höhe. In der aufgesetzten Laterne wurden die 17 Ölleuchten 1828 das erste Mal entzündet. Aber schon Ende des 19. Jahrhunderts genügte die Strahlkraft des formschönen Schinkelturms nicht mehr den maritimen Ansprüchen. Ein **neuer Turm** wurde gebaut (und ebenso genannt), rund und 33 Meter hoch, dessen elektrisches Schnellblickfeuer 1905 in Betrieb ging – und es in modernisierter Form bis heute ist. Der dritte Turm steht etwas südlich, er wurde 1927 als **Marinepeilturm** errichtet. Heute befindet sich darin ein Atelier. Alle drei Türme können besichtigt und – mit entsprechendem Einsatz – auch bestiegen werden. Die Ausblicke, die sich bieten, lohnen in jedem Fall die Mühe!

Unweit des Kaps schmiegt sich das kleine Dorf **Vitt** malerisch in eine Liete, einen schmalen Küsteneinschnitt. Das Dutzend rohrgedeckter Häuser oberhalb eines kleinen Hafens steht komplett unter Denkmalschutz. Allerdings ist das Idyll längst kein Geheimtipp mehr. Im Sommer herrscht hier Hochbetrieb. (st/sb)

Der „neue" Turm wurde direkt neben dem klassizistischen Schinkelturm errichtet

Die malerische Kreideküste des Kaps, im Hintergrund der Marinepeilturm

Information: Informations-Büro der Tourismusgesellschaft Kap Arkona, kleines, nur im Sommer besetztes Büro am großen Parkplatz vor Putgarten, Tel. 038391/41917, www.Kap-Arkona.de.
Schinkelturm, mit Museum, ganzjährig geöffnet, in der Saison 10–18, Juli/Aug. bis 19, im Winter 11–15 Uhr, 2 €.
Neuer Leuchtturm, April bis Okt. 11–16, Juni und Sept. bis 17, Juli/Aug. bis 18 Uhr, 3 €.
Marinepeilturm, mit Atelier, Ostern bis Ende Okt. tgl. 10–16, Juni und Sept. bis 17, Juli/Aug. bis 18 Uhr, 2 €.
Hinkommen: Aus Altenkirchen fährt die **Buslinie 11** nach Putgarten. Wer mit dem Auto kommt, muss auf dem großen **Parkplatz** vor Putgarten (3 €/Tag, WoMos 5 €/Tag) parken. Von dort sind es knapp 2 km zu Fuß zum Kap oder man fährt mit dem Arkona-Bähnchen (einfache Fahrt 2 €, Kinder 0,50 €).
Essen & Trinken: Café im Helene-Weigel-Haus, Mitte der 1950er-Jahre hatte Helene Weigel das alte Bauernhaus als Feriendomizil für sich und ihren Gatten Bertolt Brecht erworben. Heute erinnert eine kleine Ausstellung an die berühmte Schauspielerin und Intendantin des Berliner Ensembles. Vor allem aber findet sich hier eines der schönsten Cafés der Insel. Innen gemütlich und stilvoll schlicht, außen ein traumhafter, weitläufiger Garten mit Obstbaumwiese und Kräuterschnecke. Eine Oase inmitten des Kap-Arkona-Rummels. Mai bis Okt. tgl. 13–18 Uhr (in der Nebensaison Mi Ruhetag); Dorfstraße 16, 18556 Putgarten, Tel. 038391/431007, www.helene-weigel-haus.de.

Natur & Tiere

21 Die Halbinsel Holnis: Familienstrand und Naturschutzgebiet

Eine **Fahrradtour** von der Flensburger Innenstadt auf die Halbinsel Holnis und wieder zurück ist von der reinen Fahrstrecke her ein Vorhaben für einen entspannten Sonntagnachmittag. Wer nicht an der Hauptstraße entlang fährt, sondern die Radwege an der Förde oder durch den Wald wählt, fährt insgesamt knapp 50 Kilometer. Das Stück Kuchen zum Kaffee will aber verdient sein, denn kurz hinter Glücksburg zeigt sich auf einmal, dass die letzte Eiszeit in Teilen Schleswig-Holsteins ihre Spuren hinterlassen hat. Die malerische Steilküste der Halbinsel gehört ebenso dazu, wie die für Hobbyradler doch recht anstrengende Steigung, die einmal auf dem Hinweg und – womöglich mit Torte oder Pommes frites im Magen – einmal auf dem Rückweg zu überwinden ist.

Holnis ist bei einheimischen Ausflüglern wie bei Touristen beliebt, der **Strand** im Ortsteil Drei an der Ostseite der Halbinsel ist einer der meistbesuchten an der Förde. Die Wasserqualität ist hier besonders gut, da die Zirkulation durch die Lage an der Außenförde höher ist als bei den Flensburger und Glücksburger Stränden an der Innenförde. Entsprechend gibt es auf der Halbinsel Campingplätze, Ferienwoh-

Außerhalb der Saison ist es in Holnis wunderbar ruhig und einsam

nungen, ein beliebtes Ausflugscafé und ein italienisches Familienrestaurant. Gerade **Familien mit Kindern** sind es auch, die in der Ferienzeit den Strand bevölkern und die zahlreichen Sport- und Spielangebote nutzen. Entsprechend lebendig geht es an dem von der DLRG überwachten Strandabschnitt zu. In der Nebensaison und besonders im Winter kann man aber bei Wind und Wetter schöne einsame Strandspaziergänge unternehmen und die Seeluft genießen.

Der Badestrand und die touristische Infrastruktur sind aber nur die eine Seite von Holnis. Teile der Halbinsel, darunter die beeindruckende Steilküste an der Westseite, die Salzwiesen und der Nordstrand stehen unter **Naturschutz** und dürfen größtenteils nicht betreten werden. Etwa 130 Vogelarten wurden hier schon beobachtet, viele davon brüten an der Steilküste sowie an den Stränden und auf den Salzwiesen, so etwa Austernfischer, Uferschwalben und Sandregenpfeifer.

Während der Eiszeit war die Halbinsel teilweise von Gletschern bedeckt, bei deren Abtauen Sande und Tone angelagert wurden. Aber auch heute noch ist dieser nordöstlichste Landstrich Deutschlands ständiger Veränderung unterworfen: Teile der Steilküste werden regelmäßig im Herbst und Winter durch **starke Stürme** und Regenfälle abgetragen und lagern sich an der Spitze der Halbinsel an, wo dadurch im Laufe der Zeit eine Nehrung entstanden ist. Holnis war schon vor Jahrtausenden von Bauern und Fischern besiedelt, wie zahlreiche Funde von Werkzeugen, Waffen und Alltagsgegenständen belegen. Heute werden die saftigen Wiesen der Halbinsel von urigen **Highland-Rindern** beweidet. (mw)

Die zotteligen Highland-Rinder weiden hier das ganze Jahr über

Nördlichste Punkte

Der nördlichste Punkt Deutschlands ist der Ellenbogen auf der Insel Sylt. Der nördlichste Punkt auf dem deutschen Festland ist der Rickelsbüller Koog an der Nordseeküste Schleswig-Holsteins. Nach einem Besuch der Spitze der Halbinsel Holnis kann man sich aber zumindest rühmen, am nördlichsten Punkt der deutschen Ostseeküste und an einem der nördlichsten Punkte Deutschlands gewesen zu sein.

Information: Der Naturschutzbund (**NABU**) betreibt eine **Infohütte** in Holnis, Tel. 04631/441688, http://schleswig-holstein.nabu.de.
Essen & Trinken: Fährhaus Holnis, Café und Restaurant mit Hotelbetrieb. Schon der Blick von der Terrasse über die Außenförde lohnt einen Besuch, aber auch die Torten sollte man probieren. Holnisser Fährstraße 21, 24960 Glücksburg-Holnis, Tel. 04631/61330.

22 In der Geltinger Birk: Wildpferde und Highland-Rinder

Die Geltinger Birk ist mit einer Gesamtfläche von etwa acht Quadratkilometern eines der größeren, mit Sicherheit aber eines der **schönsten Naturschutzgebiete** Schleswig-Holsteins. Der Küstenbereich der Halbinsel mit seinen Salzwiesen, Dünen, Schilfsümpfen und dem Geltinger Noor steht schon seit 1934 unter Naturschutz. In den 1950er- und später in den 80er-Jahren wurde das Gebiet noch um einige südlichere Abschnitte erweitert.

Die historische Mühle Charlotte diente einst der Entwässerung der Birk

Jahrhundertelang wurden Teile der Birk künstlich entwässert, um sie landwirtschaftlich nutzen zu können. Ein Überbleibsel aus dieser Zeit ist die um 1826 erbaute **Windmühle Charlotte** (heute in Privatbesitz), mit deren Hilfe nicht nur Korn gemahlen, sondern bis 1971 auch Wasser aus dem Noor in die Ostsee geschöpft wurde. Später wurde das Noor mit einem elektrischen Pumpwerk entwässert. Derzeit ist die schon lange geplante kontrollierte Vernässung der Birk im Gange: Seit Herbst 2013 wird Seewasser in die Birk gepumpt, um sie schrittweise wieder ihrem natürlichen Wasserstand zuzuführen und den ursprünglichen Lebensraum für Flora und Fauna zu schaffen. Durch dieses Naturschutzprojekt, aktuell eines der größten in Schleswig-Holstein, entstand eine **neue Seenlandschaft**. Dadurch unpassierbare Wander- und Reitwege werden durch neue Brücken 2014 wieder nutzbar gemacht.

Landschaftsgärtner auf vier Hufen

Seit 2001 leben auf der Birk Wildpferde, sogenannte **Koniks**, die sich durch ihre geringe Körpergröße und ihre große Widerstandsfähigkeit auszeichnen (www.wildpferde-geltinger-birk.de). Die Tiere bewegen sich ganzjährig frei auf einem ca. 4,5 Quadratkilometer großen Gelände und überstehen i. d. R. auch harte Winter ohne menschliche Hilfe. Wie wohl sich die derzeit etwa 60 Koniks auf der Birk fühlen, zeigt die jährliche Geburtenrate von ca. 20 Fohlen. Da die Herde ihre Zielgröße erreicht hat, werden immer wieder einzelne Tiere oder auch kleine Gruppen an andere Naturschutzprojekte abgegeben oder auch an Privatleute verkauft. Die Koniks erfüllen gemeinsam mit den Hochlandrindern eine wichtige Aufgabe im Ökosystem Geltinger Birk: Sie erhalten die Weidelandschaft, indem sie den Bewuchs mit Sträuchern und Bäumen eindämmen.

Im Sommer bieten die grünen Wiesen mit den grasenden Hochlandrindern und die blau schimmernden Wasserflächen ein liebliches Bild. An **stürmischen Herbsttagen** ist eine Wanderung entlang der Küstenstrecke ein besonderes Vergnügen für Naturliebhaber. Empfehlenswert ist im Anschluss die Einkehr im gemütlichen Café Lichthof – bei einem Kaffee oder einer „To-

Drinnen urig, draußen sonnig: das Café Lichthof

ten Tante" hat man sich schnell wieder aufgewärmt. Letztere ist übrigens kein Fall für die Kripo, sondern die im Norden beliebte heiße Schokolade mit einem Schuss Rum …

Besonders interessant ist die Birk auch für Ornithologen, über **200 Vogelarten** können in dem Feuchtgebiet beobachtet werden, darunter Seeadler, Graureiher, Kormoran, Graugans, Kranich, verschiedene Enten- sowie zahlreiche Watvogelarten. (mw)

Information: Der Naturschutzbund (**NABU**) informiert vor Ort in einer Naturschutzwärterhütte (Tel. 04643/ 189474, http://schleswig-holstein.nabu.de) und ist damit an der **Integrierten Station Geltinger Birk e.V.** beteiligt. Vor allem im Sommer bietet der Verein ein großes Angebot an Führungen und Veranstaltungen, etwa Vogeltouren, Wildpferdeführungen, Kutschfahrten, Sonnenaufgangs- und Dämmerungswanderungen etc. Termine und Preise: http://geltinger-birk.de.

Essen & Trinken: Das **Café Lichthof** in Nieby ist ein echtes Original: Man sitzt entweder im verwunschenen Garten oder in den fast wie ein privates Wohnzimmer eingerichteten Innenräumen und hat die Wahl zwischen diversen hausgemachten Torten, aber auch herzhaften Kleinigkeiten. In der Hauptsaison tgl. außer Mo, Winterpause Nov./Dez.; Falshöft 29, 24395 Nieby, Tel. 04643/1354, www.lichthof-angeln.de.

23 Fehmarns Nordküste: wenig bekanntes Kleinod

Fehmarn

Fläche: Fehmarn misst etwa 6 x 13 km und hat eine Fläche von 185 km².

Küstenlänge: 78 km, davon 35 km eingedeicht.

Strände: Feinsandig im Süden, im Westen und Norden Deiche mit schmalen, von Steinen durchsetzten Strandabschnitten. Romantische aber sehr steinige Steilküstenstrände im Osten.

Einwohner: Die Hälfte der etwa 13.000 Insulaner lebt im Inselzentrum Burg; der Rest verteilt sich auf weitere 42 Dörfer und Siedlungen.

Das Leben auf Fehmarn spielt sich aufgrund der **touristischen Infrastruktur** hauptsächlich in Burgtiefe am Südstrand, in der „Inselmetropole" Burg (s. S. 192) sowie an der Orther Reede in Lemkenhafen oder im Hafendorf Orth ab. Dabei hat auch der Küstenstreifen im Inselnorden am Fehmarnbelt einiges zu bieten, allem voran das Naturschutzgebiet Grüner Brink mit dem gleichnamigen Strand.

Der **Grüne Brink**, ein 2,5 Kilometer langes und kaum 300 Meter breites Naturschutzgebiet westlich vom Fährhafen Puttgarden, verdankt seine Entstehung dem schon in den 1870er-Jahren begonnenen Deichbau zum Schutz der Nordküste. Die dadurch leicht veränderte Küstenlinie begünstigte infolge der starken westlichen Strömung die Bildung von sogenannten Nehrungshaken. Nehrungs- bzw. Strandhaken entstehen dadurch, dass an einem Teil der Küste durch Strömung und Brandung Sand- und Geröllmaterial abgetragen und an anderer Stelle wieder angelandet werden. Im Laufe der Zeit bilden

Erholung im kaum besuchten Norden der Ferieninsel

Fehmarns Nordküste: wenig bekanntes Kleinod

Der Grüne Brink steht schon seit 1938 unter Naturschutz

Der Untergang der Niobe

Als die Niobe, ein Segelschulschiff der Marine, am Mittag des 26. Juli 1932 den Fehmarnbelt durchquerte, zog plötzlich eine Gewitterfront auf. Der Kapitän, der keine Verzögerungen in Kauf nehmen wollte, ließ die gewaltige Segelfläche des Schiffes nur in geringem Maße reduzieren. Eine Gewitterböe ergriff bald darauf das Schiff und drückte es mit großer Wucht auf die Seite. Wasser drang durch die noch geöffneten Bullaugen und Niedergänge in den Schiffsrumpf ein und die Matrosen unter Deck saßen in der Falle. Das mächtige Schiff sank in nur vier Minuten. Lediglich 40 Besatzungsmitglieder konnten gerettet werden, 69 Menschen starben.

Der Kapitän überlebte und wurde in einem Kriegsgerichtsverfahren von aller Schuld freigesprochen. Die Leichen von 50 der Ertrunkenen wurden von der Marine geborgen und in Kiel beigesetzt. Die restlichen 19 wurden nicht gefunden. Das Wrack wurde vor die pommersche Küste geschleppt und dort in einer pathetischen Zeremonie erneut und diesmal für immer versenkt.

sich auf diese Weise sogar geschlossene und langsam verlandende Strandseen.

Am Grünen Brink haben sich gleich mehrere solcher **Strandseen** gebildet, die als Brutrevier und Rastplatz für bedrohte Vogelarten schon seit 1938 unter Naturschutz stehen. Besucher können dieses Gebiet auf markierten Wegen umrunden und im Rahmen von Führungen auch betreten.

Wunderschön ist auch der für fehmaraner Verhältnisse vergleichsweise feinsandige **Badestrand** Grüner Brink. Ein gepflasterter Weg führt vom Parkplatz des Naturschutzgebietes dorthin *(kostenfreier Parkplatz)*. Am bewachten Badestrand gibt es eine Imbissbude, einen Kinderspielplatz und eine Strandkorbvermietung. Wegen der Nehrung ist das Wasser angenehm flach; zudem bläst (fast) immer eine ordentliche Brise, was den Grünen Brink auch bei Kitesurfern sehr beliebt macht.

An der Westseite des Naturschutzgebietes erinnert das unscheinbare, lediglich aus einem Gedenkstein und einem Mast bestehende **Niobe-Denkmal** an die Tragödie des 1932 in einem Gewitter gekenterten Segelschulschiffes. (dk)

INFO

Information: Strandkorbvermietung, Grüner Brink, Nico Thomsen, Tel. 04371/3192, Tageskorb 8,50 €.
Hinkommen: Grüner Brink: 3 km westlich des Fährbahnhofs Puttgarden. Zufahrt über den Weiler Johannisberg. Zum Strand am Parkplatz des Naturschutzgebiets noch 800 m weiter nach Osten fahren (ebenfalls gebührenfreie Parkplätze).
Niobe Denkmal: westlich vom Grünen Brink gelegen. Zufahrt über den Ort Gammendorf.

Im Nienhäger Gespensterwald: Naturschutzgebiet mit Seeblick

Ein Wald wie aus dem Märchen: nackte, glatte Stämme und merkwürdige, bizarr geformte Verzweigungen der ebenso glatten Äste. Wie blank polierte Knochen ragen sie hinauf zu den mächtigen, hohen Baumkronen, deren grüne Blätter als Laubdach über den kahlen Stämmen wachsen und vor allem am Abend ein ganz **besonderes Licht** in den Wald zaubern. Am Boden das fast schon liebliche Grün eines niedrigen Grasbewuchses, auf dem jederzeit ein Grüppchen Elfen im Formationstanz umherschweben könnte – keine Frage, der Gespensterwald trägt seinen Namen zu Recht.

Woher die Bezeichnung Gespensterwald eigentlich kommt, weiß allerdings keiner so genau. Für das noch recht **junge Ostseebad Nienhagen** (seit Anfang des 20. Jahrhunderts), das ohnehin ein wenig im Schatten der beiden berühmten Nachbarn Heiligendamm (s. S. 26) und Warnemünde (s. S. 46) steht, ist der Gespensterwald jedenfalls eine wichtige touristische Attraktion neben dem herrlichen, feinsandigen Strand und der Ostsee selbst.

Offiziell heißt das etwa 100 Hektar große Waldgebiet gleich westlich des Ortes **Nienhäger Holz** und steht unter Naturschutz. Gespensterwald wird nur das etwa 100 Meter breite und ca. 1.300 Meter lange Areal an der Steilküste oberhalb des Strandes genannt. Hauptsächlich Buchen, Hainbuchen, Eichen und Eschen bilden diesen lichten Mischwald, die ältesten sind bis zu 170 Jahre alt. Ständiger Wind, heftige Stürme und die salzhaltige Luft haben das eigentümliche Aussehen dieses Waldes geformt, direkt an der Abbruchkante scheinen sich die Bäume vom Wind wegzudrehen.

Heftige Stürme und die salzhaltige Luft haben ihre Spuren im sogenannten Gespensterwald hinterlassen

Im Nienhäger Gespensterwald: Naturschutzgebiet mit Seeblick

Besonders schön ist ein Spaziergang entlang der Steilküste

Ein besonders schöner, ca. einstündiger **Spaziergang** führt an der Steilküste entlang. Mehrere Bänke laden hier zur Rast. Am Abend, wenn die Sonne tief steht, bieten sich wunderbare Blicke durch die Bäume, auf die blaugrüne Ostsee und bis zu den leuchtend weißen Häusern von Heiligendamm.

Vorsicht an der Steilküste: Zwar geht es nur etwa zehn Meter steil hinunter, doch ist die Abbruchkante nicht gesichert. Fast am Ende des Steilküstenweges Richtung Börgerende gibt es einen flachen Strandzugang, sodass man direkt am Meer entlang zurück nach Nienhagen laufen kann (vom Hauptstrand gibt es einen Aufgang zurück in den Ort). Bei Sturm und Regen wird von der Begehung der Steilküste abgeraten! (st/sb)

Tipp: Fernwanderweg E 9 und Ostseeküsten-Radweg

Die Fernrouten des europäischen Wanderweges E 9 wie auch des internationalen Ostseeküsten-Radweges (Euro Velo Route 10) folgen beide in weiten Teilen der Küstenlinie Mecklenburg-Vorpommerns. Ein besonders schöner Abschnitt liegt zwischen Warnemünde und Börgerende: Die Route führt hier durch den Gespensterwald an der Steilküste entlang. Für die komplette Strecke des Wanderweges muss man etwas Zeit mitbringen, etwa 400 Kilometer sind es insgesamt von Travemünde nach Ahlbeck, dann hat man aber auch fast alles gesehen von der Ostseeküste Mecklenburg-Vorpommerns. Noch ein Stück länger – ca. 670 Kilometer – verläuft der Ostseeküsten-Radweg, der noch einen weiten Bogen über die Insel Rügen beschreibt. Für die Touren werden 14 bzw. 15 Tagesetappen veranschlagt.

INFO

Information: Touristeninformation (in der Kurverwaltung Nienhagen), Sommer 9–12 und 13–17, Mi nachmittags geschl., Winter Di–Do 9–12 Uhr; Strandstraße 16, 18211 Ostseebad Nienhagen, Tel. 038203/81163, www.ostseebad-nienhagen.de.
Hinkommen: Gebührenpflichtige **Parkplätze** gleich hinter dem Hauptstrand (wenige Schritte vom Gespensterwald). Bus **Nr. 119** fährt mehrmals tgl. ab Bad Doberan.

Robbenstation Hohe Düne: Marine Science Center in Rostock

Sam, Marco, Bill, Nick, Filou, Luca, Moe und Henry heißen die Stars an der Hohen Düne: acht Seehunde – und nicht zu vergessen Nummer neun, der Seebär Fin – sind es, die die Besucher auf dem **Forschungsschiff** des Marine Science Center (MSC) der Uni Rostock in ihren Bann ziehen. Beim Rundgang stehen Interessierten jederzeit auch die wissenschaftlichen Mitarbeiter der Uni für Fragen zur Verfügung, erklären die Übungen und erzählen die eine oder andere Anekdote aus der Robbenkiste.

Die weltweit größte **Robbenforschungsanlage** gibt es seit 2008 an der Hohen Düne. Erforscht werden im Robbenzentrum die sensorischen und kognitiven Fähigkeiten der Meeressäuger, was im Klartext bedeutet: Wie hört und sieht, riecht und schmeckt der Seehund bzw. Seebär im Wasser? Und was kann er mit seinen Barthaaren ertasten, wie orientiert er sich? Der zweite Forschungsschwerpunkt widmet sich den Fähigkeiten, die hier mit jedem Tier bis zu einer Stunde täglich trainiert werden: Es gilt, auf Kommando das richtige Symbol (z. B. senkrechter oder waagerechter Balken) zu erkennen und den dazugehörigen Buzzer anzutippen. Liegt die Robbe richtig, gibt es einen Pfiff und als Belohnung für den Lernerfolg ein Stück Fisch. Diese Verhaltensexperimente funktionieren – ähnlich wie auch beim Hundetraining – nach dem Prinzip der positiven Verstärkung in Form von Leckerbissen, wobei pro Seehund bzw. Seebär bis zu fünf Kilo Fischhappen täglich zum Einsatz kommen. Ein ausgewachsener Seehund bringt schließlich über 100 Kilo auf die Waage, der Seebär nochmal deutlich mehr.

Von der **Besucherplattform** aus kann man den Meeressäugern bei ihren Übungen im Dienst der Forschung aus nächster Nähe zusehen und bekommt nebenbei mit, dass Filou der ehrgeizigste der Gruppe ist, Luca der erklärte Sonnenanbeter, Nick der verfressenste und Henry der feinfühligste, und dass Seehundopa Marco es mit seinen 32 Jahren schon etwas ruhiger angehen lässt. Tagsüber werden hier

Das Marine Science Center verfügt über die größte Robbenforschungsanlage weltweit

an Bord etwa stündlich auch kurze Vorträge zum Robbenprojekt gehalten.

Dass es keine weiblichen Seehunde und -bären „an Bord" der Forschungsstation gibt, hat übrigens keinesfalls mit mangelnder Lernfähigkeit oder Intelligenz der Robbendamen zu tun, sondern vielmehr praktische Gründe: Die Zoos, aus denen die meisten der Tiere im Forschungszentrum kommen, geben zwecks Nachzucht nur ungern ihre weiblichen Tiere her, darüber hinaus würde die alljährliche Paarungszeit im Sommer die Forschung stören. Hinzu kommt, dass Seebär Fin als „Haremstier" durchaus auch dominante Züge hat, in freier Wildbahn beaufsichtigt ein Seebärenbulle nämlich bis zu 40 Weibchen. Bleiben männliche Seehunde und Seebären unter sich, herrscht Frieden in der Gruppe.

Ein weiterer Forschungsbereich widmet sich den kognitiven und sensorischen Fähigkeiten der drei **Oktopusse** in jeweils eigenen Aquarien, ebenso soll hier das Verhalten verschiedener Fischarten erforscht werden. Das Forschungszentrum macht übrigens nicht nur an Land von sich reden: Regelmäßig kommen auch wilde Robben (zuletzt ein Seehundweibchen und eine männliche Kegelrobbe) zu Besuch zu den Artgenossen und schauen neugierig zu, was auf der Außenanlage so alles geübt wird.

(st/sb)

Noch mehr Seehunde

Wer mehr über die Robben erfahren möchte, kann nach Voranmeldung an einer wissenschaftlichen Führung teilnehmen, in kleiner Gruppe Seehunde hautnah erleben (Dauer: jeweils ca. 1 Std.) oder aber – mit etwas mehr Vorlauf – mit den Robben Schwimmen und Tauchen

Infos und Reservierungen unter Tel. 0381/ 50408181 oder info@msc-mv.de, für Schwimmen/ Tauchen unter Tel. 0381/50408020.

Zur Belohnung gibt es ein Fischhäppchen

Information: Forschungszentrum, April bis Okt. tgl. 10–16, Nov. Do–So 10–15 Uhr, Eintritt 6 € (Kinder 4 €, Familienkarte 15 €). Weitere Infos unter www.marine-science-center.de.
Hinkommen: Von der Fähre über die Warnow ab Warnemünde zur Hohen Düne (Dauer ca. 2 Min.), direkt nach dem Anleger links abbiegen (kleines Schild: Robben-Center-Ostmole) und auf dem **Fußweg** durch den Park der Residenz Hohe Düne, vorbei am Piratenschiff Elvira und dem Kongresszentrum, sieht man das weiße Forschungsschiff an der Mole liegen, zu Fuß ca. 10 Min. ab Fähranleger.
Mit dem Auto: Von der Fähre kommend bei der ersten Möglichkeit links ab zur Yacht Residenz Hohe Düne, hier gibt es bei besagtem Piratenschiff einen öffentlichen Parkplatz (gebührenpflichtig).

26 Vogelbeobachtung im Nationalpark Vorpommersche Boddenlandschaft: Zug der Kraniche

Vom Wasser aus lässt sich der Zug der Kraniche besonders gut beobachten

Es gibt an der ganzen Ostseeküste wohl kaum ein Naturschauspiel, das mehr berührt als der abendliche Einflug der Kraniche zu ihren **Schlafplätzen** im Flachwasser der Rügen-Bock-Region. Im Frühjahr und Herbst kommen sie pünktlich kurz vor Sonnenuntergang in Scharen, wie verabredet, und aus allen Richtungen, mit mächtigem Flügelschlag und dazu tönt das leise Gru-Gru, das für die eleganten Tiere so charakteristisch ist.

Zu sehen sind die majestätischen Zugvögel im **September und Oktober** auf der Durchreise von Schweden zu den Überwinterungsplätzen im Südwesten Europas, wenn in Nordostdeutschland eine

Grauer Kranich (Grus grus)

Von den weltweit 15 Kranicharten kommt in Deutschland nur der Graue Kranich vor, an der Ostseeküste Mecklenburg-Vorpommerns überwiegend im Nationalpark Vorpommersche Boddenlandschaft. Ein ausgewachsener Vogel bringt es auf eine Körpergröße von 110 bis 125 Zentimeter und wiegt sechs bis sieben Kilo, die Flügelspannweite beträgt bis zu 2,20 Meter, damit ist der Graue Kranich der größte Vogel Deutschlands. Als Allesfresser pickt er auf, was er am Boden findet: Insekten, Würmer und Schnecken, bevorzugt aber auch Getreidekörner wie Mais, davon bis zu 300 Gramm am Tag. Ein Brutpaar (das übrigens oft ein Leben lang zusammen bleibt) brütet in einem aufgehäuften Nest im flachen Wasser meist zwei Eier aus. Nach etwa vier Wochen schlüpfen die Küken, die zunächst noch ein rotbraunes Federkleid tragen und fast ein Jahr lang bei den Eltern leben.

Junge Kraniche sind am rotbraunen Kopf zu erkennen. Erst mit etwa drei Jahren bildet sich die rote Kopfplatte mit den beidseitigen weißen Streifen. In freier Natur erreichen die Kraniche ein Alter von 15 bis 20 Jahren. Phänomenal sind ihre Flugkünste: Geschwindigkeiten von 40 bis 60 Stundenkilometern sind normal, bei Rückenwind gar bis zu 100 Sachen möglich, die Flughöhe liegt je nach Thermik und Luftstrom zwischen 300 und 1.500 Metern. Bis zu 2.000 Kilometer können die Tiere ohne Stopp zurücklegen, normalerweise fliegen sie aber „nur" einige hundert Kilometer. Neben den Rast- und Sammelplätzen im Nordosten Deutschlands machen die Kraniche auf ihrem Weg nach Süden auch in Frankreich, in der Champagne und der Gascogne, Halt. Überwintert wird an der zentralspanischen Laguna de Gallocanta bzw. in der Extremadura. Als Sommerresidenz wählen die Kraniche die Seen in Süd- und Mittelschweden.

Vogelbeobachtung im Nationalpark Vorpommersche Boddenlandschaft

mehrwöchige Rast eingelegt wird. Früh im Jahr, auf dem Weg zurück in die Sommergefilde, dauert der Aufenthalt in Mecklenburg-Vorpommern nicht ganz so lange.

Die bequemste Art der Kranichbeobachtung ist zweifelsohne während einer Fahrt auf dem **Ausflugsdampfer** möglich, an Bord ein Fachmann, der einen Vortrag rund um den größten Vogel Deutschlands hält. Bis zu 70.000 Kraniche steuern im Herbst die Rügen-Bock-Region mit ihren geschützten Flachwassergebieten an. Zu Hochzeiten rasten hier mehrere 10.000 Tiere gleichzeitig – ein tierisches Spektakel für alle Beteiligten. Leider kann man das Schauspiel nur aus relativer Ferne beobachten, da die sehr scheuen Kraniche schon bei einer Annäherung von etwa 300 Metern auffliegen. Auch wenn man sich auf dem Wasserweg nähert, gilt es einen Sicherheitsabstand einzuhalten, um die Tiere nicht aufzuschrecken. Zu sehen gibt es beim abendlichen Landeanflug aber dennoch genug. Fernglas nicht vergessen! (st/sb)

Bis zu 2.000 Kilometer können die Tiere an einem Stück zurücklegen

INFO

Information: Kranichbeobachtungen, Mitte Sept. bis Ende Okt. am Pramort an der Ostspitze der Halbinsel Zingst (nur mit dem Fahrrad erreichbar, Plätze begrenzt, Tickets am Kontrollpunkt Sundische Wiese) oder mit dem Ausflugsschiff. Die Touren finden Mitte Sept. bis Ende Okt. mit der Reederei Hiddensee (Tel. 03831/ 26810) 2 x wöchentlich ab Zingst und 1 x wöchentl. ab Stralsund statt, mit der Reederei Poschke (Tel. 038234/ 239) je 1 x tgl. ab Prerow und Zingst.

Hinkommen: Parkplatz und **Fahrradverleih** an der Sundischen Wiese (Zingst), Parkplätze auch an den Häfen in Zingst, Stralsund, Prerow.
Tipp: Das **Kranich-Informationszentrum Groß Mohrdorf** liegt wenige Kilometer nördlich von Stralsund, März–Nov. Mo–Sa 10–16, zur Kranichhochsaison tgl. bis 17.30 Uhr, im Winter nur nach Anmeldung unter Tel. 038323/80540; Lindenstraße 27, 18445 Groß Mohrdorf, www.kraniche.de.

㉗ Wanderungen durch den Nationalpark Jasmund und zum Königsstuhl

Am besten beginnt man eine **Wanderung** durch den Nationalpark an einem schönen Vormittag und wandert zunächst die Küste entlang. Dann lässt die Sonne die Kreidefelsen erstrahlen, während sich das Licht auf den saphirblauen Wellen bricht und in das satte Grün der Buchen taucht, die über die Abbruchkante der Steilküste ragen. Der Ausblick ist durchgängig atemberaubend. Fotografen knipsen Speicherkarten voll, Steinsammler finden am Strand Hühnergötter (durchlöcherte Feuersteine) und Donnerkeile (fossile Reste urzeitlicher Kopffüßer), Wanderer durchstreifen eine grandiose, erhabene Naturkulisse, die schon Johannes Brahms und Caspar David Friedrich inspirierte.

Achtung!
Keinesfalls sollte man nach starken Regenfällen oder bei Tauwetter unterhalb der Kreideküste wandern! Dann nämlich kann es zu Steilküstenabbrüchen kommen und es besteht Lebensgefahr. Kreide ist porös und damit bestens geeignet, Feuchtigkeit aufzunehmen. Wird der Kreidefelsen – vollgesogen wie ein Schwamm – zu schwer, können große Mengen in die Tiefe rutschen. Im Winter kommt es zu Frostsprengungen. Die Feuchtigkeit in der Kreide gefriert und sprengt den Kreidefelsen regelrecht auf. Tiefgefroren kann der Fels sich noch halten, bricht aber unweigerlich ab, sobald Tauwetter einsetzt. Außerdem sollte man nicht auf eben abgegangenen Kreidebrüchen herumklettern. Warnungen vor Ort sind unbedingt ernst zu nehmen!

Irgendwann wird man dann vielleicht eine der Treppen hinaufsteigen und wandert auf dem Hochuferweg weiter durch die **Stubnitz**, den herrlichen Buchenwald, der sich oberhalb der Kreideküste erstreckt. Schließlich erreicht man die **Stubbenkammer**, das Herzstück des Nationalparks Jasmund. Hier erhebt sich der größte der Kreidefelsen: der berühmte **Königsstuhl**. Die markante, riesige Kreidenadel reckt sich 118 Meter in den Himmel und ist das inoffizielle Wahrzeichen der Insel Rügen. Gekrönt wird der Königsstuhl von einer Aussichtskanzel. Etwas zurückgesetzt

Sonnenlicht lässt die Kreidefelsen besonders schön erstrahlen

von der Küste findet sich auch das sehenswerte **Besucherzentrum** des Nationalparks.

Der Nationalpark Jasmund ist mit 31 Quadratkilometern der kleinste seiner Art in Deutschland. Das geschützte Gebiet umfasst neben dem Buchenwald, den Mooren und Lichtungen auch die Kreidefelsen, den Strand darunter und einen Streifen Ostsee entlang der Küstenlinie. Grob gesprochen gibt es drei „Eingänge" in den Nationalpark. Am einfachsten gelangt man vom Großparkplatz Hagen in das Schutzgebiet und zur Stubbenkammer, entweder mit dem Bus oder bequem zu Fuß. Auf dem Weg passiert man auch den malerischen **Herthasee** und die **Herthaburg**, die Überreste eines slawischen Burgwalls.

Im Norden führen Wanderwege von Lohme aus zur Stubbenkammer, im Süden betritt man bereits am Stadtrand von Sassnitz den Nationalpark. Traumhaft ist der **Hochuferweg**, der von Sassnitz zur Stubbenkammer (knapp neun Kilometer) und weiter bis nach Lohme führt (noch mal etwa vier Kilometer). Hinab zum Strand unterhalb der Kreideküste reichen drei Treppen: eine durch die Piratenschlucht bei Sassnitz, eine zwischen Königsstuhl und Viktoriasicht in der Stubbenkammer und etwa auf halbem Weg zwischen den beiden die Treppe am Kieler Bach. Ganz gleich wie man sich seine Wanderung organisiert, als Ganz-Tages-Tour, als kleinere Runde am Strand entlang und durch den Wald zurück oder als gemütlicher Spaziergang durch die Stubbenkammer: Herrliche Natur und traumhafte Ausblicke sind garantiert.

(st/sb)

Jasmund ist der kleinste Nationalpark in Deutschland

Das Nationalpark-Zentrum Königsstuhl

Im Besucherzentrum des Nationalparks kann man sich auf eine Zeitreise in die Erdgeschichte begeben. Zu Beginn wird man mit einem Audiosystem ausgestattet, das einen von Station zu Station leitet. Die interaktive Ausstellung reicht von der Entstehung der Kreide im warmen Urmeer über die Gletscher der letzten Eiszeit bis zur Entstehung der Ostsee. Dann taucht man in die Lebensräume des Nationalparks Jasmund, Kreideklippen, Buchenwald und Waldwiesen, ein und folgt dem Wasser und den Jahreszeiten.

Information: Nationalpark-Zentrum Königsstuhl, Ostern bis Okt. tgl. 9–19, im Winterhalbjahr tgl. 10–17 Uhr (Einlass bis eine Stunde vor Schließung), Eintritt 7,50 € (Kinder 6–14 J. 3,50 €, Familienticket 15 €); Stubbenkammer 2, 18546 Sassnitz, Tel. 038392/66170, www.koenigsstuhl.com. Die Eintrittspreise gelten nicht nur für das Besucherzentrum, sondern auch für den Königsstuhl. Wer den Obolus nicht berappen will, muss auf die (nicht minder spektakuläre) Viktoriasicht ein Stück südlich ausweichen.

Hinkommen: Pkw, Großparkplatz Hagen, von dort mit dem Pendelbus zum Nationalpark-Zentrum (Linie 19). **Bus**, etwa stündl. von Sassnitz aus zum Nationalpark-Zentrum (Linie 20). Am schönsten ist es, in den Nationalpark zu laufen, von Sassnitz, Hagen oder Lohme aus.

Geschichte erleben

Rum- und Zuckermeile Flensburg: von den Westindienfahrern des 18. Jahrhunderts bis heute

Rumregatta

Ein Highlight im Flensburger Veranstaltungskalender (www.rumregatta.de), das 2014 zum 35. Mal stattfindet. Jedes Jahr am Himmelfahrtswochenende versammeln sich Gaffelsegler und ihre Fans in der Förde und treten zu einer Regatta an, bei der es nur am Rande darum geht, schnell ins Ziel zu kommen: Traditionell geht der Hauptpreis, eine „Riesenbuddel Rum" an den Zweiten und nicht an das erste Schiff, das über die Ziellinie fährt. „Lieber heil und Zweiter, als kaputt und breiter", lautet das Motto der Veranstaltung, bei der Geselligkeit, die Gelegenheit zum Austausch sowie die Freude an den alten Segelschiffen im Mittelpunkt stehen.

Während Flensburg heute bundesweit eher für das „ploppende" Bier in Bügelflaschen bekannt ist, war die Fördestadt im 18. und 19. Jahrhundert ein wichtiger Umschlags- und Weiterverarbeitungsort für die Luxusgüter Rum und Zucker. Seit Mitte des 18. Jahrhunderts segelten vom Hafen der zunächst noch dänischen, später preußischen Stadt Handelsschiffe in die Karibik, genauer in die damalige dänisch-norwegische Kolonie **Dänisch-Westindien**. Diese Inselgruppe umfasste die drei Hauptinseln Saint Croix, Saint John und Saint Thomas, die 1917 an die USA verkauft wurden und heute als United States Virgin Islands (Amerikanische Jungferninseln) bezeichnet werden.

Die Händler brachten neben Gebrauchsgütern wie Baumwolle und Edelhölzern auch Tabak, rohen Rum und Zucker nach Flensburg. Da sich veredelte Produkte immer besser und mit mehr Gewinn verkaufen lassen, entstanden in der Stadt zahlreiche Zuckerraffinerien und **Rumhäuser**, in denen der mit bis zu 80 Prozent Alkohol kaum trinkbare Rohrum verschnitten und zu einem edlen und abwechslungsreichen Produkt weiterverarbeitet wurde. Der Handel mit den Luxusgütern bescherte der Stadt eine lange andauernde wirtschaftliche Blütezeit, die bis heute Spuren im Stadtbild hinterlassen hat. Auf der „Rum- und Zuckermeile" können bei einem Stadtrundgang die noch vorhandenen Gebäude der alten Rumhäuser, Raffinerien und Handelshäuser besichtigt werden.

Das **Schifffahrtsmuseum Flensburg**, wo der Rundgang startet, stellt in seiner Dauerausstellung „Sklaven, Zucker, Rum" anschaulich dar, wie sich Flensburg zur Rum- und Zuckerstadt entwickeln konnte und wie der damalige Reichtum die Stadt prägte. Aber auch die Schattenseiten des wirtschaftlichen Erfolgs – Menschenhandel und Sklavenarbeit – werden eindrucksvoll beleuchtet. Wer sich unter einem Schifffahrtsmuseum eine Ansammlung verstaubter Schiffsmodelle in düsteren Räumen vorstellt, wird positiv überrascht sein. Das Mu-

Im Schifffahrtsmuseum wird die Geschichte des Rum- und Zuckerhandels modern und lebendig präsentiert

Rum- und Zuckermeile Flensburg

Eines der zwei verbliebenen Rumhäuser in Flensburg: Johannsen Rum

seum wurde kürzlich umfassend umgestaltet und präsentiert sich seit der Neueröffnung 2012 als modernes und interaktives Themenmuseum mit vielseitigem Veranstaltungsprogramm. Im Juni 2014 wird zudem im Keller des Schifffahrtsmuseums Deutschlands einziges **Rum-Museum** neu eröffnet. Hier erfährt der Besucher Interessantes über die Rum-Herstellung sowie über die verschiedenen Arten und Sorten des vielfältigen Getränks. (mw)

Information: Eine **Karte** mit den Stationen der Rum- und Zuckermeile ist in der Touristeninformation, im Schifffahrtsmuseum oder per Download von der Website des Museums (s. u.) erhältlich. Wer die Route auf eigene Faust erkunden möchte, kann sich über QR-Code auf der Website des Museums einen kostenlosen Audioguide aufs Handy laden.
Flensburger Schifffahrtsmuseum, Di–So 10–17 Uhr, Eintritt 6 € (Kinder/Jugendliche unter 18 J. frei); Schiffbrücke 39, 24939 Flensburg, Tel. 0461/852970, www.schifffahrtsmuseum.flensburg.de. Es werden regelmäßig **Stadtführungen** zu den Themen Rum, Zucker, Westindienzeit etc. angeboten, Termine auf der Website. Wechselnde Sonderausstellungen.
Einkaufen: Johannsen Rum, Marienstr. 6, Tel. 0461/25200, www.johannsen-rum.de. Von Mai bis September finden jeden Freitag ab 16 Uhr öffentliche Führungen (6 € inkl. Verkostung, Dauer 1 Std.) statt. In **Johannsens Hökerei**, Marienstr. 8, werden die Produkte verkauft (zudem online).
Braasch Rum, Rote Straße 26–28, Tel. 0461/141600, www.braasch.sh. Spezialität ist der „Braasch Punsch". Verbunden werden kann der Einkauf bei Braasch (auch online möglich) mit einem Spaziergang auf „Flensburgs Schönster", der Roten Straße (s. S. 184).

Das Landschaftsmuseum Angeln/Unewatt in Langballig: ein ganzes Dorf als Museum

Museumsdörfer und Freilichtmuseen gibt es viele – meist handelt es sich dabei um eine mehr oder weniger beliebig zusammengewürfelte Ansammlung alter Gebäude, Arbeitsgeräte und historischer Gegenstände auf engem Raum. Das Landschaftsmuseum der **Region Angeln** (das Gebiet zwischen der Flensburger Förde und der Schlei) dagegen ist auf den ersten Blick gar kein Museum, sondern ein ganz normales **Angeliter-Dorf** mit verwinkelten Straßen, Einfamilienhäusern und einer gemütlichen Gaststätte. Es gibt keinen Zaun, sondern man spaziert einfach durch das Dorf und erkundet dabei die fünf „Museumsinseln" sowie viele schöne reetgedeckte Häuser, gepflegte Gärten und alten Baumbestand.

Der **Marxenhof** zu Beginn des Rundgangs ist der einzige Teil des Museums, der nicht aus Unewatt stammt, sondern in den 1980er-Jahren aus Süderbrarup im südlichen Angeln hierher verlegt und rekonstruiert wurde. Der Bauernhof, dessen Hauptgebäude von 1626 stammt, befindet sich heute am Ortseingang. Seine Verlegung war einst der Anlass zur Entstehung des Museums. Das Konzept, bereits bestehende historische Gebäude, die das Alltagsleben vergangener Zeiten repräsentieren, an ihrem originalen Standort zu rekonstruieren und der Öffentlichkeit als Museum zugänglich zu machen, war damals noch sehr neu und ungewöhnlich. Im Marxenhaus bekommt man einen Einblick in das bäuerliche Leben im 17. Jahrhundert. Küchengeräte, Betten, ein Webstuhl und Bilder zeigen Ausschnitte aus dem Alltag.

Historische Alltagsgegenstände geben einen Einblick in das bäuerliche Leben von anno dazumal

Die zweite Station auf dem Rundgang bilden die Räucherei und das Trafohaus, die sich an der Dorfstraße direkt gegenüber liegen. Das **Trafohaus** war von 1922 – als Unewatt ans Stromnetz angeschlossen wurde – bis 2003 in Betrieb und gibt einen Einblick in die Frühzeit der Energieversorgung. Die **Räucherei** diente um 1900 einem *Kätner* (auch *Kötter*) zum Nebenerwerb. Er räucherte hier im Auftrag der umliegenden Bauernhöfe.

Die **Buttermühle** wird durch Wasser aus einem Stauteich angetrieben. Sie wurde nach alten Plänen und Fotos rekonstruiert und ist heute wieder funktionstüchtig. Im Sommer wird sie regelmäßig in Betrieb genommen, um den Besuchern ihre Funktionsweise zu demonstrieren. Um 1900 war die Region ein Hauptlieferant von Butter. In großen Mengen wurde sie in Kühlwaggons nach Berlin transportiert. Auch die nächste Station des Rundgangs, die **Windmühle Fortuna** aus dem Jahr 1878 ist wieder voll funktionsfähig und zeigt, wie früher Getreide verarbeitet wurde.

In der **Christesen-Scheune**, der letzten Station des Rundgangs, wird eine Vielzahl historischer Landwirtschaftsgeräte und -maschinen ausgestellt. (mw)

Die Windmühle Fortuna von 1878 verfügt über ein voll funktionstüchtiges Mahlwerk

Das Volk der Angeln

Aus diesem Landstrich wanderten im 5. Jahrhundert viele Angeln zusammen mit Gruppen anderer germanischer Völker, u.a. der Sachsen, nach Britannien aus. Wahrscheinlich wurden sie von den Römern als Hilfssoldaten angeworben. Der Name der historischen britischen Region East Anglia sowie der Begriff **„Angelsachsen"** geht auf sie zurück.

Information: Landschaftsmuseum Angeln/Unewatt, Mai bis September Di–So 10–17, April und Oktober Fr–So 10–17 Uhr, November bis März geschlossen, Eintritt 4,50 € (Kinder/Jugendliche 6–16 J. 1 €, Familienkarte 9 €); Unewatter Straße 1a, 24977 Langballig, Tel. 04636/1021, www.museum-unewatt.de. Die Kasse befindet sich im Marxenhaus. Die Öffnungszeiten beziehen sich nur auf die Gebäude, das Dorf kann das ganze Jahr über besucht werden.
Essen & Trinken: Das **Landhaus Unewatt** befindet sich ebenfalls in einem historischen Gebäude mitten im Ort und bietet eine leckere Mischung aus Bodenständigem und Raffiniertem. Regionale Spezialitäten wie Holsteiner Sauerfleisch stehen ebenso auf der Karte wie ingwerscharfe Suppen und fruchtige Sorbets. Im Sommer ein toller Zwischenstopp für eine Fahrradtour, draußen sitzt man wunderbar und es gibt leckere Kuchen – das Angebot wird jeweils der Saison angepasst. Am Wochenende unbedingt einen Tisch reservieren, Mo Ruhetag; Unewatter Straße 8, Tel. 04636/9771244, www.landhaus-unewatt.de.

30 Das Wikingermuseum Haithabu nahe Schleswig: Metropole der Nordmänner

Das sagenumwobene Volk der Wikinger ist vor allem für seine Schiffsbau- und Navigationskünste bekannt – und für den Schrecken, den es auf seinen **Raubzügen** verbreitete … Besonders die Küstenbereiche Englands und Frankreichs wurden immer wieder heimgesucht, wovon zahlreiche zeitgenössische Quellen berichten. Aber die frühen Bewohner Skandinaviens waren nicht einfach nur eine Meute wilder Piraten, sondern sie betrieben auch Siedlungsbau und „internationalen" Handel. Eine der bedeutendsten Siedlungen der Nordmänner befand sich an der Schlei (s. S. 156), südlich der heutigen Stadt Schleswig: Haithabu.

Wahrscheinlich um 770 gegründet, erlebte die Stadt ihre Blütezeit in der Mitte des 10. Jahrhunderts. Für den **Fernhandel** war Haithabu hervorragend gelegen: In Nord-Süd-Richtung verlief hier der für den Transport über Land wichtige Ochsenweg, die schiffbare Schlei stellte die Verbindung zur Ostsee her und auf dem Land waren in westlicher Richtung nur ca. 18 Kilometer bis zur Nordsee zu überbrücken. Bis zu 1.500 Menschen sollen zur Hochzeit in Haithabu gelebt haben, sogar eigene Münzen wurden in der Stadt geprägt.

So glanzvoll die Blüte der Stadt war, umso schrecklicher ihr Ende: Haithabu ging Mitte des 11. Jahrhunderts in einem **Flammeninferno** unter, das sogar Eingang in die mittelalterliche Skaldendichtung fand. Der Norwegerkönig Harald III. („der Harte") griff die Stadt an und ließ sie völlig niederbrennen. Die Siedlung Haithabu wurde daraufhin aufgegeben und verfiel. Ihr Untergang fällt zeitlich in etwa mit dem Ende der Wikingerzeit zusammen.

Das **Museum** gibt anhand vieler Original-Fundstücke, Rekonstruktionen und Modelle einen Einblick in das Alltagsleben der Nordmänner. So sind etwa Münzen, Schmuck, Grabbeigaben, Waffen und Haushaltsgegenstände zu sehen. Ein Highlight ist die Schiffshalle mit dem Langschiff, das im Hafen von Haithabu gefunden wurde. Es wurde zur Hälfte rekonstruiert, die andere Hälfte wurde nur haltbar gemacht, ansonsten aber so rudimentär belassen, wie sie nach vielen Jahrhunderten unter Wasser aussah. Die Ausstellung ist insgesamt sehr modern und abwechslungsreich gestaltet. Die multimediale Vermittlung macht das Museum auch für Kinder und Jugendliche interessant.

Fast noch spannender ist aber der Außenbereich mit den **Wikingerhäusern**. Hier wurde auf einem 260.000 Quadratmeter großen Gelände direkt an

Im Außenbereich mit den Wikingerhäusern sind häufig auch „echte" Wikinger zu bestaunen

Das Langschiff wurde im einstigen Hafen von Haithabu gefunden und zur Hälfte rekonstruiert

der Schlei ein Teil der ehemaligen „Metropole" Haithabu originalgetreu rekonstruiert. So ist etwa die Hütte eines Fischers mit entsprechenden Werkzeugen und anderen Utensilien zu sehen oder eine Versammlungshütte mit Feuerstelle und einer Art Thron für den Häuptling. Die Häuser sind reetgedeckt, dazwischen liegen relativ enge Gassen mit Fußwegen aus Holzbohlen. Auch eine Landungsbrücke sowie ein Boot wurden rekonstruiert und sind zu besichtigen.

Im Sommerhalbjahr gibt es im Museum sowie bei den Wikingerhäusern eine ganze Reihe an Vorträgen, Märkten, Führungen und Mitmach-Aktionen. Besonders interessant sind die zahlreichen Vorführungen alter (kunst-)handwerklicher Techniken. Auch für Kinder werden viele Veranstaltungen angeboten. (mw)

Information: Wikingermuseum Haithabu, April bis Okt. tgl. 9–17, Nov. bis März Di–So 10–16 Uhr (Wikingerhäuser geschlossen), Eintritt 7 € (Schüler 5 €, Familienkarte 15 €); Am Haddebyer Noor 5, 24866 Busdorf, Tel. 04621/813222, www.schloss-gottorf.de/haithabu.

Essen & Trinken: Im **Haithabu-Café** auf dem Museumsgelände gibt es frische Salate und Snacks sowie hausgemachten Kuchen, also ideal zur Stärkung zwischen den Besuchen der beiden Museumsteile; tgl. 10–17 Uhr, Tel. 04621/850500, www.haithabu-cafe.de.

Odins Haddeby liegt gegenüber dem Parkplatz des Museums und ist ein Ausflugslokal mit Terrasse und Biergarten sowie hervorragender Küche; tgl. 7–23 Uhr, Haddebyer Chaussee 13, Tel. 04621/850500, www.odins-haddeby.de.

In der Königshalle der **Wikingerschänke** kann man sich bei rustikalen Speisen und Met aus der Hausbrauerei ein bisschen wie ein echter Wikinger fühlen; Fr/Sa ab 16, So 11–16 Uhr, Am Margarethenwall, Tel. 04621/32190, www.wikingerschaenke.de.

Tipp: Im nahegelegenen Schloss Gottorf ist jeweils im Sommerhalbjahr ein Nachbau des **Gottorfer Riesenglobus'** zu bewundern. Außen Erdglobus, innen Darstellung der Gestirne – das Original der über drei Meter großen, begehbaren Kugel entstand im 17. Jahrhundert und gilt als das erste Planetarium der Welt.

Laboe: spektakuläre Aussicht über die Kieler Förde und U-Boot-Besichtigung am Marine-Ehrenmal

85 Meter hoch ist der eindrucksvolle Turm des Marine-Ehrenmals am Strand von Laboe. Wer die 341 Stufen bis zur **Aussichtsplattform** an der Spitze nicht scheut – oder einfach mit einem der beiden Fahrstühle hinauffährt –, wird mit einem spektakulären Rundumblick über die Kieler Förde und die abwechslungsreiche Landschaft der Probstei (s. S. 164) belohnt.

Die **expressionistische Architektur** des Turms, dessen eine Seite zur Erde hin in einem sanften Schwung ausläuft, weckt unterschiedliche Assoziationen. So wurde er schon mit einem Schiffssegel oder dem Turm eines U-Boots verglichen, der Architekt Gustav August Munzer hatte laut seinen Entwürfen allerdings die Vorstellung einer Flamme.

Das Marine-Ehrenmal, dessen Grundstein 1927 gelegt wurde, sollte ursprünglich an die vielen im **Ersten Weltkrieg** gefallenen deutschen Marinesoldaten erinnern und zugleich ein Symbol für das erhoffte Wiedererstarken der deutschen Seemacht nach der schmachvollen Niederlage sein: „Für deutsche Seemannsehr'/Für Deutschlands schwimmende Wehr/Für beider Wiederkehr". Während der Wirtschaftskrise 1929 wurden die Bauarbeiten nach Fertigstellung des Turms vorerst unterbrochen und erst 1933 durch die Nationalsozialisten wieder aufgenommen. Die Einweihung fand 1936 in Anwesenheit Adolf Hitlers statt.

Nach dem Zweiten Weltkrieg erwogen die Alliierten, das Ehrenmal zusammen mit anderen Denkmälern aus der Zeit des Nationalsozialismus zu zerstören. Da es sich aber nicht um ein kriegsverherrlichendes oder NS-spezifisches Symbol handelte, entschied man sich dagegen. 1954 fand eine erste **Umwidmung** statt, wonach das Mahnmal nun an die in beiden Weltkriegen gefallenen Soldaten aller Nationen erinnerte. Seit 1996 und bis heute ist das Ehrenmal eine internationale „Gedenkstätte für die auf See Gebliebenen aller Nationen und Mahnmal für eine friedliche Seefahrt auf freien Meeren".

Der Gesamtkomplex des Ehrenmals besteht neben dem Turm noch aus einer unterirdischen Gedenkhalle, einer Ausstellungshalle zur Geschichte der Schifffahrt sowie einer 7.000 Quadratmeter großen Freifläche.

Das Marine-Ehrenmal Laboe ist eine eindrucksvolle Gedenkstätte mit bewegter Geschichte

Laboe: U-Boot-Besichtigung am Marine-Ehrenmal

Einst Kriegsschiff, heute Technisches Museum: das U-Boot U 995

Der zweite große Besuchermagnet an der Promenade von Laboe ist das **Technische Museum U 995**, ein zum Museumsschiff ausgebautes U-Boot, das seit 1972 zu besichtigen ist. Das vom Typ VIIC stammende Unterseeboot mit einer Besatzungsstärke von 45 Mann stand von September 1943 bis Mai 1945 im Dienst der deutschen Kriegsmarine, die allerdings in dieser Zeit den Alliierten schon hoffnungslos unterlegen war. Nach Kriegsende ging das Schiff in norwegischen Besitz über und wurde dort als Schulschiff und in der Küstenverteidigung eingesetzt. Im Zuge der Aussöhnung gab Norwegen 1965 der Bundesmarine das U-Boot zurück.

Nach umfangreichen Restaurationsarbeiten ist es heute weitgehend in dem Zustand zu besichtigen, in dem es bei Kriegsende 1945 war; nur der Turm und einige weitere Aufbauten sind Attrappen. Im Inneren erfährt man eindrucksvoll die Enge, in der die Besatzung eines U-Bootes ihren Dienst versieht. Zudem können Original-Geräte und Mobiliar besichtigt werden. (mw)

Information: touristisch Wissenswertes rund um die Gemeinde **Laboe** unter www.laboe.de.
Deutscher Marinebund e. V., von Nov. bis März tgl. 9.30–16, von April bis Okt. tgl. 9.30–18 Uhr, Eintritte: **Marine-Ehrenmal** 5,50 € (Kinder/Jugendliche 6–17 J. 3,50 €), **U-Boot** 4 € (2,80 €), Kombiticket 8,50 €, diverse Ermäßigungen; Führungen werden für Gruppen ab 15 Personen nach Anmeldung angeboten. Wer spontan vorbeikommt, kann einen Tablet-PC mit virtuellem Museumsführer ausleihen und damit selbstständig das Gelände erkunden; Strandstraße 92, 24234 Laboe, www.deutscher-marinebund.de.
Essen & Trinken: Kaffee, heiße Schokolade, hausgemachte Torten und Pralinen gibt es im **MoccaFee Coffeeshop** im Zentrum von Laboe; Reventloustraße 11, Tel. 04343/619999, www.moccafee-laboe.de. **Restaurant Heimathafen**, s. S. 242.

Schloss Plön: königliche Sommerresidenz und Kadettenanstalt für preußische Prinzen

Erhaben auf einem kleinen Berg thront im Herzen der Holsteinischen Schweiz weithin sichtbar das Schloss als **Wahrzeichen Plöns**. Es ist eines der größten Schlösser Schleswig-Holsteins und zugleich die einzige Höhenburg des Landes.

Der leuchtend weiße Dreiflügelbau auf dem mächtigen Feldsteinsockel verfügt über drei Vollgeschosse und ein markantes, von zahlreichen Dreiecksgiebeln gekröntes Dachgeschoss. Zwei Rampen führen vom parkähnlichen Vorhof auf die südlich gelegene Schlossterrasse, von der aus man einen wunderbaren Blick auf den Großen Plöner See hat. Unterhalb des Schlosses befinden sich – großflächig verteilt – bedeutende Nebengebäude, so der 1746 erbaute Marstall und das ebenso alte sogenannte Uhrenhaus. Dieses ist die ehemalige Reithalle, die heute das **Naturpark-Haus** des Naturparks Holsteinische Schweiz beherbergt *(Di–So 10–17 Uhr)*. Weitere Gebäude kamen in preußischer Zeit um 1900 hinzu, nämlich eine Kommandeursvilla, das Inspektorenhaus und eine Jugendstil-Schwimmhalle.

Sehenswert ist zudem das im Schlosspark gelegene barocke Prinzenhaus (von 1744). Einst war es das herzogliche Gartenhaus, später Wohnstätte der preußischen Prinzen. Vom Park führt ein Weg hinunter zur fast zwei Kilometer langen Prinzeninsel mit der Ausflugsgaststätte Niedersächsisches Bauernhaus. Auf dem kleinen Inselchen wurden einstmals alle Söhne Kaiser Wilhelms II. ausgebildet. Die Insel gehört bis heute dem Haus Hohenzollern. (dk)

Im Prinzenhaus wohnten einst die Söhne Kaiser Wilhelms II.

Plöner Schlossgeschichte

In schwerer Zeit, mitten im Dreißigjährigen Krieg (1633–1636) ließ Herzog Joachim Ernst von Schleswig-Holstein-Plön einen kleineren Vorgängerbau des Schlosses abreißen. Auf Wunsch seiner anspruchsvollen, aus dem Hause Gottorf stammenden Frau Dorothea Augusta ließ er stattdessen einen mächtigen Spätrenaissancebau mit rötlicher Fassade und rotem Ziegeldach errichten. Obwohl der letzte Plöner Herzog Friedrich Carl (1706–1761) insgesamt zwölf Kinder hinterließ, erlosch nach dessen Tod das Plöner Herzoghaus, weil der einzige eheliche Sohn – weitere Söhne hatte er mit zwei ebenfalls auf dem Schloss lebenden Mätressen – früh verstarb. Somit fiel das kleine Plön 1761 per Erbfolge an das dänische Königshaus und das Schloss wurde zum Wohnsitz des Plöner Statthalters.

Aufgrund der schönen Lage, vor allem aber, um Präsenz in Holstein zu zeigen, erklärte der dänische König Christian VIII. das Schloss direkt nach seinem Amtsantritt im Jahr 1840 zu seiner offiziellen Sommerresidenz und der Bau erhielt, wie im Königreich Dänemark üblich, eine weiße Fassade. Nach dem preußischen Sieg über Dänemark im Jahr 1867 wurde das Schloss zu einer kasernenartigen Kadettenanstalt. Zwischen 1886 und 1910 wurden hier auch alle sechs Söhne Kaiser Wilhelms II. ausgebildet –

Weithin sichtbares Wahrzeichen: das Schloss Plön

allerdings im benachbarten Prinzenpalais, wo sie auch wohnten. Während der Zeit als Bildungsanstalt verschwand die prachtvolle Ausstattung im Inneren des Schlosses nach und nach. Ab 1933 diente das Schloss als elitäre nationalsozialistische Erziehungsanstalt und nach dem Zweiten Weltkrieg als staatliches Internat. Weil das Land als Eigentümer die anstehenden Renovierungen nicht finanzieren konnte, wurde das Schloss im Jahr 2002 an die Fielmann Akademie veräußert, die es aufwändig renovieren ließ und seit 2006 als öffentliche Bildungsstätte für die Augenoptik nutzt.

Information: Schloss: Die Fielmann Akademie bietet kostenlose Führungen an, Mi 19, 19.30, 20, 20.30 und 21 Uhr sowie Do, Sa, So 16.30, 17, 17.30, 18 und 18.30 Uhr. Um Anmeldung wird gebeten, Anmeldeformular unter www.fielmann-akademie.com. Der 45- bis 60-minütige Rundgang führt in den heutigen Augenoptik-Meisterschulbereich, in den kronleuchterbehängten Rittersaal, in die im Stil des Rokoko rekonstruierten herzoglichen Gemächer mit den Paradezimmern sowie in die in ihrer Ausstattung von 1897 wiederhergestellte Schlosskapelle.
Prinzenhaus: Besichtigung nur im Rahmen von Führungen, Mi 11.30 Uhr, Sa/So 15 Uhr (Winterhalbjahr nur So 11.30 Uhr). Dieses Schmuckstück des Rokoko beinhaltet auch eine Dauerausstellung zur Geschichte des Schlosses und des Prinzenhauses.
www.prinzenhausploen.de.

Die Lütjenburger Turmhügelburg: mittelalterliches Zentrum Schleswig-Holsteins

Im Nienthal bei Lütjenburg befindet sich eine originalgetreue Nachbildung eines typischen mittelalterlichen Wehrsitzes des Landadels. Mittelpunkt der Anlage ist die eigentliche Turmhügelburg, also ein fast 14 Meter hoher, hölzerner **Wehr- und Zufluchtsturm**, der auch „Motte" genannt wird. Solche auf einem aufgeschütteten Hügel errichteten Burgtürme wurden häufig von einem palisadengeschützten Ringwall und einem Wassergraben umgeben, über den eine Holzbrücke führte. Hinzu kam eine von einem niedrigeren Wall geschützte Vorburg, die in Lütjenburg aus rekonstruierten Gebäuden aus der Zeit um 1250 stammt. Es handelt sich dabei um das Wohnhaus eines Ritters, eine Schmiede, ein Backhaus, eine Kapelle und einige Stall- und Wirtschaftsgebäude. Natürlich durften auch ein Brunnen und ein Burgtor nicht fehlen.

Erst 2003 wurde mit dem Bau begonnen und innerhalb kurzer Zeit hat sich diese Rekonstruktion einer holsteinischen Burganlage zum **Mittelalterzentrum** Schleswig-Holsteins gemausert. Die Anlage versteht sich als lebendiges Museum. Viele Mittelalter-Veranstaltungen beleben das Gelände, vor allem mittelalterliche Märkte, aber auch Schaukampfübungen in historisierten Gewändern und Rüstungen. Zudem buchen private Mittelaltergruppen die Turmhügelburg gerne für ihre Treffen, um hier für einige Tage auf mittelalterliche Art und Weise die Gebäude zu bewohnen oder mit Zelten auf den angrenzenden Wiesen zu lagern. Besucher sind aber dennoch jederzeit willkommen.

Hintergrund der aufwändigen Rekonstruktion ist die Tatsache, dass in dieser Region Dutzende solcher Turmhügelburgen nachweisbar sind. Errichtet wurden sie im 12. und 13. Jahrhundert, also zu einer Zeit, in der die Christianisierung dieser damals „Wagrien" genannten Region stattfand. Zuvor hatten hier seit der Völkerwanderung wendische Stämme, also Slawen gelebt, nun jedoch unterwarfen und besiedelten **sächsisch-germanische Ritter** die Gegend. Die Turmhügelburgen wurden mancherorts zur Keimzelle der großen Adelsgüter.

Der hölzerne Wehrturm war wichtiger Bestandteil der Wohn- und Verteidigungsanlage eines mittelalterlichen Ritters

Auch ein Abstecher nach **Lütjenburg** selbst ist lohnend, die rund 800 Jahre alte Stadt präsentiert sich in der für die Region typischen roten Klinkeroptik. Rund um den Marktplatz finden sich einige Geschäfte, die einen kleinen Bummel lohnen. Die markantesten Gebäude der Stadt sind zum einen das Färberhaus, ein Fachwerk-Giebelhaus von 1576 und zum anderen der die Stadt überragende Bismarckturm, ein 1898 erbauter Aussichtsturm auf dem Vogelberg. (dk)

Ritterspiele und mittelalterliche Märkte werden häufig auf dem Gelände veranstaltet

Schleswig-Holsteinisches Eiszeitmuseum

Ebenfalls im Lütjenburger Nienthal, ganz in der Nähe der Turmhügelburg, befasst man sich mit der noch erheblich älteren Geschichte: mit der geologischen Entstehung Schleswig-Holsteins und der Eiszeit als *dem* dramatischen Klimaereignis der Frühzeit. Das Museum ist eine Art Lehrsammlung und versteht sich v. a. für Kinder als Mitmachmuseum. Daher darf hier (fast) alles angefasst werden, vom Mammutbackenzahn, der in der Nordsee lag, bis hin zu versteinerten Muschelschalen. Kinder können in der Steinzeitwerkstatt Feuerstein bearbeiten, Speerschleudern basteln oder Bernstein schleifen. Anhand von Fossilien, Mineralien und Gesteinen kann man im Museum viel über die gigantische Kraft des Inlandeises erfahren, das die typische hügelige Moränenlandschaft im Osten und die flachen Küstenregionen im Westen Schleswig-Holsteins prägte.

Einfach der kleinen Straße von der Turmhügelburg aus folgen, tgl. 10–18 Uhr (im Winterhalbjahr kürzere Öffnungszeiten), Eintritt 4 € (Kinder 2 €); Nienthal 7, 24321 Lütjenburg, Tel. 04381/415210, www.eiszeitmuseum.de.

Information: Die Gesamtanlage der Turmhügelburg ist ganzjährig für Besucher frei begehbar, Eintritt frei, Spenden erbeten. Im Winter bleiben die Häuser und der Turm jedoch verschlossen. Führung durch die Burganlage Mai bis Sept. Mi/Sa/So jeweils ohne Voranmeldung um 15 Uhr, 3 € (Kinder ab 6 J. 2 €), 24321 Lütjenburg, Nienthal, www.turmhuegelburg.de.
Hinkommen: 500 m hinter dem Ortsausgang Lütjenburg links, an der L 165 in Richtung Panker und Schönberg.

34 Wismarer Mumme: Bier als Exportschlager

So ist das mit der Konkurrenz: Ist Profit in Sicht, pflegt sie nicht mehr all zu lang zu schlafen. Die Nachbarstädte Lübeck und Rostock waren in der Frühzeit der Hanse auf bestem Wege, Wismar aus dem lukrativen, da überlebenswichtigem Getreidehandel zu drängen. Überlebenswichtig im doppelten Sinne: als Grundnahrungsmittel und als Exportgut. Womit also Geld verdienen? Guter Rat war teuer – und lag doch so nah: die Veredlung des heimischen Rohstoffs, heißt: aus dem Getreide, das der Stadt geblieben war, Bier zu brauen.

Anders als heute war im Mittelalter Bier ein Grundnahrungsmittel. Gebraut wurde überall. In jeder Stadt, in zahllosen Kellern. Dabei war die Brauerei kein eigenständiges Handwerk. Vielmehr waren es meist die Kaufleute, die nebenher Bier brauten. Wollte Wismar also mit dem Gerstensaft Geld verdienen, genügte es nicht, nur Bier zu brauen. Das konnten und taten auch die Holländer, die Hamburger, die Lübecker. Also musste es gutes Bier sein. Die Ratsherren von Wismar erließen strenge Brauvorschriften, die auch kontrolliert wurden, um ein qualitativ hochwertiges Gebräu zu produzieren, mit hoher Stammwürze und hohem Alkoholgehalt. Dass sich derartige Reglementierungen überhaupt durchsetzen ließen, wurde möglich, weil die geschäftstüchtigen Brauer Zugang zu den Schaltzentralen hanseatischer Macht hatten. Denn auch unter den Ratsherren der Stadt saßen brauende Kaufleute. Andersherum hatten eben diese Kaufleute Einfluss auf den auswärtigen Markt: Nach innen setzten die Brauer hohe Qualitätskriterien, nach außen öffneten sie Absatzmärkte. Die Strategie ging auf. Bier aus Wismar, die **Wismarer Mumme** wurde zum Exportschlager.

Mitte des 15. Jahrhunderts sind in Wismar über 180 Brauereien belegt, rund um die Stadt blühten unzählige Hopfengärten und versorgten die Brauer mit der nötigen Zutat. Bis nach Flandern, England und Portugal wurden die Bierfässer aus Wismar verschifft. Die hohe Qualität der Wismarer Mumme ermöglichte es den Kaufleuten einen entsprechend hohen Preis zu verlangen. Wismarer Bier wurde zum Luxusgut, das sich neben den lokalen Brauprodukten, z. B. in Flandern, behaupten konnte. Zu einem erheblichen Maß beruhte der Aufstieg Wismars zu einer der führenden Hansestädte an der Ostsee auf dem Export des heimischen Bieres.

In Lübeck war man über den Erfolg der Braumeister übrigens gar nicht begeistert. Es wurde sogar für einige Zeit ein Ausschankverbot für Bier aus Wismar verhängt – die Mumme war einfach zu gut ... (st/sb)

Das Wandgemälde im Rathauskeller belegt die angenehmen Seiten des Fernhandels

Wismarer Mumme: Bier als Exportschlager

Im gemütlichen Brauhaus am Lohberg kann man auch die traditionelle Wismarer Mumme probieren

Bier ist gut – Wein ist besser

Im Wismarer Rathaus ist ein bemerkenswertes Wandgemälde erhalten, das die fröhlichen Aspekte des Fernhandels belegt. Zu sehen ist eine Kogge, eben in den Hafen eingelaufen, auf der mächtig gezecht wird. Das Wandgemälde befindet sich im gotischen Gewölbe des Rathauses, das einst als Weinkeller des Rates diente. Denn dank des Profits aus dem Bierexport mussten die Ratsherren und Kaufleute nicht nur das hausgebraute Bier trinken, sie konnten es sich auch leisten, guten Wein aus dem Süden zu importieren.

Information: Touristinformation der Stadt Wismar, Nov. bis März tgl. 10–16, April bis Okt. Mo–Sa 10–18, So 10–16 Uhr; Am Markt 1, 23966 Wismar, Tel. 03841/19433, www.wismar.de. **Ratskeller** (mit der Dauerausstellung „Bilder einer Stadt"), April bis Okt. Mo–Sa 10–18, So 10–16, im Winter tgl. 10–16 Uhr; Am Markt 1, 23966 Wismar, Tel. 03841/2513096.

Essen & Trinken: Gebraut wird in Wismar auch heute noch. Das **Brauhaus am Lohberg** hat es sich zur Aufgabe gemacht, die große Brautradition fortzuführen. Gebraut und in uriger Atmosphäre ausgeschenkt werden sehr gute Biere, darunter auch die traditionelle, süffige Mumme. Kleine Hohe Straße 15, 23966 Wismar, Tel. 03841/250238, www.brauhaus-wismar.de.

Wissemara: Eine Hansekogge besegelt die Ostsee

„Klar zum Segelmanöver! Klar zum Setzen des Segels!" Die Mannschaft der Wissemara positioniert sich an den Tauen, Gordinge genannt, die hinauf zur Rah reichen. Noch hängt daran das Segel, ordentlich gerefft. Auf den Ruf des Kapitäns aber, „Lass fallen!", werden die Gordinge gelöst. Mit einem tiefen, dumpfen Rauschen fällt das Segel, schlägt gegen den Mast und bläht sich augenblicklich unter dem Wind. „Hol dicht die Schot!", das Segel wird gespannt und die Wissemara, die mächtige Hansekogge nimmt an Fahrt auf.

Es war ein ambitioniertes historisch-nautisches Projekt, das vor einigen Jahren in Wismar angegangen wurde. Begonnen hatte alles mit einem sensationellen Fund. Vor Timmendorf auf der Insel Poel hatte man Teile eines alten Schiffes entdeckt, von dem man annahm, dass es Mitte des 14. Jahrhunderts vom Stapel gelaufen war. Das gut erhaltene Wrack wurde 1999 gehoben und bald als **„Poeler Kogge"** bekannt. Mittlerweile gibt es jedoch Zweifel am Alter des Fundes (das Holz soll aus dem 18. Jahrhundert stammen, letzte Untersuchungsergebnisse stehen noch aus). Bald nach der Bergung aber begann das nächste Abenteuer, nun auf dem Feld der experimentellen Archäologie: Inspiriert von dem Fund begann man, eine mittelalterliche Kogge weitgehend originalgetreu nachzubauen.

Sechs Jahre dauerten die Arbeiten an der Wissemara. Unter der Leitung von Schiffsbauingenieuren, einem Bootsbaumeister, einem Nautiker und einem Archäologen entstand eine **Kogge von enormen Ausmaßen**. Die Wissemara ist 31,50 Meter lang, bei einer maximalen Breite von 8,50 Metern und einem Tiefgang von etwa 2,60 Metern. Vornehmlich wurde die Kogge aus Kiefernholz sowie teilweise aus Eiche gebaut – in Anlehnung an den Fund vor Timmendorf. Jeder einzelne der etwa 34.000 Eisennägel ist von Hand geschmiedet. Der Mast besteht aus dem Stamm einer etwa 120 Jahre alten Douglasie aus dem Harz und ragt 32 Meter in die Höhe. Die Rah (für Landratten: das Rundholz am Mast, an dem das Segel hängt) zählt 16 Meter, die Fläche des Rahsegels umfasst 276 Quadratmeter. Mit 230 Tonnen kann man das Fassungsvermögen der Kogge als stattlich bezeichnen. Hierin wird auch die Bedeutung dieses Schiffstyps ersichtlich. Die Lebensader der Hanse war der Seehandel. Enorme Ladekapazität gepaart mit zuverlässiger

Die Kogge war zu Zeiten der Hanse das ideale Handelsschiff

Wissemara: Eine Hansekogge besegelt die Ostsee

An Bord der Wissemara legen auch die Gäste Hand an

See- und Manövrierfähigkeit und relativ geringem Tiefgang, der es ermöglichte auch Bodden und Flussmündungen zu befahren, machten die Kogge zum idealen Verkehrsmittel der Hansekaufleute.

Die Wissemara muss natürlich keine Tonnen voller Hering und Stockfisch aus Norwegen, keine Pelze und Teerfässer aus dem Osten, keinen Wein und keine Tuche aus Flandern transportieren. Stattdessen dient die Kogge, die 2006 vom Stapel gelassen wurde, als **Ausflugsschiff**. Täglich segelt die etwa zehn Mann und Frau starke Besatzung hinaus in die Wismarer Bucht. Manchmal geht es auch im Verbund mit anderen historischen Koggen und Kraweels, wie der Lisa aus Lübeck beispielsweise, etwa zur Hanse Sail nach Rostock. Und spätestens wenn der Kapitän ruft: „Fertig zur Halse!" – also zum Segelmanöver, bei dem das Heck durch den Wind dreht – können auch die Gäste an Bord mit anpacken und sich ins Zeug legen, während die mächtige Wissemara erstaunlich elegant den Kurs wechselt, um zurück in den alten Hafen von Wismar zu segeln … (st/sb)

Information: Wissemara, im Sommer 1–2 x tgl. ab Wismarer Hafen. Die Fahrt durch die Wismarer Bucht dauert 3 Std., 23–28 €/p. P. Da die Plätze an Bord beschränkt sind, empfiehlt es sich rechtzeitig zu reservieren. Infos und Reservierung: Poeler Kogge Wissemara, Baumhaus, Alter Hafen, 23966 Wismar, Tel. 03841/304310, www.poeler-kogge.de, oder direkt an Bord. **Tipp:** Wer sich eingehender mit den dickbäuchigen Koggen der Hanse beschäftigen will, dem sei der Band **„Schiffe der Hanse"** von Thomas Förster empfohlen (Hinstorff, Rostock 2009). Schön bebildert (Fotos von Roland Obst und Klaus Andrews) informiert das Buch über die Geschichte der Hanse und umfänglich über deren bevorzugtes Transportmittel, den mittelalterlichen Schiffbau im Allgemeinen und die Wissemara im Besonderen.

Dokumentations- und Gedenkstätte in der ehemaligen Stasi-U-Haft Rostock: Beklemmung pur

Eine Auseinandersetzung mit den dunklen Kapiteln der **DDR-Geschichte** ist in Mecklenburg-Vorpommern kaum besser möglich als hier, in dem unscheinbaren grauen Gebäude gegenüber einem Supermarkt-Parkplatz. Wer es nicht weiß, kommt niemals auf die Idee, dass sich hier zwischen 1960 und 1989 eine U-Haftanstalt befunden hat. Das war auch zu Zeiten der DDR nicht anders: Offiziell bekannt war es als ein Gebäude der Stasi-Bezirksverwaltung Rostock.

Kurz nach dem Fall der Berliner Mauer wurde am 4. Dezember 1989 die Rostocker Stasi-Zentrale mit der dazugehörigen **Untersuchungs-Haftanstalt** (UHA) durch Rostocker Bürger besetzt und später dann aufgelöst. Bis Sommer 1992 befand sich hier noch ein „normales" Untersuchungsgefängnis, dann zwischenzeitlich das Grundbuchamt der Stadt und ein Teil der Rostocker Uni. Seit 1999 ist der Ort Dokumentations- und Gedenkstätte.

In den 29 Jahren des Betriebs waren in der Rostocker Stasi-UHA über 4.900 Menschen – mehr Männer als Frauen – im Alter zwischen 14 und über 70 Jahren inhaftiert. Bis zu 110 Häftlinge konnten gleichzeitig inhaftiert werden. Psychischer Druck in den Vernehmungen, die Haftbedingungen, die soziale Isolation, Angst und Ungewissheit führten nicht selten dazu, dass die Häftlinge zusammenbrachen und Geständnisse ablegten. Der **Rundgang** (wir empfehlen: mit Führung, da man nur so auch Hof und Keller besichtigen kann) durch das Gebäude beginnt im ersten

In den engen Zellen waren oft zwei Gefangene untergebracht

Dokumentations- und Gedenkstätte der ehemaligen Stasi-U-Haft Rostock

Stock und führt in den Zellentrakt mit mehreren den Originalen aus den 1980er-Jahren nachempfundenen Zellen. Auf 7,5 Quadratmetern ohne Ausblick (Glasbausteinfenster) waren die Gefangenen hier oft isoliert oder zu zweit untergebracht. Andere Zellen und Räume dienen heute der Dokumentation bzw. bieten Platz für Sonderausstellungen. Besonderes Augenmerk sollte den zahlreichen Schautafeln gelten, die über Organisation und Methoden der Stasi, über Vorgänge und Alltag in der Rostocker Haftanstalt, aber auch über einzelne Schicksale von Gefangenen informieren. Dabei handelte es sich um sogenannte „Staatsfeinde" der DDR, wie z. B. Ausreisewillige oder Fluchtbereite.

In diesem Zusammenhang wird auch den Methoden zur Rekrutierung Inoffizieller Mitarbeiter (IMs) Raum gegeben. Etwa 189.000 von ihnen zählte man noch im Herbst 1989 in der DDR. In Vitrinen

29 Jahre lang wurden hier sogenannte Staatsfeinde unter menschenunwürdigen Bedingungen gefangen gehalten

sind Originale aus dem Überwachungsapparat der Stasi ausgestellt: etwa die blaue Kühltasche mit eingebauter Kamera. Damit konnten die IMs im Freizeitbereich – etwa am Strand – heimlich fotografieren. Ein weiterer Teil der Ausstellung ist der Protestbewegung vom Herbst 1989 und ihrer Geschichte in Rostock gewidmet.

Über Treppen geht es hinunter in den Freihof – ein winziger und trostlos grauer Ort mit wenig Blick auf den Himmel zwischen hohen Mauern, der einzige Platz, an dem sich die Häftlinge im Freien aufhalten konnten. Besonders beklemmend ist der Gang in den Keller der U-Haftanstalt: Hier befanden sich die gefürchteten **Dunkelzellen** – 7,5 Quadratmeter ohne Heizung oder Lichtquelle und ohne jeglichen Kontakt zur Außenwelt. Bis zu 14 Tage konnte laut Stasi-Haftordnung die Einzelhaft hier dauern, dokumentiert wurde darüber im ansonsten so akribisch mitschreibenden System erstaunlich wenig. Der Rundgang führt abschließend in den sogenannten Schleusenbereich im Erdgeschoss, in dem zukünftige Häftlinge ankamen. Ein Gefangenen-Transport-Wagen (GTW) mit dem unauffälligen Aussehen eines normalen grauen DDR-Kleintransporters kann besichtigt werden, darin fünf blickdichte, isolierte Einzelzellen. (st/sb)

Information: Dokumentations- und Gedenkstätte, März bis Okt. Di–Fr 10–18 und Sa 10–17, Nov. bis Feb. Di–Fr 9–17 , Sa 10–17 Uhr, an Feiertagen geschl., Eintritt frei, kostenlose Führungen Mi und Sa um 14 Uhr, Dauer ca. 1,5 Std. Weitere Führungen sind nach Anmeldung möglich. Hermannstraße 34 b, Eingang im Hof gegenüber dem Penny-Markt, 1. Stock, 18055 Rostock, Tel. 0381/4985651, www.bstu.bund.de/dug.

Freilichtmuseum Klockenhagen: Landleben anno dazumal

Die Ausstellungsstücke dieses malerischen Museums sind denkbar sperrig. Im Mittelpunkt steht die historische ländliche Architektur Mecklenburg-Vorpommerns und bei den Exponaten handelt es sich um komplette Häuser – aus dem ganzen Land zusammengetragen und in Klockenhagen wieder aufgebaut. Lediglich das Bauernhaus und die Scheune des Klockenhagener Landwirts Heinrich Peter befinden sich noch an ihrem Originalstandort. Hier nämlich nahm das Freilichtmuseum seinen Anfang.

1970 machte Heinrich Peter sein um 1700 erbautes Bauernhaus zum Denkmalhof. Seither gesellen sich immer mehr alte Fachwerkhäuser hinzu. Jedes Gebäude wurde fachgerecht abgetragen, an seinem neuen Standort wieder aufgebaut, gegebenenfalls restauriert, mithin für die Nachwelt erhalten. So entstand mit der Zeit eine bemerkenswerte Sammlung ländlicher norddeutscher Architektur, ein **museales Bauerndorf** samt Kirche, Mühle, Backhaus, Schmiede, Dorfladen und Bienenhaus.

Man betritt das Museum durch eine 1764 in der Nähe von Rostock erbaute Torscheune. Die Durchfahrtsscheune ist ein typisches Eingangsgebäude für einen norddeutschen Hof, der Zugang zum Hof erfolgte durch die weite Diele. Beson-

Viele historische Bauernhäuser wurden seit den 1970er-Jahren in Klockenhagen neu aufgebaut

Freilichtmuseum Klockenhagen: Landleben anno dazumal

ders eindrucksvoll sind natürlich die großen **Bauernhäuser**, wie beispielsweise das mächtige Fachwerkhaus aus Strassen (südlich von Ludwigslust). Der backsteinerne Bau mit schmuckem Giebel stammt aus der Mitte des 17. Jahrhunderts Stallungen und Stuben liegen um eine geräumige Diele, in der heute die Museumsgaststätte untergebracht ist. Von ähnlichen Ausmaßen, aber kleinteiliger in der Raumaufteilung ist das Bauernhaus aus Lütten-Klein (Anfang des 19. Jahrhunderts). Diese Gebäude waren offensichtlich die Wohn- und Arbeitsstätten reicher Bauern.

Die Heimstätten der Kleinbauern kommen etwas bescheidener daher, wie beispielsweise die beiden Katen aus der Nähe von Bad Doberan, die zwischen 1750 und 1800 erbaut wurden. Auch hier zeigt sich die typische ländliche Architekturform, bei der Stall und Stube, Kammer und Speicher unter einem Dach versammelt sind. Dazu gruppieren sich diverse Scheunen unterschiedlicher Größe und Bauart.

Aus Parchim stammt ursprünglich die **Kirche** im Dorf, ein turmloser Ziegel-Backsteinbau (Ende 18. Jahrhundert). Anfang des 19. Jahrhunderts erbaut, stand die **Schmiede** einst in Groß Lantow, südlich von Klockenhagen, wo sie bis in die 1960er-Jahre in Betrieb war. Ein Highlight ist die **Windmühle**, deren Flügel sich ursprünglich in Ostvorpommern drehten. Die Bockwindmühle wird auf 1795 datiert. Angesichts der seinerzeit gängigen Bedachung aus leicht brennbarem Rohr war natürlich die Feuerwehr von besonderer Bedeutung. Zwei **Spritzenhäuser** sind auf dem Museumsgelände wieder aufgebaut worden, in einem davon ist heute ein idyllischer Dorfladen untergebracht.

Zu den schönsten Gebäuden zählt bis heute das Fachwerkhaus, von dem aus das Museum seinen Anfang nahm: Der Hof von Heinrich Peter repräsentiert ebenfalls ein typisches **Niederdeutsches Hallenhaus**. Um die Diele, die ursprünglich durch das Haus hindurchführte, gruppieren sich die offenen Ställe und Kammern. Wohnraum im Sommer war die Lucht. Als einzig beheizbarer Raum wurde die Stube im Winter genutzt. Das rohrgedeckte Fachwerkhaus wurde um 1800 um einen zusätzlichen Wohnbereich mit Küche und Stube erweitert.

Museale Stille ist in Klockenhagen nicht zu befürchten. In den Sommermonaten erwacht das **dörfliche Leben** von anno dazumal. Dann wird der Backofen angeheizt und Brot gebacken. Auch in der Schmiede brennt zuweilen ein Feuer und der Schmied arbeitet am Amboss. In der Handwerksscheune kann man historisches Wollhandwerk beobachten oder auch selbst filzen, spinnen, weben und stricken.

Der Dorfladen ist nicht nur ein Tante-Emma-Idyll, sondern dient auch als Museumsshop. Dazu gackert und quakt, mümmelt, mäht und meckert es überall: Zahlreiche Tiere leben auf dem Museumsgelände, von Biene über Huhn, Ziege und Schaf bis zum Pferd. Diverse weitere Angebote und Veranstaltungen machen den Besuch in Klockenhagen gerade auch für Kinder zum Erlebnis. (st/sb)

Information: Freilichtmuseum Klockenhagen, Juni bis Sept. tgl. 10–18, April bis Mai, Okt. tgl. 10–17 Uhr. Eintritt 6 € (Kinder 7–16 J. 3 €); Mecklenburger Straße 57, 18311 Ribnitz-Damgarten/OT Klockenhagen, Tel. 03821/2775, www.freilichtmuseum-klockenhagen.de.

Vineta: Atlantis der Ostsee

Der **Reichtum** der Stadt Vineta soll schier unermesslich gewesen sein: reich verzierte Giebel, getragen von Säulen aus Marmor und Alabaster und Dächer gedeckt mit goldenen Ziegeln. Die Menschen wandelten in Samt und Seide gekleidet und mit schweren Edelsteinen geschmückt durch die prächtigen Straßen. Perlen ersetzten den Kindern die Murmeln. Und selbst die Schweine fraßen aus goldenen Trögen. Aber ach, die Menschen waren nicht einfach glücklich und sorglos, nein, sie wurden anmaßend und überheblich, verschwenderisch und hochmütig. Und so kam es wie es kommen musste: Vineta versank in den Fluten.

Es kam die Zeit, so erzählt es die **Sage**, da warnten Vorzeichen die Bewohner der moralisch verkommenen Stadt: Zuerst erschien ein trügerisches Abbild ihrer Heimat, dann eine Meerjungfrau, die schrie: „Vineta, Vineta, du rieke Stadt. Vineta sall unnergahn, wieldeß se het väl Böses dahn." Und so sollte es sein. Eine Sturmflut suchte die reiche, vermessene Stadt heim und schickte sie auf den Grund des Meeres. Nur der Klang der silbernen Glocken soll dann und wann traurig aus der Tiefe ertönen. Doch bleibt Vineta ein sagenhafter Funken Hoffnung. Alle hundert Jahre steigt die Stadt aus den Fluten, und zwar an einem Ostermorgen. Einem Sonntagskind ist es möglich sie dann zu sehen und durch die Straßen zu wandeln. Wenn der oder die Glückliche dann ein Geldstück, und sei es ein alter Pfennig, bei sich hätte, um irgendetwas zu erwerben, dann und nur dann würde Vineta erlöst.

Tatsächlich gibt es auch **historische Hinweise** für die Existenz einer reichen, untergegangenen Stadt. Der Reisende Ibrahim ibn Jaqub berichtete im 10. Jahrhundert von einer ungemein mächtigen slawischen Hafenstadt, wie auch hundert Jahre später der Chronist Adam von Bremen. Weitere hundert Jahre später steht in der Slawenchronik Helmold von Bosau erstmals der Name „Vineta". Aber wo sollte man heute nach Vineta tauchen? Traditionell verortete man die Stadt vor der Küste Usedoms. Zu Füßen des Streckelsberg bei Koserow soll Vineta untergegangen sein oder ein paar Seemeilen nördlicher bei der Insel Ruden. Lange galt (und gilt auch noch) Wollin an der Haffküste als heißer Kandidat – waren dort doch tat-

*Beweise gibt es keine,
Barth nennt sich trotzdem stolz „Vinetastadt"*

Vineta: Atlantis der Ostsee

Der Barther Bodden – hier irgendwo soll Vineta einmal gestanden haben

sächlich Reste eines mutmaßlich reichen Hafens ausgegraben worden, der bereits im 9. Jahrhundert ein bedeutender slawischer Handelsplatz war. Eine neuere Theorie verlegte den Fokus schließlich von der Pommerschen Bucht in den Barther Bodden. Der Historiker Klaus Goldmann und der Sprachwissenschaftler Günther Wermusch verorten in ihrem 1998 erschienenen Buch „Vineta. Die Wiederentdeckung einer versunkenen Stadt" selbige bei **Barth**. Die hübsche Stadt an der Boddenküste nahm den Impuls gerne auf und nennt sich seither stolz „Vinetastadt". Zwingende historische Belege aber bleiben bis heute aus. Und so wird man weiter auf die Lokalisation der sagenhaften Stadt warten müssen, bis eindeutige archäologische Beweise gefunden werden – oder einem Sonntagskind an einem Ostermorgen die Stadt erscheint, um mit einer einzigen Geldmünze erlöst zu werden. (st/sb)

Auch Usedom feiert sein Vineta

Zinnowitz, wenige Kilometer nördlich von Koserow, das ebenfalls beansprucht, Standort von Vineta gewesen zu sein, veranstaltet allsommerlich ein Open-Air-Spektakel. Jedes Jahr wird eine neue Geschichte rund um die sagenhafte Stadt gespielt, getanzt und gesungen, unterstützt von Feuerwerk und Lasershow. Die **Vineta-Festspiele** finden im Juli/Aug. auf der Freilichtbühne in Zinnowitz statt. *www.vineta-festspiele.de.*

Information: Vineta Museum, auch wenn die Abteilung zu Vineta überschaubar ist und sich auf ein paar Schautafeln zu historischen Hinweisen und Lagetheorien beschränkt, sind die übrigen Dauerausstellungen, u. a. mit Gemälden von Louis Douzette, sowie die wechselnden Ausstellungen durchaus sehenswert. Mo–Fr 10–17, Sa/So 11–17 Uhr, Nov. bis Mai Mo geschl., Eintritt 5 € (Familienticket 12 €). Übrigens: Das Vineta-Museum der Stadt Barth gewährt Männern mit vollem Bart ermäßigten Eintritt! Lange Straße 16, 18356 Barth, Tel. 038231/81771, www.vineta-museum.de.

39. Prora, das Seebad der 20.000: der totale Urlaub?

Die Dimension dieses Bauwerks aus nationalsozialistischer Zeit ist kaum zu überblicken. Ab 1936 entstand auf der Schmalen Heide, der Landbrücke zwischen der Granitz und der Halbinsel Jasmund, ein gigantischer Komplex, der als „Seebad der 20.000" dienen sollte. Viereinhalb Kilometer lang war der **„Koloss von Rügen"**, unterteilt in acht sechsstöckige Blöcke, von denen heute noch fünf stehen. In den Blöcken sollten 10.000 Zimmer 20.000 Menschen gleichzeitig als Urlaubsunterkunft dienen. Nicht minder gigantisch war die geplante touristische Infrastruktur.

Naturerbe Zentrum Rügen

Wenige Kilometer westlich von Prora erhebt sich ein jüngst eröffneter Baumwipfelpfad. Insgesamt 1.250 Meter lang und barrierefrei geht es auf hohem Pfad durch den Wald bis zum Aussichtsturm, der rund um eine Buche errichtet ist. Spiralförmig führt der Weg bis auf 40 Meter Höhe hinauf. Von oben hat man einen fantastischen Weitblick über Bodden und Schmale Heide (und bekommt dabei einen Eindruck vom Ausmaß der KdF-Anlage Prora). Im angeschlossenen Besucherzentrum befinden sich eine kindgerechte naturkundliche Ausstellung und ein Bistro.

Mai bis Sept. tgl. 9.30–19.30, April und Okt. bis 18, im Winter nur bis 17 Uhr, Eintritt 9,50 € (erm. 8 €, Kinder/Jugendliche 6–17 J. 7,50 €). Forsthaus Prora 1, 18609 Binz, Tel. 038393/ 662200, www.nezr.de.

Für die Freizeitgestaltung in Prora waren **Schwimmbäder und Sportstätten**, Theater, Kinos und ein gigantischer Festplatz vorgesehen. Eine 500 Meter lange Kaianlage, zwei Seebrücken und eine riesige Empfangshalle sollten die Anreise von täglich etwa 1.400 Urlaubern ermöglichen. Für die Versorgung der 20.000 Gäste planten die Nationalsozialisten Post, Bäckerei, Ställe und Metzgerei, Küchen, Wäscherei sowie Unterkünfte für das 2.000 Mann starke Personal etc.

Errichtet wurde das Seebad Prora von der nationalsozialistischen Organisation **Kraft-durch-Freude**, eine Unterabteilung der DAF (Deutsche Arbeitsfront). Aufgabe und Ziel sowohl der Organisation als auch des Seebades selbst war es nicht nur einer großen Zahl von Menschen Urlaub zu ermöglichen. Vielmehr ging es darum, Freizeit und Urlaub der Menschen gleichzuschalten und sie im nationalsozia-

MACHTUrlaub

Unbedingt sehenswert ist die Dauerausstellung des Dokumentationszentrums Prora. Sehr informativ, tiefgründig und historisch fundiert beleuchtet sie die Geschichte des KdF-Seebades Rügen, vom Entwurf über die Planung bis zum Bau der Anlage, ohne zu versäumen – und das ist die besondere Leistung der Ausstellung – das Seebad der 20.000 in die historischen und ideologischen Hintergründe einzubetten. *Dauerausstellung MACHTUrlaub, Juni bis Aug. tgl. 9.30–19, März bis Mai und Sept./Okt., 25. Dez. bis 5. Jan. 10–18, Nov. bis Feb. 11–16 Uhr, Eintritt 6 € (erm. 3 €, Kinder unter 13 Jahren frei, Familienticket 14 €); Objektstraße 1, Block 3/Querriegel, 18609 Binz, Tel. 038393/13991, www.proradok.de. Das Dokumentationszentrum bietet auch öffentliche Führungen an. Vortrag und Besichtigung der Außenanlage tgl. 11.45 Uhr und 14.30 Uhr, Infos im Dokumentationszentrum.*

Prora, das Seebad der 20.000: der totale Urlaub?

Nationalsozialistische Ferienpark-Architektur

listischen Geist zu erziehen. Das Seebad war also ein gigantisches Propagandainstrument, um die „Volksgemeinschaft" als gesellschaftliche Ordnung zu etablieren.

Doch hat in Prora nie jemand Urlaub gemacht. Bevor die Anlage fertig gestellt war, begann der **Krieg** und andere Bauvorhaben erhielten Priorität. Die Arbeiter, darunter auch die zahllosen Zwangsarbeiter, wurden u. a. in der Heeresversuchsanstalt Peenemünde (s. S. 94) eingesetzt. Die Zwangsarbeiter, die nicht von der Baustelle abgezogen wurden, mussten Prora unter menschenunwürdigen Bedingungen kriegstauglich machen: als Lazarett, Ausbildungsstätte oder Auffanglager für Ausgebombte und Flüchtlinge.

Nach dem Krieg wurde Prora militärisches Sperrgebiet, erst kam die Sowjet-Armee, dann die NVA. Öffentlich zugänglich wurde die Anlage 1992. Seitdem stellt sich die Frage: Was tun mit Prora? Derzeit sind bereits oder werden die beiden südlichen Blöcke zu Apartmentanlagen saniert. In Block 3 befindet sich u. a. das sehenswerte **Dokumentationszentrum**. Eine Jugendherberge belebt Block 5.   (st/sb)

Information: Dokumentationszentrum Prora, s. Kasten.
Hinkommen: Bus, mit den Linie 20, 23 und 28 von Bergen, Sassnitz und Binz. **Zug**, zwei Regionalexpress-Haltestellen, Strecke Bergen–Binz. Für einen Besuch des Dokumentationszentrums Prora steigt man am besten am Bahnhof Prora Nord aus.

40 Wernher von Braun und die V2 in Peenemünde: der Tod aus der Luft

Ein winziges Fischerdorf, abgeschieden an der Mündung des Peenestroms gelegen und von der Welt vergessen, wurde in den 1930er-Jahren Schauplatz menschenverachtenden Unrechts und bahnbrechenden technischen Fortschritts gleichermaßen. In Peenemünde auf Usedom richtete man 1937 eine **Heeresversuchsanstalt** ein, eine streng geheime Waffenschmiede, in der Wernher von Braun die Rakete Aggregat 4 oder kurz A4 entwickelte, die später als V2 („Vergeltungswaffe 2") traurige Berühmtheit erlangen sollte.

Die ballistische Rakete galt wie die Flügelbombe Fi 103 (V1) als „Hitlers Wunderwaffe", die in den letzten beiden Kriegsjahren zum Einsatz kam und die Kriegswende einleiten sollte. Als die A4 bei einem Testflug erstmals die Grenze zum Weltraum erreichte, war von Braun in der Tat eine technische Pionierleistung gelungen. Aber bei der Errichtung der Heeresversuchsanstalt und der Raketenproduktion mussten Zwangsarbeiter, KZ-Häftlinge und Kriegsgefangene unter menschenunwürdigen Bedingungen arbeiten. Tausende verloren durch die Rakete ihr Leben: bei der Produktion, bei einem britischen Bombenangriff auf die Raketenversuchsstation 1943 und als die V2 in französischen und englischen Städten einschlug und **Terror und Tod** verbreitete. Die erhoffte Kriegswende jedoch brachten die Waffen nicht, der Krieg war längst verloren.

Wernher von Braun wurde nach Kriegsende nicht zur Verantwortung gezogen, wie beispielsweise sein Vorgesetzter, Rüstungsminister Albert Speer. Vielmehr brachten die Amerikaner ihn und seinen wissenschaftlichen Stab in die USA, damit er dort die Raketenentwicklung weiter vorantreiben konnte. Wieder arbeitete er zunächst an der militärischen Nutzung ballistischer Raketen. Erst Ende der 1950er-Jahre konnte er sich verstärkt der zivilen Weltraumforschung zuwenden, nachdem

Die sogenannte Flügelbombe V1 wurde im letzten Kriegsjahr u. a. bei Angriffen auf London und Antwerpen eingesetzt

die amerikanischen Ambitionen zur Eroberung des Weltraums durch die sowjetischen Erfolge (Sputnikschock) angefeuert worden waren. Von Brauns Raketen waren es, Weiterentwicklungen der V2, die den ersten amerikanischen Satelliten ins All schossen – und schließlich das Raumschiff Apollo 11, das Neil Armstrong und Edwin Aldrin auf den Mond brachten. Wernher von Braun starb 1977 in den USA.

Das unbedingt sehenswerte **Historisch-Technische Museum Peenemünde** widmet sich der Geschichte der A4/V2. Ein Besuch beginnt im Bunkergebäude, in dem auch der hervorragend sortierte Museums-(Buch-)Shop untergebracht ist. Über das Außengelände, auf dem unter anderem das Modell einer Aggregat 4 (V2) sowie ein Modell der Flügelbombe Fi 103 (V1) mit Schleuder zu sehen sind, erreicht man das Kraftwerk, in dem die Ausstellungen untergebracht sind.

Wernher von Brauns Aggregat 4 wurde in der Nazi-Propagandasprache zur „Vergeltungswaffe 2"

Die Hauptausstellung widmet sich der **Geschichte des Aggregat 4**, den „Enden der Parabel", im metaphorischen Sinne ihrem ballistischen Flug folgend: Angefangen beim Traum vom Flug zum Mond über die technische Entwicklung des Raketenflugs und ihre militärische Zielsetzung, der Verwirklichung des Projektes unter Einsatz von Zwangsarbeitern bis hin zum Einschlag. Dabei gelangt man u. a. auch zum Schaltraum des Kraftwerks und erhält einen Überblick über die Forschungsanlage. Besonders beeindruckend ist das Ende der Ausstellung gestaltet. In Spinden findet man die Biografien von Menschen, die an der Rakete gearbeitet haben: Techniker, Ingenieure, Piloten, Zwangsarbeiter. Eine weitere Ausstellungsabteilung ist im gewaltigen Kesselhaus untergebracht. Sie zeigt anhand informativer Schautafeln die Geschichte Peenemündes und des Kraftwerks während des Nationalsozialismus und in der Nachkriegszeit. (st/sb)

Information: Historisch-Technisches Museum Peenemünde, April bis Sept. tgl. 10–18, Okt. bis März tgl. 10–16 Uhr, Eintritt 8 € (erm. 5 €, Familienticket 20 €); Im Kraftwerk (Navi: Bahnhofstraße), 17449 Peenemünde, Tel. 038371/5050, www.peenemuende.de.

Hinkommen: Mit der **UBB**, der Usedomer Bäderbahn, kommt man bequem und im Stundentakt nach Peenemünde, Umsteigen mit direktem Anschluss in Zinnowitz (Achtung: Trassenheide hat zwei Bahnhöfe, einen an der Strecke nach Wolgast und einen an der Strecke nach Peenemünde!).

Kunst, Kultur & Literatur

Günter Grass

Günter Grass: Erster Eindruck: Mütter, hütet eure Töchter!
*Gerhard Zwerenz (*1925), Schriftsteller, 1961*

e. Günter Grass sollte sich mal Schlips und Kragen zulegen, er würde j

st Grass tapfer nicht nur
gnern, sondern – was
enüber Freunden.

Seit Thomas Mann hat kei
*Nadine Gordimer (*1923), südafrik. Sc*

41 „Die Pumpe" in Kiel: von der Abwasserentsorgung zum Kulturzentrum

Die Pumpe – Konzertsaal, Kino, Theater, Kneipe, Club, Seminar- und Tagungsstätte, Bar – ist seit 1979 eine **Institution alternativer Kultur** in Kiel. Das denkmalgeschützte Gebäude in der Haßstraße um die Ecke von Holstenstraße und Altem Markt (s. S. 188) in Kiel beherbergte einst das städtische Pumpwerk. Die Anlage wurde 1929 in Betrieb genommen und beförderte bis in die Kriegsjahre hinein das Abwasser aus der Innenstadt in die Kieler Förde. Nach Kriegsende wurde das Werk nicht wieder in Betrieb genommen, das Gebäude aber auch nicht anderweitig verwendet oder abgerissen. Nach jahrzehntelangem Leerstand wurde der Bau aufwändig renoviert und umgebaut, wobei aber einige Teile der Pumpenanlage erhalten blieben. So ist etwa mitten in der Kneipe ein großes Pumprad zu besichtigen.

Das Gebäude gehört der Stadt Kiel, für die Veranstaltungen und den gastronomischen Betrieb war jedoch von Beginn an und ist bis heute der Trägerverein Die Pumpe e. V. zuständig. Dieser erhält zwar finanzielle Unterstützung von der Stadt und muss dafür seinen Kulturauftrag erfüllen, ist aber insgesamt sehr frei in der Gestaltung des Programms. Immer mal wieder steht die Pumpe **auf der Streichungsliste** der Stadt, wenn ein neuer Haushalt ansteht. Bisher hat man sich aber immer noch einigen können, allerdings wurden die Fördergelder mitunter drastisch gekürzt. Gerade die Fördergelder sind es aber, die ein Programm jenseits der Massenkultur ermöglichen und die Pumpe seit Jahrzehnten zu einem besonderen Ort kultureller Vielfalt machen.

Electro-, Techno- und House-Partys, Lesungen, Flohmärkte, alternative Festivals, Konzerte, Ausstellungen, Gay Partys, Poetry Slam – die Bandbreite der Veranstaltungen ist riesig. Immer wieder treten hier junge aufstrebende Bands auf und haben so die Möglichkeit, sich unter professionellen Bedingungen dem Publikum zu präsentieren. Das **Kino in der Pumpe** zeigt pro Jahr ca. 750 Filme, darunter viele Originalfassungen, Dokumentationen und andere Filme, die man in kommerziellen Kinos nie zu sehen bekäme. Gelegentlich wird hier der Kino-Besuch zum Event, etwa wenn in der Pause zum Film passende Snacks angeboten werden oder beim Seniorenkino mit Kaffee und Kuchen – und das alles zu unschlagbar günstigen Eintrittspreisen.

Hier wird zwar kein Wasser mehr, aber immerhin noch Luft gepumpt …

„Die Pumpe" in Kiel: von der Abwasserentsorgung zum Kulturzentrum

Das Gebäude des ehemaligen Pumpwerks ist heute denkmalgeschützt

Eine wichtige Anlaufstelle ist die Pumpe auch für viele sportliche, soziale und politische Vereine und Gruppen, die hier ihren Treffpunkt haben. So finden regelmäßig Yoga-, Tanz- und Schauspielkurse statt, eine Selbsthilfegruppe für Väter trifft sich ebenso in den Räumlichkeiten des Kulturzentrums wie ein Tango-Club und der Stammtisch der Kieler Piratenpartei. (mw)

Kieler Woche

Wenn man von Kieler Kultur im weitesten und von der Kieler Feierkultur im engeren Sinne spricht, muss neben dem Kieler Umschlag (s. S. 189) die Kieler Woche (*www.kieler-woche.de*) erwähnt werden – nicht umsonst baut die Stadt ihr Marketingkonzept seit einiger Zeit um den Slogan **„Kiel Sailing City"** herum. Mit Recht, ist die Segelregatta doch eines der weltweit größten Sportereignisse zu Wasser. Zudem darf sich die Stadt rühmen, zweimal Austragungsort olympischer Segelwettbewerbe gewesen zu sein (1936 und 1972).

Jährlich Ende Juni finden vor allem in der Nähe des Olympiazentrums im Stadtteil Schilksee verschiedene Regatten statt. Tausende von Booten und Millionen von Besuchern fallen in die Stadt ein, letztere vergnügen sich als Zuschauer bei den Wettbewerben und nehmen am Volksfest entlang der Kiellinie teil. Seit über 130 Jahren ist die Kieler Woche Tradition.

Information: Die Pumpe e. V., Kultur- und Kommunikationszentrum, Haßstr. 22, 24103 Kiel, Tel. 0431/20076-40, Kino -50, www.diepumpe.de.
Essen & Trinken: Die **Kneipe in der Pumpe** ist Mo–Sa 18–24 Uhr geöffnet (Küche bis 23 Uhr). Es gibt Pizzen, Salate, belegte Baguettes und andere Kleinigkeiten. Kein Sterne-Restaurant, aber ideal, um vor dem Film oder der Party eine Grundlage zu schaffen. Für Raucher gibt es lustige Glaskabinen.

42 Eutiner Festspiele: Freilicht-Opernbühne im Weimar des Nordens

Alljährlich im Juli und August lockt die Stadt Eutin unter dem Motto „seenswerte Festspiele" Liebhaber Klassischer Musik in das „Weimar des Nordens". Tatsächlich befindet sich die am Rande des Schlossgartens gelegene Freilichtbühne fast direkt am Großen Eutiner See. Diese besondere Location sorgt für eine einzigartige Atmosphäre und für **unvergessliche Musikerlebnisse**. Gespielt wird bei nahezu jeder Witterung, was für das Ensemble gelegentlich zur echten Herausforderung werden kann. Meist erwartet den Besucher aber ungetrübter Operngenuss an einem lauen Sommerabend im Freien. Zudem kann die festliche Abendgarderobe getrost im Schrank bleiben, der Dresscode sieht in erster Linie funktionale Kleidung vor.

Der Vergleich mit Weimar erinnert daran, dass auch Eutin als **fürstbischöfliche Residenzstadt** einst viele Künstler und Intellektuelle angezogen hat. Vor allem Bischof Friedrich August, der in Personalunion ab 1773 auch Herzog von Oldenburg wurde, holte zahlreiche Dichter, Maler und andere Künstler nach Eutin. Johann-Heinrich Voß (1751–1826), der die bis heute maßgeblichen Übersetzungen von Homers Versepen verfasste, lebte lange in der Stadt, ebenso Johann Heinrich Wilhelm Tischbein (1751–1829), ein Freund Goethes, der u. a. das berühmte Gemälde „Goethe in der Campagna" malte. Auch Herder, Klopstock oder Wilhelm von Humboldt weilten zu jener Zeit, wenn auch teilweise nur kurzfristig, in der Stadt.

Eutins berühmtester Sohn heißt jedoch **Carl Maria von Weber**. Der Komponist wurde im November 1786 in Eutin geboren. Sein Geburtshaus in der Lübecker Straße 48 steht noch heute, ist allerdings nur von außen zu besichtigen. Webers Vater war Musiker und zog als Mitglied verschiedener Theatergruppen quer durch Deutschland und Österreich. Auch wenn der kleine Carl Maria daher nur die ersten sechs Monate seines Lebens in Eutin verbrachte, waren und sind die Eutiner

Musikgenuss vor fantastischer Kulisse

besonders stolz auf diesen Sohn der Stadt – und natürlich lässt sich ein so großer Name auch ganz gut vermarkten … Immerhin besuchte von Weber seine Geburtsstadt in späteren Lebensjahren noch zweimal im Rahmen seiner Konzertreisen und zeigte sich von der Schönheit der hiesigen Landschaft durchaus angetan. Carl Maria von Weber zu Ehren wurden daher an dessen 125. Todestag im Jahr 1951 die Eutiner Festspiele ins Leben gerufen.

Zunächst standen lediglich zwei Aufführungen von Webers romantischer Oper „Der Freischütz" auf dem Programm, doch aufgrund der Begeisterung des Publikums wurden daraus neun Vorstellungen. Die früher noch „Eutiner Sommerspiele" genannte Veranstaltung entwickelte sich fortan zu einem **kulturellen Großereignis**, das nun schon seit mehr als 60 Jahren viele Besucher anzieht. Die hochkarätigen Inszenierungen sind oft mit prominenten Künstlern besetzt, längst werden nicht mehr nur Werke von Weber aufgeführt. Im Rahmen einer deutschlandweit einmaligen interkontinentalen Partnerschaft wird das Eutiner Ensemble nun schon seit einigen Jahren regelmäßig durch Gastmusiker aus den USA verstärkt.

Eutin ist auch als **„Rosenstadt"** bekannt, denn schon seit Jahrhunderten werden die Häuser Eutins traditionell mit Rosenstöcken geschmückt. Das aufwändig restaurierte und weitgehend original ausgestattete **Schloss** befindet sich in unmittelbarer Nachbarschaft zur Festspieltribüne. Es handelt sich um einen imposanten Vierflügelbau mit einem mediterran anmutenden Innenhof

Das sehenswerte Eutiner Schloss befindet sich in unmittelbarer Nähe zur Festspielbühne

(Schlossbesichtigung tgl. außer Mo 11–17 Uhr, Führung 5 €). Der Schlossgarten im englischen Stil ist weitgehend ursprünglich erhalten. Er gilt als das bedeutendste Gartendenkmal der Aufklärung in Schleswig-Holstein. Eindrucksvoll ist vor allem die 335 Meter lange Allee aus alten Linden. Im ehemaligen Marstall des Schlosses ist heute das **Ostholstein-Museum** untergebracht, es zeigt eine Ausstellung zum Thema „Eutin um 1800". Zentrum der Stadt ist jedoch der Marktplatz mit dem alten Rathaus und der sehenswerten St. Michaelis-Kirche. (dk)

Information: Die Preise liegen je nach Rang zwischen 16 € und 52 € (zzgl. Kartenversand und Vorverkaufsgebühr). Tickets können in der „Opernscheune" unter Tel. 04521/80010 (Mo–Fr 9–14 Uhr) und per Fax unter 04521/800111 bestellt werden; Sitzplan und Fax-Vorlage auf der Homepage www.eutiner-festspiele.de. Karten sind ebenso über www.eventim.de erhältlich. Gespielt wird im Juli und August, im Regelfall Mi, Fr, Sa und So abends (meist 20 Uhr). Aufgrund der Größe der Tribüne (1.886 Plätze auf einfachen Schalensitzen) sind häufig auch noch kurzfristig Karten erhältlich. Die Mitnahme von Sitzkissen und – je nach Wetterlage – Regencape empfiehlt sich.

Bad Segeberg: Festspiele und Fledermäuse

Weit über die Grenzen Schleswig-Holsteins bekannt sind die **Karl-May-Spiele** in Bad Segeberg, die jeden Sommer rund 300.000 Zuschauer in die Kleinstadt locken. Vor der zerklüfteten Kulisse des Kalkbergs lebt in einem der bekanntesten Freilichttheater Deutschlands die Welt der Blutsbrüder Winnetou und Old Shatterhand wieder auf und zieht Groß und Klein in ihren Bann.

Ein Hauch des **Wilden Westens** weht über die Tribüne, wenn Cowboys und „Rothäute" überfallartig durch die Zuschauerreihen reiten. Die Aufführungen sind spannungsgeladen und reichlich mit Pyrotechnik und Stunts bestückt. Und immer wieder nimmt die Geschichte ihren gewohnten Ausgang, wenn in einem spektakulären Showdown das Gute über das Böse siegt, sei es beim „Schatz im Silbersee", in „Der Ölprinz", „Winnetou", oder in einer anderen Inszenierung der berühmten Abenteuerromane Karl Mays. Schon seit 1952 gibt es die Karl-May-Spiele in Bad Segeberg. Dabei ist es gute Tradition, das Ensemble mit bekannten Gaststars zu verstärken. Auch Pierre Brice, der in den legendären Karl-May-Verfilmungen der 1960er-Jahre den Winnetou spielte, trat einige Jahre in seiner Paraderolle bei den Festspielen auf. Passend zum Thema wird das 7.500 Plätze fassende Freilichttheater vom **Indian Village** umgeben, einer Wildweststadt mit Barbershop, Drugstore und Saloon, einer Goldwaschanlage und Tipis. Das Nebraska-Haus beherbergt eine Indianistik-Ausstellung.

Der **Kalkberg** wurde einst gekrönt von der Siegesburg (daher der Name „Segeberg"). Genau genommen müsste der Berg aber nicht „Kalk-", sondern „Gipsberg" heißen, denn er besteht hauptsächlich aus Anhydrit. Dieses Mineral verwandelt sich bei Kontakt mit Wasser zu Gips, weshalb das Gestein im Laufe der Jahrhunderte als begehrter Baustoff abgebaut wurde und der halb abgetragene Berg heute die prächtige Kulisse des Freilichttheaters bildet.

Weniger bekannt ist, dass sich direkt unter dem Kalkberg ein besonderes Naturdenkmal verbirgt, nämlich ein drei Kilometer langes **Höhlensystem**, das erst 1913 durch spielende Kinder entdeckt wurde. Über 22.000 Fledermäuse nutzen diese Höhle jedes Jahr als frostfreies Winterquartier. Die Segeberger Kalkberghöhle ist damit das größte natürliche **Fledermausquartier Mitteleuropas**. Sieben verschiedene Fledermausarten verbringen etwa vier Monate in der bizarren Höhle, in der das ganze Jahr über eine konstante Temperatur von neun Grad Celsius und 100 Prozent Luftfeuchtigkeit herrschen.

Nur im Sommerhalbjahr stehen die Höhlen auch Besuchern offen, das

Für Vampirfans: Ausstellung und Eingang ins Höhlensystem der Fledermäuse

Besucherzentrum **Noctalis** am Höhleneingang mit seiner Erlebnis- und Wissensausstellung kann aber das ganze Jahr über besichtigt werden. Auf vier Ebenen taucht man hier in die Welt der Fledermäuse ein. Es gibt „Vampirgeschichten", Infos zum Winterquartier in der Höhle, einen Film über das Leben der Fledermäuse sowie zahlreiche interaktive Spiel- und Lernstationen. Höhepunkt – im wahrsten Sinne des Wortes – ist das Noctarium im Obergeschoss. Im ersten Moment ist es hier stockfinster, dann aber gewöhnen sich die Augen an die durch nur wenige Lichtpunkte erhellte Dunkelheit. Die Fledermäuse im verglasten Flugraum können bei ihren akrobatischen Flugmanövern oder beim Fressen beobachtet werden. (dk)

Der halb abgetragene Kalkberg ist eine eindrucksvolle Kulisse für das Bühnengeschehen

Information: Karl-May-Spiele: Gespielt wird Mitte Juni bis Anfang Sept. jeweils Do, Fr und Sa um 15 und 20 Uhr, So nur um 15 Uhr. Erwachsene 15–26 € (Kinder 5–15 J. 11,50–20 €). Ticketbestellung online über www.karl-may-spiele.de oder über Tel. 01805/952111. Plätze auf den einfachen Bänken gibt es reichlich, Aufführungsdauer inkl. Pause ca. zwei Stunden.
Noctalis: ganzjährig geöffnet, Mo–Fr 9–17, Sa/So 9–18 Uhr; an Tagen mit Spätvorstellung der Karl-May-Spiele bis 19.30 Uhr; Erwachsene 8 € (Kinder 5 €). Zugang zur **Kalkberghöhle** nur im Sommerhalbjahr und nur mit Führung (Dauer: 35 Minuten), Erwachsene 6 € (Kinder 4–14 J. 4 €), Kombiticket für Noctalis und Höhle 11 € (Kinder 7 €); Oberbergstr. 27, 23795 Bad Segeberg (am Kalkberg, Parken am Freilichttheater Karl-May-Platz), Tel. 04551/80820, www.noctalis.de.
Hinkommen: Aus Richtung Ostsee über die B432, aus Richtung Hamburg oder Kiel über die A21. Von der Abfahrt „Schwissel" aus wird man direkt zu den kostenlosen Besucher-Parkplätzen geleitet. Bad Segeberg wird außerdem von den Bahnhöfen Schleswig-Holsteins und von Hamburg aus im Stundentakt angefahren.

Lübecker Nobelpreisträger: Thomas Mann, Willy Brandt und Günter Grass

Thomas Mann, Willy Brandt, Günter Grass: Gleich drei Nobelpreisträger fühl(t)en sich mit Lübeck verbunden, nicht schlecht für die kleine Hansestadt. Allerdings soll es eine geheime Umfrage des Fremdenverkehrsamtes geben, wonach kaum jemand Lübeck wegen der drei honorigen Herren besucht. Die Touristen kommen wegen der Nähe zum Meer und der so großartig verwinkelten Altstadt mit ihren Prachtfassaden und Höfen. Nichtsdestotrotz, was die Stadt zu Ehren „ihrer" drei Berühmtheiten bietet, ist durchweg vorzeigbar: **drei Museen** nämlich, die zu den besten Lübecks zählen.

Das **Buddenbrookhaus** – in dem Thomas Mann allerdings nie gelebt hat – überrascht mit Details zu Leben und Werk, die selbst viele Literaturstudenten nicht kennen. Ein ganzer Kosmos an literarischem Weltwissen wird hier ausgebreitet. Neben den beiden Dauerausstellungen „Die ‚Buddenbrooks' – ein Jahrhundertroman" und „Die Manns – eine Schriftstellerfamilie" gibt es immer wieder Sonderausstellungen, die sich mit einzelnen Aspekten von Thomas Manns Werk und seiner Zeit befassen. Derzeit (Frühjahr 2014) werden Exponate zum gespannten Verhältnis der Brüder Heinrich und Thomas Mann während des Ersten Weltkriegs gezeigt.

Eine Lübecker Berühmtheit ganz anderer Art ist der Ex-Bundeskanzler und Friedensnobelpreisträger Willy Brandt (1913–1992). Dem vielleicht menschlichsten und mutigsten Staatslenker im ehemaligen West-Deutschland ist das interessanteste Museum der Stadt gewidmet. Ende 2007 wurde das **Willy-Brandt-Haus** nach fünfjähriger Bau- und Gestaltungszeit eröffnet. 3,8 Mio. Euro kostete das auf intelligente Weise multimedial gestaltete Haus insgesamt. Nur wenig erfährt man hier allerdings über die Schattenseiten in Brandts Leben (Alkohol, Affären, Depressionen) sowie über die Guillaume-Affäre, die zu seinem Rücktritt vom Amt des Bundeskanzlers führte. Stattdessen wird Willy Brandt ein wenig zum Superhelden der deutschen Politik stilisiert. Vielleicht ist dies aber der Tatsache geschuldet, dass es sich bei der Ausstellung um eine Außenstelle der in Berlin ansässigen Bundeskanzler-Willy-Brandt-Stiftung handelt. Trotzdem lohnt ein Besuch in diesem Museum, das eines der spannendsten von Schleswig-Holstein ist!

Das Haus in der Mengstraße 4 wurde einst von den Großeltern Thomas Manns bewohnt

Mutig war er schon immer, der Erfinder der „Blechtrommel" (1959), der Medien und Leser polarisiert wie kein Zweiter: Günter Grass (* 1927). So akzeptierte er belustigt mehrere respektlose Zitate, die an einer Wand zu Beginn der Ausstellung im **Günter-Grass-Haus** angebracht sind. Dabei kommen nicht nur Franz Josef Strauß und Karl Lagerfeld zu Wort, die sich auf ihre ganz eigene Weise selbst disqualifizieren, auch Friedrich Dürrenmatt äußerte sich – in einem Playboy-Interview – über den Kollegen: „Der Grass ist mir einfach zu wenig intelligent, um so dicke Bücher zu schreiben".

In der Ausstellung selbst wird auf 240 Quadratmetern der Kosmos dieses deutschen Autors, Bildhauers und Zeichners ausgebreitet. **Originalzeichnungen und -manuskripte** werden ergänzt durch Touch-Screens, Filmszenen, Hörangebote und bisweilen skurrile Details. Oder wissen Sie, was die Schlümpfe oder McDonald's mit jenem Schriftsteller zu tun haben, der nach der Veröffentlichung seiner Autobiografie „Beim Häuten der Zwiebel" (2006) und des Prosagedichts „Was gesagt werden muss" (2012) arg in die Kritik geriet. Vor allem aber seine Einberufung zur Waffen-SS, die erst 2006 öffentlich bekannt wurde, führte den Nimbus des Autors als moralische Instanz ad absurdum – zumal Grass zuvor immer wieder bekannte Persönlichkeiten dazu gedrängt hatte, sich zu ihrer NS-Vergangenheit zu bekennen. Die Freude an der gut gemachten Ausstellung wird dadurch allerdings überhaupt nicht beeinträchtigt.

Im Obergeschoss werden wechselnde Werke von anderen „Doppelbegabungen" (wie ja auch Grass eine ist) ausgestellt. So waren bereits Bilder von Janosch und Robert Gernhardt zu sehen. (mk)

Die Ausstellung im Günter-Grass-Haus ist modern und multimedial gestaltet

Information: Buddenbrookhaus, Jan. bis März tgl. 11–17, April bis Dez. tgl. 10–18 Uhr, Eintritt 6 € (Kinder 6–17 J. 2,50 €). Jeden Samstag gibt es um 14 Uhr eine Führung für 10 €. Ferner findet jeden Mittwoch um 14 Uhr eine Kombiführung vom Buddenbrook- zum Günter-Grass-Haus für 10 € (Kinder 6,50 €) statt; Mengstr. 4, 23552 Lübeck, Tel. 0451/1224190, www.buddenbrookhaus.de.

Willy-Brandt-Haus, Jan. bis März Di–So 11–17, April bis Dez. Di–So 11–18 Uhr. Eintritt frei! Kostenlose Führungen Sa/So jeweils um 15 Uhr; Königstr. 21, 23552 Lübeck, Tel. 0451/1224250, www.willy-brandt-luebeck.de.
Günter-Grass-Haus, Jan. bis März Di–So 11–17, April bis Dez. tgl. 10–17 Uhr. Eintritt 6 € (Kinder 6–17 J. 2,50 €); Glockengießerstr. 21, Tel. 0451/1224230, www.grass-haus.de.

45 Lübecks Museumsquartier St. Annen: vom Mittelalter bis Andy Warhol

Das hanseatische Selbstverständnis der Lübecker (s. S. 138) kommt neben den fünf Hauptkirchen und dem Rathaus am besten im neuen Museumsquartier St. Annen zum Ausdruck. Das St. Annen-Museum mit der angeschlossenen Kunsthalle ist eine echte **Lübecker Besonderheit**: Das gewagte Zusammenspiel zwischen mittelalterlicher und moderner bis modernster Kunst darf auch architektonisch als geglückt bezeichnet werden.

Was die mit Meisterwerken gespickten Räumlichkeiten so authentisch macht, ist die ursprüngliche Verwendung des Gebäudes. Das mit mehrflügeligen Altären und sakralen Skulpturen ausgestattete Haus war tatsächlich mal ein Kloster – das zweite **Frauenkloster** der Stadt. Die Augustinerinnen, die einst hier lebten, waren vor allem unverheiratete Töchter wohlhabender Lübecker Bürger. Doch schon 17 Jahre nach der Erbauung, die von 1502 bis 1515 dauerte, musste man den katholischen Lebenswandel wieder aufgeben. Im Zuge der Reformation wurde das Konvikt zunächst zum Lager, ab 1601 war es ein Armen- und Arbeitshaus, später ein Gefängnis und bereits 1915 ein Museum. Wer heute durch den spätgotischen Kreuzgang läuft, das Refektorium (Speisesaal), das Kalefaktorium (Wärmestube) und den Remter (Arbeits- und Tagungsraum der Nonnen) besucht, fühlt sich fast wie eine Figur aus Umberto Ecos Roman „Der Name der Rose".

Die bedeutendsten Ausstellungsstücke sind die Skulpturengruppe der **Klugen und Törichten Jungfrauen** (um 1400) und der **Memling-Altar** von 1491. Während die nicht so schlauen der in Stein gehauenen Damen dank ihrer Schneckenfrisuren und Gewänder einen seltenen Blick ins Alltagsleben des Mittelalters zulas-

Wenn das mal immer so einfach wäre: Links stehen die Törichten, rechts die Klugen Jungfrauen ...

sen, darf Hans Memlings Auftragsarbeit für die Kaufmannsfamilie Greverade als der mit Abstand bedeutendste Altar Lübecks gelten. Der Maler fertigte ihn wenige Jahre vor seinem Tod in Brügge. Das Werk konnte glücklicherweise aus dem Dom gerettet werden, als dieser während des einzigen Fliegerangriffs auf Lübeck empfindlich getroffen wurde.

Im selben Raum, dem Kalefaktorium, sind auch niederländische **Prachtaltäre** und Porträtmalereien aus der Zeit zwischen 1488 und 1520 zu sehen, z. B. von Jacob van Utrecht. Übrigens: An zwei Wochen im Jahr kann man die mit Gemälden und Schnitzereien verzierten äußeren Seiten dieser und anderer Klappaltäre bestaunen. In einem rituellen Akt werden unter den sphärenhaften Klängen mittelalterlicher Instrumente die Flügel der Altäre umgeklappt. Nach altem Brauch findet diese Zeremonie immer vierzehn Tage vor Ostersamstag statt.

Die 2003 angegliederte **moderne Kunsthalle** wurde auf den Resten der 1843 heruntergebrannten Klosterkirche errichtet. Die Glasfronten lassen das Gebäude hell und lebendig erscheinen. In diesem Teil des Museumsquartiers wird Kunst aus der Zeit nach 1945 präsentiert. Zwei der schönsten Ausstellungsstücke sind schon im Eingangsbereich zu sehen: „Holstentor" (1980) von Andy Warhol und „Wind" (2008) von Günther Uecker.

Mittelalter trifft Moderne – der Eingang zur Kunsthalle St. Annen und zum St. Annen-Museum

Auf den vier Stockwerken der Kunsthalle werden Arbeiten deutscher und internationaler Künstler gezeigt. Vier bis sechs Sonderausstellungen jährlich bereichern die gebotene Kunstvielfalt zusätzlich. Doch auch die Lübecker Exponate brauchen sich nicht zu verstecken: Besonders im Bereich des **abstrakten Expressionismus** ist die Sammlung stark. Dabei kann man auf Künstler wie Sigmar Polke, Arnulf Rainer, Alfred Hrdlicka, Bernhard Heisig oder den in Lübeck geborenen und in Paris lebenden Peter-Wilhelm Klasen zurückgreifen. (mk)

Information: Museumsquartier St. Annen, Jan. bis März Di–So 11–17, April bis Dez. Di–So 10–17 Uhr. Eintritt 10 € (erm. 8 €, Kinder 6–17 J. 4 €); St.-Annen-Str. 15, www.die-luebecker-museen.de. Im Museumscafé (11–17 Uhr) gibt es zwischen 11.30 und 14.30 Uhr wechselnde Mittagsgerichte der internationalen Küche, außerdem natürlich Kaffee und Kuchen.

46 Klütz: Uwe Johnsons Jerichow

Uwe Johnson selbst soll es stets bestritten haben: Dass das mecklenburgische Klütz das Vorbild für das literarische Jerichow sei, die Heimat von Gesine Cresspahl. Das beschauliche Klütz aber will es sich natürlich nicht nehmen lassen, sich mit den Federn der Weltliteratur zu schmücken. Sei es, wie es sei: Das Literaturhaus, das Klütz dem bedeutenden Schriftsteller gewidmet hat, ist unbedingt einen Besuch wert.

Uwe Johnson wurde am 20. Juli 1934 im heutigen Polen geboren und wuchs in Anklam auf. 1945 floh die Familie nach Mecklenburg, in die Nähe von Güstrow. Nach dem Germanistik-Studium in Rostock und Leipzig siedelte Johnson 1959 nach West-Berlin über. Im gleichen Jahr veröffentlichte er seinen Roman „Mutmaßungen über Jakob". Die vier Bände von Johnsons Hauptwerk **„Jahrestage. Aus dem Leben von Gesine Cresspahl"** erschienen zwischen 1970 und 1983. 1984 starb Johnson in seiner Wahlheimat Sheerness-on-Sea (Kent, England).

Es sind Sätze wie „Jerichow ... war eine der kleinsten Städte in Mecklenburg-Schwerin, ein Marktort mit zweitausendeinhunderteinundfünfzig Einwohnern, einwärts der Ostsee zwischen Lübeck und Wismar gelegen ...", die eine Identifizierung von Klütz im Klützer Winkel mit dem literarischen Jerichow nahelegen. So viele „kleinste Städte" kommen da nicht in Frage. Und weiter heißt es: „... ein Nest aus niedrigen Ziegelbauten entlang einer Straße aus Kopfsteinen ..." Und die Klützer Kirche wird folgendermaßen trefflich beschrieben: eine „Kirche aus der romanischen Zeit, deren Turm mit einer Bischofsmütze verglichen wird; lang und spitz läuft er zu, und wie die Mütze eines Bischofs hat er Schildgiebel an allen vier Stirnen" („Jahrestage", 1. Bd., Frankfurt am Main 1993, edition suhrkamp, S. 30/31). Die großartigen „Jahrestage" sind die komplex erzählte Chronik eines Jahres, von August 1967 bis August 1968, aus der Sicht Gesine Cresspahls. Gebürtig aus Mecklenburg, lebt sie während des Zeitraums, in dem der Roman spielt, mit ihrer Tochter in New York. Eingewoben in die Jahreschronik ist die Geschichte Gesines und ihrer Familie. Jerichow/Klütz dient dabei als Schauplatz der Kindheit und als **Ort der Sehnsucht** der erwachsenen Hauptfigur nach ihrer mecklenburgischen Heimat. Indes bleibt Jerichow in „Jahrestage" ein fiktiver Ort, beispielsweise wenn es in einer ironischen Bemerkung heißt: „Manchmal, und öfter, benähmen sich die Jerichower, als wären sie Klützer."

Das **Literaturhaus** ist in einem geräumigen, sorgsam sanierten Getreidespeicher unweit des Klützer Marktplatzes untergebracht. Neben der Uwe-Johnson-Ausstellung beherbergt es zudem die **Stadtinformation** Klütz sowie die hiesige Stadtbibliothek. Außerdem dient es als Veranstaltungsort vornehmlich literarischer Natur, also für Lesungen und Autorengespräche. Auf zwei Stockwerken kann man sich in der ansprechend gestalteten Ausstellung über Leben und Werk des großen Schriftstellers und seiner Beziehung zur mecklenburgischen Heimat informieren. Was für jedes Literaturhaus Standard sein sollte (aber erfahrungsgemäß nicht ist), ist im Literaturhaus Uwe Johnson in vorbildlicher Weise gegeben: Johnsons Werk liegt aus und gemütliche Sitzgelegenheiten laden dazu ein, sich nach den informativen Schautafeln und Dokumenten der Lektüre des Ausstellungsgegenstandes zu widmen.

(st/sb)

Das Literaturhaus Klütz ist in einem alten Getreidespeicher untergebracht

Information: Uwe Johnson Literaturhaus, hier befindet sich auch die Stadtinformation, April bis Okt. Di–So 10–17, Nov. bis März Do–So 10–16 Uhr, Eintritt 3,50 € (erm. 2 €); Im Thurow 14, 23948 Klütz, Tel. 038825/22387, www.literaturhaus-uwe-johnson.de.

Galerie Alte und Neue Meister im Staatlichen Museum Schwerin: Brueghel und Hals, Rubens und Rembrandt

In Schwerin wurde repräsentiert und das besonders mit dem klassizistischen Gebäudeensemble am Alten Garten. 1874 stellte man hier die Siegessäule zur Erinnerung an den erfolgreichen Krieg gegen Frankreich auf, um den Platz selbst entstanden mit dem Landesmuseum (1877–1882) an der Stirnseite und dem Theater (1884–1886) schräg gegenüber zwei repräsentative Gebäude, die noch heute einen Höhepunkt der Schweriner Baukunst darstellen.

Das **Landesmuseum** mit Freitreppe, imposantem Säulenvorbau und dem Giebelfries weckt schon von außen große Erwartungen. Gebaut wurde das Museum vom Architekten Hermann Willebrand, einem Schüler des Berliner Baumeisters Friedrich August Stüler. Auftraggeber war Großherzog Friedrich Franz II., ein schöngeistiger Landesvater, der für seine umfangreichen Kunstsammlungen ein eigenes Ausstellungsgebäude schaffen wollte. 1882 wurde die Großherzogliche Gemäldegalerie zu Schwerin feierlich eröffnet.

Und tatsächlich, die hochkarätigen Kunstwerke, die in diesem Gebäude zu sehen sind, enttäuschen die Erwartungen nicht. Schon seit dem frühen 18. Jahrhundert hatten die Herzöge Mecklenburgs eine beachtliche Menge an Kunstwerken angehäuft, die Bilder holländischer und flämischer **Malerei des 17. und 18. Jahrhunderts** gehen in die Hunderte. Beim Museumsrundgang durch die großzügigen Räumlichkeiten des ersten Stocks stößt man auf Gemälde von Rembrandt, Rubens, Jan Brueghel d. Ä. und Frans Hals, dazu unzählige Landschaftsansichten und Por-

Ein ganzer Saal ist den Tiergemälden des Franzosen Jean-Baptiste Oudry gewidmet

träts nicht ganz so bekannter niederländischer Künstler. Ein besonders großer Saal ist den großformatigen Tiergemälden des Franzosen Jean-Baptiste Oudry gewidmet: das berühmte Nashorn „Clara" (1749) in Lebensgröße, ebenso „Löwe und Leopard" (Die Oudry-Gemälde sollen voraussichtlich 2015 in das neu renovierte Museum Ludwigslust umsiedeln). In einem eigenen Kabinett wird die filigrane **Elfenbeinsammlung** mit Exponaten aus dem 16. bis 18. Jahrhundert gezeigt. Zu den ausgestellten regionalen **Künstlern des späten 19. und frühen 20. Jahrhunderts** zählen u. a. der Mecklenburger Landschaftsmaler Carl Malchin und der gebürtige Greifswalder Caspar David Friedrich (mit einer eindrucksvollen Winterlandschaft). Die Impressionisten Lovis Corinth und Max Liebermann sind gleich mit mehreren Gemälden vertreten. Aus der Zeit nach 1945 gehören Werke verschiedener Künstler aus der DDR zur Ausstellung. In einer eigenen Abteilung warten schließlich die 15 Bronzeplastiken von Ernst Barlach aus der Stiftung Ludwig und Eleonore Bölkow auf Besucher.

Ein Höhepunkt der Schweriner Baukunst: das Landesmuseum am Alten Garten

Das Erdgeschoss bietet Raum für moderne und zeitgenössische **Kunst des 20. und 21. Jahrhunderts** (u. a. Marcel Duchamp) und für wechselnde Themenausstellungen, die oft Werke aus dem riesigen Bestand des Museums selbst zeigen. (st/sb)

Information: Tourist-Information, Mo–Fr 9–18, Sa/So 10–16 Uhr; im Rathaus am Markt 14, 19055 Schwerin, Tel. 0385/5925212, www.schwerin.com. Es werden ganzjährig **Stadtführung durch Schwerin** angeboten, tgl. 11 Uhr, Dauer 1,5 Std., Treffpunkt vor der Tourist-Information, Erw. 5,50 €. **Kunstsammlungen Schwerin – Galerie Alte und Neue Meister**, Di/Mi, Fr–So 19–18 (im Winter nur bis 17), Do 12–20 Uhr (im Winter 13–20 Uhr), Eintritt 8 € (inkl. Sonderausstellung, erm. 6 €, Familienkarte 16 €). Öffentliche Führungen Sa 14 und So 11 Uhr (3 €) oder alternativ der Audioguide für 2 €. Do um 18 Uhr findet das Rendezvous im Museum statt – Lesungen, Konzerte, Filmpremieren, besondere Führungen, Vorträge usw.; Alter Garten 3, 19055 Schwerin, Tel. 0385/5958232, www.museum-schwerin.de.
Essen & Trinken: Im Erdgeschoss des Museums lädt das helle **Museumscafé Kunstpause** mit Buchladen/Museumsshop zu einem Stopp ein. Wer bei schönem Wetter lieber im Freien sitzen möchte geht in die **Orangerie** (s. S. 143), ins **Café Prag** in der Schlossstraße 17 oder aber ins **Café Röntgen** am Marktplatz in der Altstadt, alle nur wenige Gehminuten vom Museum entfernt. Eines der urigsten und schönsten Restaurants der Stadt ist das traditionsreiche **Weinhaus Wöhler** mit Innenhof-Garten, auch Hotel. Puschkinstraße 26, 19055 Schwerin, Tel. 0385/555830, www.weinhaus-woehler.de.

48 Skulpturen in Rostock: von der Lebensfreude, der Rathausschlange und einer Goldenen Nase

Im Juli 1814 war in der „Hamburgischen unparteiischen Correspondenz" zu lesen, dass die Hansestadt Rostock ihrem seinerzeit wohl berühmtesten Sohn ein Denkmal setzen wolle. Gebhard Leberecht von Blücher, Generalfeldmarschall in preußischen Diensten, Bezwinger Napoleons und Held von Waterloo, dankte postalisch und gerührt. Dumm nur, dass die Meldung eine Ente war. Um sich nicht zu blamieren, sah sich die Stadt gezwungen, der erfundenen Meldung Taten folgen zu lassen. Also wurde Johann Friedrich Schadow beauftragt, eine Bronzestatue – Blücher als antikisierter Held mit Löwenfell und Feldherrenstab – zu erschaffen, die 1819 auf dem Universitätsplatz aufgestellt wurde. Lange Jahre stand der **„Marschall Vorwärts"** alleine in Rostock, hat aber in den letzten Jahrzehnten jede Menge ansehnliche Gesellschaft bekommen.

Die „Afrikanische Bergziege" von Gerhard Rommel befindet sich – natürlich – auf dem Rostocker Ziegenmarkt ...

Heute ergeben Rostocks Kunstwerke im öffentlichen Raum eine bemerkenswerte Sammlung. Die größte Skulpturengruppe steht in der Nähe des Blücherdenkmals: der **„Brunnen der Lebensfreude"**. Rund um eine spielende Familie gruppiert sich ein fröhlicher Reigen aus turnenden und badenden Paaren, balgenden Hunden, einer suhlenden Sau, Fischen, Krabben und Vögeln inmitten eines munteren Wasserspiels. Der 1980 eingeweihte Brunnen, aufgrund überbordender (und nackter) Lebensfreude im Volksmund liebevoll auch „Pornobrunnen" genannt, wurde von Reinhard Dietrich und Jo Jastram geschaffen.

Die wohl berühmteste Skulptur Rostocks ist die **„Rathausschlange"**. Seit das gotische Rathaus im 18. Jahrhundert den eigenartigen barocken Vorbau bekam, der das Gebäude zu einem einzigartigen Stilensemble werden ließ, schlängelt sich eine bronzene Schlange um eine der Arkadensäulen. Warum sie das tut, bleibt ihr Geheimnis. Verweist sie auf die Doppelzüngigkeit der Rathauspolitik oder steht sie für Weisheit? Oder erinnert die Schlange in Wahrheit an ein Hochwasser und ist in Wirklichkeit ein ängstlicher Aal?

Eindeutig identifizierbar ist die Person, die auf dem Relief mit Sonnenuhr in der Straße namens Glatter Aal dargestellt ist: Der dicke Mann mit Globus und Maßdreieck ist der dänische **Astronom Tycho Brahe**, der in Rostock studiert hatte. Die vergoldete Nase steht nicht sinnbildlich für finanziell gesegnete Berufstätigkeit, sondern ist dem Umstand geschuldet, dass er als Student bei einem Duell eines Teils seiner Nase beraubt wurde und fortan eine Nasenprothese aus Silber und

Skulpturen in Rostock

Der „Brunnen der Lebensfreude" wird von Rostockern auch liebevoll „Pornobrunnen" genannt

Gold trug. Auch dieses 1996 geschaffene Relief stammt von Rostocks großem Bildhauer Jo Jastram (1928–2011). Weitere seiner grandiosen Skulpturen sind die eindrucksvolle **„Große Afrikanische Reise"**, die seit 2008 am Stadthafen steht, und die humorige, bereits 1988 entstandene Skulptur **„Kaspar Ohm up sin Vosswallach"** (samt Pferdeäpfeln und Spatzen) in der Badstüberstraße.

Unter den zahlreichen weiteren sehenswerten Plastiken, Brunnen und Reliefs, die das Rostocker Stadtbild schmücken, dürfen zwei weitere nicht unerwähnt bleiben: **„Die Trinkende"**, eine anmutige Frau mit Wasserschale, die 1922 von Victor H. Seifert geschaffen wurde und im Rosengarten steht, und die **„Afrikanische Bergziege"** von Gerhard Rommel neben der Marienkirche.

Wer die Rostocker Skulpturen besichtigt und noch nicht genug von Kunst im öffentlichen Raum hat, der kann sich nach Warnemünde aufmachen und dort z. B. das elegante **„Liebespaar"** von Wilfried Fitzenreiter an der Seepromenade besuchen. (st/sb)

INFO

Literatur: Einen informativen und schön bebilderten Überblick über Rostocks Kunstwerke im Stadtbild liefert der hübsche kleine Band „Kunstwege. Spaziergänge durch Rostock und Warnemünde" von Matthias Schümann (Text) und Reiner Mnich (Fotos), erschienen im Hinstorff-Verlag (Rostock 2006).
Tipp: Die sehenswerte **Kunsthalle Rostock** widmet sich vornehmlich der klassischen Moderne mit regionaler Akzentuierung. In der Sammlung befinden sich auch Skulpturen von Künstlern, die Rostocks Stadtbild prägen, z. B. von Jo Jastram. Regelmäßig bereichern diese Kunstwerke die wechselnden Ausstellungen. Vom Hbf aus mit den Straßenbahnen 1, 4 und 5 erreichbar. Di–So 11–18 Uhr, Eintritt frei (außer Sonderausstellungen); Hamburger Straße 40, 18069 Rostock, Tel. 0381/7008, www.kunsthalle rostock.de.

Künstlerkolonie Ahrenshoop: Bild des Friedens und der Abgeschiedenheit

Auf Motivsuche war der Maler Paul Müller-Kaempff bei einer Wanderung im Sommer 1889, als er das damals so beschauliche und entlegene Fischerdörfchen Ahrenshoop erstmals erblickte. Vor allem die Aussicht vom Hohen Ufer über den Strand hatte es ihm und seinem Malerfreund Oskar Frenzel angetan. Müller-Kaempff gilt seither als Entdecker des Ortes und Begründer der Ahrenshooper Künstlerkolonie.

1892 siedelte er hierher, weitere Künstler – viele aus Berlin – folgten ihm bald und entdeckten die herrliche Natur wie auch das ursprüngliche Leben der Bauern und Fischer als schier unerschöpfliche Motiv- und Inspirationsquelle. 1894 richtete Müller-Kaempff im **Künstlerhaus Lukas** eine Malschule ein, die vor allem Schülerinnen anzog, da Frauen im Wilhelminischen Kaiserreich der Zugang zu vielen staatlichen Kunstakademien verwehrt blieb. Anna Gerresheim und Elisabeth von Eicken sind zwei der bedeutenden Malerinnen, die in der Künstlerkolonie Ahrenshoop heimisch wurden.

Der Ahrenshooper Kunstkaten wurde 1909 als Galerie und kulturelle Begegnungsstätte eröffnet

Paul Müller-Kaempff war es auch, der mit dem Bau des **Kunstkaten** 1909 erstmals einen öffentlichen Ausstellungsraum für die Werke der Ahrenshooper Künstler geschaffen hat. Mit Ausbruch des Ersten Weltkrieges 1914 war es mit der ersten Ahrenshooper Kolonie vorbei. Eine neue Blütezeit, mit zweiter Künstlergeneration, erlebte der Ort in den 1920er-Jahren.

Nach der Machtergreifung der Nationalsozialisten 1933 zogen sich zahlreiche Künstler aus Berlin auf den Darß und nach Ahrenshoop zurück. In der DDR war Ahrenshoop beliebtes Urlaubsziel der Kulturschaffenden, bot aber auch nicht ganz so linientreuen Künstlern eine Rückzugsmöglichkeit.

Zweifelsohne ist der Ort auch heute noch das kulturelle Zentrum der Halbinsel mit zahlreichen Galerien und anderen Ausstellungsräumen, auch wenn so manche Inspiration der Ökonomie Platz machen musste. Ahrenshoop ist ein teures und immer teurer werdendes Pflaster, das für das Ideal des einfachen Lebens der alten Künstlerkolonie kaum noch Nischen bietet. Dennoch, beim Dorfrundgang stößt man auf die ein oder andere idyllische rohrgedeckte Kate, vor allem wenn man sich von der Hauptdurchgangsstraße Richtung Boddenseite wendet.

Kunstkaten, Neues Kunsthaus und die Galerie im Dornenhaus gehören zu den sehenswertesten Ausstellungsräumen. Neu hinzugekommen ist jüngst das **Kunstmuseum** (s. Kasten) mit einer umfangreichen Sammlung zur fast 125-jährigen Geschichte des Künstlerortes. (st/sb)

Kunstmuseum Ahrenshoop

Das im Spätsommer 2013 eröffnete Kunstmuseum Ahrenshoop befindet sich in einem goldenen (!) und somit nicht zu übersehenden Neubau an der Straße Richtung Wustrow. In fünf Räumen werden hier Werke aus den Gründungstagen der Künstlerkolonie bis hin zu Gemälden und Skulpturen der Gegenwart gezeigt. Man beachte Paul Müller-Kaempffs großformatiges Bild „Alter Schifferfriedhof" von 1893, das als ein erstes Hauptwerk des noch jungen Künstlerortes gilt. Das Museum bietet einen guten Überblick über die Ahrenshooper Kunst.

März bis Okt. tgl. 11–18, im Winter Di–So 10–17 Uhr, Eintritt 8 € (erm. 4 €, Familienkarte 18 €), Führungen durch das Museum Mi und Fr 15 Uhr, zur Architektur des Museums Mo 15 Uhr, jeweils 5 €; Weg zum Hohen Ufer 36, 18347 Ahrenshoop, Tel. 038220/66790, www.kunstmuseum-ahrenshoop.de.

Information: Kurverwaltung Ahrenshoop, Sommer Mo–Fr 9–18, Sa/So 10–15, in der Nebensaison Mo–Fr 9–17, Winter Mo–Fr 9–16, Sa 10–15 Uhr; Kirchnersgang 2, 18347 Ahrenshoop, Tel. 038220/666610.
Hinkommen: Mit **Bus Linie 210** etwa alle 2 Std. von Ribnitz-Damgarten über die gesamte Halbinsel mit mehreren Stopps in Ahrenshoop.
Relativ günstig **parken** kann man am Edeka-Parkplatz an der Durchgangsstraße (1 €/1 Std., 2 €/3 Std., Tagesticket 6 €).
Essen & Trinken: Café Buhne 12, schöner Garten mit ebensolchem Blick vom Hohen Ufer auf den Ahrenshooper Strand, innen stilvoll und im schönsten Sinne altmodisch eingerichtet. Nicht nur Kaffee und Kuchen, auch Hauptgerichte (bevorzugt: Fisch), nicht allzu teuer. Di–So 12–22 Uhr; Grenzweg 12, 18347 Ahrenshoop, Tel. 038220/232.

Gerhart Hauptmann: ein Dichterfürst auf Hiddensee

Den Fischern von Hiddensee war er nicht ganz geheuer, der **Dichterfürst**, der sich zur Sommerfrische auf ihrer abgelegenen Insel einquartierte. Marschierte er doch jeden Morgen mit nichts als einem Bademantel oder gar einer Mönchskutte bekleidet zum Strand, um dort freiwillig ein Bad zu nehmen!

Der am 15. November 1862 in Schlesien geborenen Gerhart Hauptmann setzte erstmals im Jahr 1885 einen Fuß auf die Insel. Zu diesem Zeitpunkt stand er noch ganz am Anfang seiner literarischen Karriere, die ihm höchste Anerkennung und 1912 sogar den Nobelpreis für Literatur einbringen sollte. Und auch Hiddensee war damals fast noch *Terra inkognita*, zumindest was die Badegäste und Sommerfrischler anging. Im Lauf der Jahre wurden die Besuche Hauptmanns auf Hiddensee häufiger, ab 1916 verbrachte die Familie fast jeden Sommer hier. Da war er allerdings wahrlich nicht mehr der einzige, der die Schönheit Hiddensees genoss – die Insel wurde als Sommerfrische immer beliebter, zu ihren prominenten Gästen zählten Thomas Mann, Albert Einstein und Sigmund Freud. Ab 1930 konnte Hauptmann das **Haus Seedorn** in Kloster sein Eigen nennen, hier erlebte er in den Sommern bis 1943 eine überaus produktive und inspirierende Schaffensperiode inmitten der herrlichen Inselnatur. Am 6. Juni 1946 starb Gerhart Hauptmann nach

Das Haus Seedorn ist heute besser bekannt als „Gerhart-Hauptmann-Haus"

längerer Krankheit in seinem Haus in Agnetendorf/Schlesien. Sein Leichnam wurde unter großer öffentlicher Anteilnahme nach Hiddensee überführt und am 28. Juni auf dem Inselfriedhof in Kloster beigesetzt.

Heute ist das Haus Seedorn besser bekannt als das **Gerhart-Hauptmann-Haus**, in dem sich ein Museum zu Ehren des Literaten befindet. Durch einen modernen Glaspavillon gelangt man in Garten und Wohnhaus des Dichters, in die privaten Schlafgemächer im ersten Stock, und durch den „Kreuzgang" (einen langen Verbindungsflur zum neuen Anbau) ins sogenannte Abendzimmer, in dem Hauptmann seine berühmten Essen in intimer Runde gab. Zum krönenden Abschluss betritt der Besucher dann das Allerheiligste: Hauptmanns Arbeitszimmer mit Stehpult und beeindruckender Bibliothek. Heute werden im Gerhart-Hauptmann-Haus regelmäßig klassische Konzerte und Lesungen, beide oft mit hochkarätiger Besetzung, veranstaltet. (st/sb)

Der Garten ist ebenso wie das Haus noch weitgehend im Originalzustand erhalten

Information: Insel Information Hiddensee, Mai bis Sept. Mo–Fr 9–17, Sa/So 10–12 (Mai So geschl.), in den Wintermonaten eingeschränkt, meist Mo–Fr 9–16 Uhr; Achtern Diek 18 a, 18565 Vitte, Tel. 038300/608684, www.seebad-hiddensee.de.
Gerhart-Hauptmann-Haus, Mai bis Okt. Mo–Sa 10–17 und So 13–17, Feb. bis April sowie Nov. Di–Sa 11–16, zum Jahreswechsel und an Ostern tgl. 11–15 Uhr, Dez. und Jan. nur nach Voranmeldung, Eintritt 4 € (erm. 3 €, Kinder bis 6 J. frei, Familienkarte 12 €). Führungen Mai bis Okt. Di–Sa jeweils um 12 Uhr, Dauer ca. 1 Std., 3 €/p. P., im Winterhalbjahr nur nach telefonischer Anmeldung (Festpreis 25 €); Kirchweg 13, 18565 Kloster, Tel. 038300/397, www.gerhart-hauptmann.de. Der gläserne Literaturpavillon dient gleichzeitig als Eingang, Kasse und literarischer Museumsshop (während der Führungen ist der Literaturpavillon geschlossen).
Essen & Trinken: Wer gerne Hering im Allgemeinen und Bismarckhering (s. S. 214) im Besonderen isst, dem sei der Pfefferhering Hitthim mit Bratkartoffeln empfohlen, wie er im **Restaurant des Hotels Hitthim** serviert wird. Wenn es frisch ist, sitzt man im gemütlichen Gastraum, im Sommer auch schön im Garten unweit des Hafens von Kloster. Ab 12 Uhr; Hafenweg 8, 18565 Kloster, Tel. 038300/6660, www.hitthim.de.
Tipp: In der Buchhandlung, die dem Gerhart-Hauptmann-Haus angeschlossen ist, findet sich Lesestoff für einen langen Hiddensee-Aufenthalt, nicht nur von und über Gerhart Hauptmann! Kirchweg 13, 18565 Kloster.

Heimatmuseum in Wolgast: die Kaffeemühle

Philipp Otto Runge

Er ist der wohl größte Sohn der Stadt: Der 1777 geborene und 1810 viel zu früh verstorbene Philipp Otto Runge, der neben Caspar David Friedrich bedeutendste Maler der deutschen Romantik. Bekannt durch Bilder wie „Die Hülsenbeckschen Kinder" und seine kunsttheoretische Arbeit zur Farbenlehre ist Runge auch in Erinnerung geblieben, weil er dem deutsche Märchenkanon die „Geschichte vom Fischer un sin Fru" hinzufügte. Die Stadt Wolgast hat Runge in seinem Geburtshaus ein kleines Museum gewidmet. Originale sind zwar nicht zu sehen, Kopien und Infotafeln aber geben einen interessanten Überblick über Leben und Werk des frühromantischen Malers.

Das Museum, das im Zentrum der Altstadt von Wolgast liegt, trägt den schönen Namen „Kaffeemühle". Und das nicht von ungefähr: Das Gebäude sieht tatsächlich aus wie eines dieser altmodischen Haushaltsgeräte, allein die Kurbel auf dem Dach fehlt. Zwar gibt es alle paar Kilometer Heimatmuseen und an schönen Gebäuden mangelt es in Mecklenburg-Vorpommern nun wahrlich auch nicht. Und doch sticht die Kaffeemühle in Wolgast heraus. Das überaus sehenswerte Museum, das in einem ebensolchen historischen Gebäude untergebracht ist, sollte man nicht verpassen.

Wahrscheinlich in der Mitte des 17. Jahrhunderts wurde der Fachwerkbau mit quadratischem Grundriss und der ungewöhnlichen und markanten Dachkonstruktion errichtet. Nach dem verheerenden Stadtbrand von 1713, den dieser **Kornspeicher** als eines von nur fünf Häusern überstand, wurde die Kaffeemühle auch als Wohnhaus genutzt. Im 19. Jahrhundert zum Gasthaus umfunktioniert, begann man ab 1955 das nunmehr älteste nichtkirchliche Gebäude der Stadt als Museum zu nutzen.

Der heimliche Star der Kaffeemühle ist das historische Gebäude selbst

Heimatmuseum in Wolgast: die Kaffeemühle

Wolgast liegt direkt an der Peene und wird auch gerne als „Tor zur Insel Usedom" bezeichnet

Schon die Kasse mit Museumsshop, eingerichtet wie ein alter Kaufmannsladen, ist die Besichtigung wert. Wie es sich für ein Heimatmuseum gehört, reicht das Spektrum der Exponate von der frühesten bis in die jüngste **Geschichte der Stadt**. Im stimmungsvollen Kellergewölbe ist eine kleine Abteilung aus vor- und frühgeschichtlicher Zeit untergebracht. Vornehmlich im ersten Stock werden weitere Kapitel der Stadtgeschichte aufgeschlagen: Wolgast als Herzogsresidenz mit dem schmucken Schloss auf der Insel, während des Dreißigjährigen Krieges und der Schwedenzeit, als traditionsreiche Hafenstadt, der Aufschwung dank des Schiffbaus und die Zeit der Industrialisierung sowie Wolgast im 20. Jahrhundert. Im ehemaligen Getreidespeicher auf dem Dachboden schließlich können Besucher historische Handwerksstätten – Schuhmacher, Schneider, Korbmacher, Teppichknüpfer etc. – besichtigen.

Darüber hinaus bereichern mehrmals im Jahr wechselnde Sonderausstellungen das museale Angebot. Der heimliche Star des Museums aber ist das Gebäude selbst. Erhalten ist beispielsweise ein **Lastrad** im Dachboden, das an die ursprüngliche Bestimmung als Kornspeicher erinnert: Mit seiner Hilfe konnten die Pferdefuhren, die in die Diele hereinrollten, mit Getreidesäcken be- und entladen werden. (st/sb)

Information: Touristinformation Wolgast, im historischen Rathaus, Juni bis Aug. Mo–Fr 10–18, Sa/So 10–14 (Juni So geschl.), Sept. bis Mai Mo–Fr 9–17 Uhr (Sept. und Mai auch Sa 10–14 Uhr); Rathausplatz 10, 17438 Wolgast, Tel. 03836/600118, www.wolgast.de.

Kaffeemühle und **Rungehaus**, April bis Okt. Di–Fr 11–18, Sa/So 11–16 Uhr, Eintritt 3 € (Kinder 6–14 J. 1 €). Die Kaffeemühle befindet sich am Markt 6, das Rungehaus in der Kronwiekstraße 45, 17438 Wolgast, Infos für beide unter Tel. 03836/203041, www.museum.wolgast.de.

Im Pommerschen Landesmuseum Greifswald: Caspar David Friedrich, Max Liebermann und Vincent van Gogh

Erst 1996, im Zuge der deutschen Wiedervereinigung, gründete man in Greifswald, unterstützt von Bund, Land, Universität und diversen Stiftungen, das Pommersche Landesmuseum. Nach sieben Jahren Bauzeit präsentierte man 2005 die Räumlichkeiten für das **länderübergreifende Projekt**, bei dem auch Polen und andere Ostseeländer einbezogen wurden: eine architektonisch überaus gelungene Verbindung von Alt und Neu, mit sanierten Altbauten, die durch moderne Glashallen miteinander verbunden sind.

Das strahlend weiße Gebäude des Museums liegt nur wenige Schritte vom Greifswalder Marktplatz. Ursprünglich befand sich hier ein Kloster (13. Jahrhundert), eine Schule und ein Armenhaus (später Altenheim). In den 1790er- bzw. 1840er-Jahren wurden die Gebäude grundlegend umgebaut und erhielten ihren klaren und geradlinigen klassizistischen Stil.

Der **Rundgang** durch das Museum beginnt im Untergeschoss des Hauptgebäudes, dem sorgfältig sanierten Ziegelsteingewölbe des ehemaligen Altenheims, das noch bis Ende der 1990er-Jahre bestand. In der erdgeschichtlichen und historischen Ausstellung zu Pommern sind die Exponate – beginnend mit der Eiszeit – kunstvoll

Die Architektur des Museums verbindet in gelungener Weise den sanierten Altbau mit modernen Glaselementen

in Szene gesetzt und werden von zahlreichen erläuternden Schautafeln begleitet. Die chronologisch angeordnete Ausstellung zur Landesgeschichte Pommerns schließt im Erdgeschoss an. Deren herausragendes Exponat ist zweifelsohne der berühmte, großformatige **Croy-Teppich** (s. Kasten), dem eigens ein Raum gewidmet wird. Im Obergeschoss sind Ausstellungsstücke aus schwedischer und preußischer Zeit in Pommern zu sehen.

Das klassizistische Hauptgebäude wird nach den einst hier residierenden Franziskanern immer noch „Graues Kloster" genannt

Durch die 74 Meter lange, lichtdurchflutete Glashalle gelangt man zum Highlight des Museums, der **Gemäldegalerie**. Auf zwei Stockwerken sind hier – in der alten Stadtschule von 1797 – überwiegend Werke aus dem 17. bis 20. Jahrhundert untergebracht. Von den regionalen Künstlern sind der Wolgaster Philipp Otto Runge (s. S. 118), Otto Niemeyer-Holstein (s. S. 123) und natürlich der große Sohn von Greifswald Caspar David Friedrich zu nennen. Letzterer ist mit sieben Werken vertreten, darunter die berühmte „Klosterruine Eldena im Riesengebirge" von ca. 1830. Weitere bedeutende Werke der Ausstellung stammen u. a. von Max Liebermann und Vincent van Gogh. Ein Besuch im **Museumsgarten**, einst Klostergarten der Franziskanermönche, schließt den Rundgang ab. Zu sehen sind u. a. auch einige beachtliche Findlinge. (st/sb)

Der Croy-Teppich

Der über vier Meter hohe, prachtvolle Wandteppich wurde 1554 für Herzog Philipp I. von Pommern-Wolgast gefertigt und kam 1684 durch eine Schenkung von Herzog Ernst Bogislaw von Croy in den Besitz der Universität Greifswald, daher auch der Name „Croy-Teppich". Ursprünglich sollte das kostbare Stück das Innere des Schlosses von Wolgast (nicht mehr erhalten) schmücken. Dargestellt ist eine Kirchenszene mit dem predigenden Martin Luther auf der Kanzel, darunter die Fürsten und Herzöge von Sachsen und Pommern, die sich hier gemeinsam zum protestantischen Glauben bekennen (ausführliche Erläuterungen durch Schautafeln).

Information: Pommersches Landesmuseum, Di–So 10–18, in den Wintermonaten nur bis 17 Uhr, Eintritt 5 € (erm. 3 €, Familienticket 10 €); Rakower Straße 9, 17489 Greifswald, Tel. 03834/83120, www.pommersches-landesmuseum.de.

Essen & Trinken: In den Museumskomplex integriert ist das weit über die Stadtgrenzen hinaus bekannte **Restaurant Le Croy**. In edlem Ambiente (mit Terrasse) kann man sich hier mit relativ günstigem Mittagstisch für den Museumsbesuch stärken (z. B. Königsberger Klopse 11,50 €), abends wird es teurer (Menü um 40–50 €, ohne Wein), nachmittags Café. Di–Sa 11.30–22 Uhr; Rakower Straße 9, 17489 Greifswald, Tel. 03834/775846, www.le-croy.de.

53 Lüttenort: das Künstlerrefugium von Otto Niemeyer-Holstein

Der Lüttenort des Malers Otto Niemeyer-Holstein (kurz: ONH) ist ein Kleinod. Benannt wurde das Stück Land nach dem Lütten, dem kleinen Segelschiff, mit dem das Ehepaar Niemeyer 1931 erstmals vom Berliner Wannsee nach **Usedom** geschippert war. ONH entdeckte die Ostsee als unendliche Inspiration für seine Aquarelle und Ölgemälde, und der Strand, so sagte er in einem späten Fernsehinterview von 1982, war „seine große Geliebte".

1932 kaufte Niemeyer-Holstein an der schmalen Taille der Insel, zwischen Koserow und Zempin, ein Stück Land, nur 400 Quadratmeter groß, aber mit Zugang zum Achterwasser. Kurz zuvor hatte er einen ausrangierten Berliner **S-Bahn-Waggon** erworben und auf der Schiene bis Zempin transportieren lassen. Das allerletzte Stück wurde dann im gemeinsamen Kraftakt – acht Tonnen wog das neue Heim – mit Usedomer Helfern hierher gebracht. Der Waggon war die Urzelle des Refugiums, an die diverse Anbauten, das Dachgeschoss und zuletzt ein Gewächshaus angefügt wurden, daneben entstanden das neue Atelier (mit der Aufschrift TABU) und natürlich der herrliche Skulpturengarten. Nach dem Krieg wurde der Lüttenort immer mehr zum Treffpunkt junger Künstler und Schüler des Malers – ein Ort der Begegnung und des Austauschs. Dass das so bleibt, hat Niemeyer-Holstein testamentarisch festgelegt, als er verfügte, dass der Lüttenort unverändert erhalten werden soll.

Eine **Führung** durch Lüttenort bringt den Besucher in fast alle Räume des Wohnhauses, ausgehend vom Waggon in die Küche und die Gute Stube und das private Zimmer des Künstlers mit Sofa für die Siesta. Überall wimmelt es vor Kunst, keine Fläche ohne Bilder, in den Regalen zahlreiche Skulpturen, Delfter Fliesen an der

Der Skulpturengarten ist ein inspirierender Ort der Begegnung von Natur und Kunst

Wand und bemalte Decken. Das Atelier zeigt diverse Gemälde des Wahl-Usedomers, teils aufgehangen, teils am Boden oder auf der Staffelei – alles wirkt, als habe der Künstler sein Atelier nur kurz verlassen. Und nebenbei erhält man auch einen Einblick in die Maltechniken Niemeyer-Holsteins. Im kleinen Raum neben dem Atelier befindet sich eine Ausstellung mit Werken befreun-

Das Atelier des Malers

deter Künstler. Der herrliche, fast mediterran anmutende **Skulpturengarten** ist frei zugänglich. Die **Neue Galerie** am Eingang wurde 2001 eröffnet, hier finden wechselnde Ausstellungen statt, außerdem wird eine Filmdokumentation über ONH von 1982 gezeigt.

(st/sb)

Otto Niemeyer-Holstein (1896–1984)

Der erste Weltkrieg brachte den gebürtigen Kieler Otto Niemeyer zur Malerei. Schwer verwundet zurückgekehrt, fing er während eines Erholungsaufenthalts in der Schweiz an zu malen. Im Jahr 1918 – auf Anraten eines Freundes gab sich Otto Niemeyer nun den Namenszusatz Holstein – kam der Künstler auf den berühmten Monte Verità und begegnete Alexej von Jawlensky, ein Jahr später besuchte er die Malschule von Arthur Segal in Ascona. Es folgten erste Ausstellungen, die Eheschließung mit Hertha Langwara und Geburt des Sohnes Peter, die Gründung der Künstlergruppe „Der Große Bär" und bereits 1925 die Scheidung und Umsiedlung nach Berlin. Ab 1933 lebte Otto Niemeyer-Holstein mit seiner zweiten Frau Annelise in Berlin und in Lüttenort auf Usedom. 1937 wurde Sohn Günther geboren. Zwei Jahre später zog die Familie ganzjährig ins abgelegene Lüttenort, wo ab 1942 auch die jüdische Schwiegermutter versteckt wurde. 1944 starb Sohn Peter im Krieg.

Nach dem Zweiten Weltkrieg werden die Werke Niemeyer-Holsteins durch mehrere Einzelausstellungen in Westdeutschland und Berlin einer breiten Öffentlichkeit zugänglich. Der Künstler begab sich auf Studien- und Malereisen nach Spanien, in die Schweiz und nach Italien, außerdem nach Bulgarien, Rumänien, China und Usbekistan. Aufgrund seiner Ablehnung der blutigen Niederschlagung des Prager Frühlings im Jahr 1968 fiel Niemeyer-Holstein bei der DDR-Führung in Ungnade. Fortan beobachtete man ihn kritisch. Bis zu seinem Tod im Jahr 1984 blieb ONH ein unbequemer, aber einer der bedeutendsten Künstler der DDR. Sein Grab befindet sich auf dem Friedhof von Benz, nur wenige Kilometer von Lüttenort entfernt.

Information: Neue Galerie und Garten, Sommer tgl. 10–18, Winter Mi/Do und Sa/So 10–16 Uhr. **Wohnhaus und Atelier** sind nur im Rahmen einer Führung zu besichtigen, Sommer 11, 12, 14 und 15, Winter 11 und 14 Uhr, Dauer ca. 1 Std., Eintritt 4 € (erm. 2 €), mit Führung 7 € (erm. 3,50 €); Lüttenort, 17459 Ostseebad Koserow, Tel. 038375/20213, www.atelier-otto-niemeyer-holstein.de.
Hinkommen: Von der B 111 am Forsthaus Damerow abbiegen, vom **Parkplatz** noch ca. 500 m zu Fuß. Nächster Bahnhof der **UBB** ist Zempin (ca. 1,5 km).

Architektur

Wasserschloss Glücksburg: „Wiege Europas" und Fernsehkulisse

Der Begriff **„Märchenschloss"** drängt sich auf, wenn man Schloss Glücksburg an einem sonnigen Tag besucht: Das schneeweiße Gemäuer aus dem 16. Jahrhundert erhebt sich dann malerisch aus dem schimmernden Blau des Schlossteiches, auf dem Schwäne umher paddeln.

Heiraten auf dem Schloss

Kirchliche und standesamtliche Trauungen sind auf Schloss Glückburg möglich. Die hübsche Schlosskapelle mit holzgeschnitztem Altar aus dem 17. Jahrhundert steht für kirchliche Trauungen sowie für Taufen zur Verfügung. Das standesamtliche Trauzimmer befindet sich in einem der vier Türme mit Blick auf den Schlossteich. Bei allen organisatorischen Fragen helfen die Mitarbeiter der Stiftung Schloss Glücksburg weiter, s. Website unter „Information".

So strahlend weiß sieht die Fassade allerdings erst seit einer grundlegenden Restaurierung im Jahr 2005 aus – wie alle Wasserschlösser hatte und hat auch Schloss Glücksburg immer wieder mit Feuchtigkeit zu kämpfen. Dabei dürfte die Optik der Fassade für die früheren Bewohner noch das geringste Problem gewesen sein. Hier lebten vor allem Mitglieder des dänischen Königshauses sowie des Herzogtums Schleswig-Holstein-Sonderburg-Glücksburg. Besonders hervorzuheben ist unter ihnen der dänische **König Christian IX.** (1818–1906), der auch „Schwiegervater Europas" genannt wird. Unter ihm avancierte Schloss Glücksburg zur „Wiege Europas": Drei seiner Töchter heirateten in die Königshäuser Englands und Russlands ein, ein Sohn Christians wurde König von Griechenland und ein Enkel wurde König von Norwegen.

Ab 1922 wurde das Schloss von einer Stiftung verwaltet, um es der Öffentlichkeit zugänglich zu machen. Ein Großteil der Anlage wurde in ein Museum umgewandelt. Unverhofft wurde Schloss Glücksburg gegen Ende des 2. Weltkrieges noch einmal zum Schauplatz der Geschichte, als das Schloss zum Quartier von Hitlers Architekt und Rüstungsminister **Albert Speer** wurde. Am 23. Mai 1945 nahmen ihn die Alliierten hier fest. Anschließend diente das Gemäuer noch kurzfristig als Gefängnis für etwa 200 Wehrmachtsangehörige, bevor es 1948 wieder seiner Bestimmung als Museum und Veranstaltungsort zugeführt wurde.

Um dem Besucher ein realistisches Bild vom einstigen Leben der adligen Bewohner zu vermitteln, wurden zahlreiche Räume in ihrem ur-

Perfekt für einen Sonntagsspaziergang:
Rundweg um Schloss und Teich

sprünglichen Zustand belassen bzw. in authentischer Weise rekonstruiert. Besonders in den Räumen im 1. Obergeschoss hat man oft den Eindruck, es könne jeden Moment ein Herzog oder eine Herzogin mit parfümierter Perücke und in wallenden Gewändern durch die Tür treten und sich über den ungebetenen Besuch beschweren. Sehenswert sind die zahlreichen Porträts der Adelsfamilien vom 16. Jahrhundert bis heute sowie die Sammlung niederländischer Tapisserien und Tapeten. Schaurig schön ist das Kellergeschoss mit dem ehemaligen **Gefängnis** und Folterkeller.

Das Schloss wurde auf den Fundamenten eines Klosters aus dem 13. Jahrhundert erbaut

Der **Spazierweg** um Schloss und Schlossteich herum ist wie für einen gemütlichen Sonntagsspaziergang gemacht. Immer direkt an der Uferlinie entlang führt er an ins Wasser ragenden Buchen vorbei. Dem Schloss gegenüberliegend weist ein Schild auf die Königseiche hin, den Lieblingsplatz des Königs Friedrich VII. von Dänemark. Von hier aus bietet sich ein schöner Blick über den See hin zum Schloss und eine Bank lädt zum Verweilen ein. Auf dem weiteren Rundgang findet man noch einen Gedenkstein für das **Zisterzienserkloster Rüde**, auf dessen Grundmauern das Schloss einst gebaut wurde, sowie einen Obelisken, der zu Ehren eines adligen Bewohnerpaares errichtet wurde. Am Ende des Rundgangs lädt zur Kaffeezeit das Rosencafé im Rosarium am Schlosspark ein.

Schloss Glücksburg war in der ZDF-Fernsehserie **„Der Fürst und das Mädchen"** der Stammsitz des Fürsten Friedrich, gespielt vom Anfang 2014 verstorbenen Oscar-Preisträger Maximilian Schell („Das Urteil von Nürnberg"). Die drei Staffeln der Adelsserie wurden 2002–2007 produziert. (mw)

Information: Schloss Glücksburg mit Museum, Mai bis Okt. tgl. 10–18 Uhr (im Okt. Mo geschlossen), Nov. bis April Sa/So 11–16 Uhr, Eintritt 7 € (Kinder 6–16 J. 3 €, Familienkarte 14 €); 24960 Glücksburg, Tel. 04631/442330, www.schloss-gluecksburg.de.
Essen & Trinken: In **Koehn's Schlosskeller** direkt im Schloss gibt es leckere und frische Küche. Deftige regionale Spezialitäten wie „Scholle Finkenwerder Art" werden ebenso serviert wie vegetarisches Wokgemüse oder Tofu. Nachmittags gibt es Kaffee und Kuchen. Di Ruhetag; Tel. 04631/3858, www.schlosskeller.de.
Rosen-Café, tgl. 10–18 Uhr, in den Wintermonaten 12–18 Uhr; Am Schlosspark 2a, Tel. 04631/444837, www.gluecksburger-rosenzauber.de/rosencafe/. Tolles Angebot an hausgemachten Torten und Kuchen.

Rendsburgs Technikdenkmal und Wahrzeichen: Eisenbahnhochbrücke und Schwebefähre

Wer mit dem Regionalexpress von Hamburg nach Flensburg fährt, sollte entweder schwindelfrei sein oder um Rendsburg herum den Blick aus dem Fenster vermeiden. Hier überquert der Zug auf der 2.486 Meter langen **Rendsburger Hochbrücke** den Nord-Ostsee-Kanal. Als die Brücke zwischen 1911 und 1913 erbaut wurde, hieß der Kanal noch Kaiser-Wilhelm-Kanal und die Baukosten werden mit rund 13 Mio. Goldmark beziffert. Im September 2013 wurde mit großem Rahmenprogramm das 100. Jubiläum der Brücke gefeiert, die Post legte zu diesem Anlass eine Sonderbriefmarke mit dem Motiv der Brücke auf.

Die Brücke, die zusammen mit ihren beiden Auffahrtrampen 7,5 Kilometer lang ist, erreicht an ihrem höchsten Punkt eine Höhe von 68 Metern. Ein solches Bauwerk ist selbstverständlich auch ein exzellenter Aussichtspunkt, nur leider dürfen Fußgänger die Brücke nicht betreten und der Zug fährt an dieser Stelle zwar sehr langsam, bietet aber nur einen sehr begrenzten Sichtradius. Über eine 178-stufige Wendeltreppe kann jedoch – nur mit Führung und Sicherheitshelm – eine **Aussichtsplattform** in rund 40 Metern Höhe bestiegen werden, von der aus sich ein toller Rundumblick auf den Kanal und die Umgebung eröffnet.

Eine andere Möglichkeit den Kanal zu überqueren bietet die **Schwebefähre**, die ebenfalls seit 1913 zwischen Rendsburg und der südlich des Kanals gelegenen Gemeinde Osterrönfeld verkehrt. Sie verdankt ihre Existenz dem Bau der Hochbrücke, denn der Bedarf für ein Transportmittel zwischen den beiden Gemeinden hätte niemals die immensen Kosten rechtfertigt, die ein eigens dafür initiiertes Bauprojekt verschlungen hätte. So aber konnte die Schwebefähre einfach an die fertiggestellte Brücke „angehängt" werden, was nur wenig Mehrkosten und -aufwand erforderte. Entsprechende Vorrichtungen wurden schon beim Bau der Brücke angebracht, da der Plan einer Schwebefähre schon sehr früh aufkam.

Eine der wenigen noch aktiven Schwebefähren weltweit

Knapp 19.000 Tonnen Stahl wurden zum Bau der Hochbrücke benötigt

Die Fähre verkehrt schon seit ihrer Inbetriebnahme nach dem gleichen **Fahrplan**: zwischen 5 und 22 Uhr (im Sommer 23 Uhr) setzt die Fähre – soweit es der Schiffsverkehr erlaubt – alle Viertelstunde auf die andere Seite über. Pro Fahrt, die etwa 1,5 Minuten dauert, können vier Pkw oder ca. 100 Fußgänger transportiert werden, die Überfahrt ist kostenlos. Weltweit gibt es nur noch acht aktive Schwebefähren und schon seit einigen Jahren bemühen sich ein Interessenverband der beiden deutschen Schwebefähren sowie die schleswig-holsteinische Landesregierung um die Anerkennung der Schwebefähre als UNESCO-Weltkulturerbe. (mw)

Information: Rendsburger Hochbrücke, Führungen auf die Aussichtsplattform Mai bis Sept. So 14 und 15 Uhr, Treffpunkt ist das Info-Schild neben dem Restaurant Brückenterrassen auf der Nordseite des Kanals, 5 € p. P; www.rendsburger-hochbruecke.de.
Essen & Trinken: Einen besonders guten Blick auf den Kanal, die Brücke und die Schwebefähre hat man vom Ausflugslokal **Brückenterrassen** aus. Bei solider Hausmannskost, Kaffee und Kuchen oder einem kühlen Getränk kann man die vorbeifahrenden Schiffe – nicht selten große Luxusliner – beobachten und bekommt durch die vom Restaurant betriebene **Schiffsbegrüßungsanlage** noch Informationen über Schiffstyp und Herkunft geliefert. Anschließend wird die Nationalhymne aus dem Herkunftsland des Schiffes angespielt und viele Kapitäne grüßen per Schiffshupe zurück. Restaurant tgl. ab 9, Schiffsbegrüßung ab 10 Uhr; Am Kreishafen, 24768 Rendsburg, Tel. 04331/22002, www.brueckenterrassen.de.

56 Gut Panker: eine der schönsten Gutsanlagen Schleswig-Holsteins

Der von alten Eichen gesäumte Zufahrtsweg führt inmitten wunderschöner holsteinischer Landschaft zu einem in **herrschaftlichem Weiß** erstrahlenden Gutshaus, das mit seinen beiden vierkantigen Türmen zu Recht auch als Schloss bezeichnet wird. Das Herrenhaus wird von einem See, einem englischen Park sowie einem französisch-barocken Garten mit alten Gewächsen und sorgfältig gestutzten Buchsbäumen flankiert. Zum Gutshof gehören neben dem Torhaus und einer separat gelegenen Kapelle noch zahlreiche Nebengebäude, die zusammen ein kleines Dorf bilden. Immerhin 80 Menschen leben hier.

Der Name „Panker" deutet darauf hin, dass in der Gegend seit jeher herrschaftliche Persönlichkeiten wohnten, das slawische Wort *„pan"* bedeutet so viel wie „Herr". Im späten Mittelalter fiel das Land an eines der mächtigsten Adelsgeschlechter Schleswig-Holsteins, das Geschlecht der Rantzaus. Diese erbauten um 1650 den Kern des heutigen Herrenhauses und bewirtschafteten einen riesigen Gutsbetrieb. Zeitweise waren hier die **Könige und Fürsten Europas** zu Gast und auch heute noch wohnt der Adel in Gestalt des Prinzen von Hessen im prächtigen Herrenhaus. Gut und Ländereien gehören nämlich inzwischen der Kurhessischen Hausstiftung.

Aussichtsturm Hessenstein

Nicht verpassen sollten Sie einen Abstecher zum knapp drei Kilometer westlich von Gut Panker gelegenen Hessenstein *(zu Fuß ca. 45 Minuten, auch mit dem Auto erreichbar)*. Ganze 128 Meter ist dieser holsteinische „Berg" hoch. Im Auftrag des Landgrafen Friedrich von Hessen wurde hier im Jahr 1841 ein mit einem Zinnenkranz gekrönter Backsteinturm im neugotischen Stil errichtet. Der Aufstieg über die 111 Stufen der gusseisernen Wendeltreppe wird mit einem wunderbaren Panoramablick belohnt. Auf halber Höhe befindet sich ein Drehkreuz, bei dem Sie einen Euro einwerfen müssen. Im Forsthaus vor dem Aussichtsturm kann man ausgezeichnet speisen.

Restaurant Forsthaus Hessenstein, ab 18, So ab 12 Uhr, am Wochenende nachmittags Kaffee und Kuchen, Mo Ruhetag.

Für holsteinische Verhältnisse schon ein richtiger Berg: der Hessenstein

Dass die Linie Hessen-Kassel überhaupt in den Besitz von Panker kam, hat allerdings einen etwas pikanten Hintergrund: Im Jahr 1739 erwarb der aus dem Hause Hessen-Kassel stammende König **Friedrich I. von Schweden** das Hofgut sowie drei Nachbargüter von der Familie Rantzau, um damit seine Söhne aus der Beziehung mit einer Mätresse angemessen zu versorgen. Aus diesen Ländereien wurde anschließend die Herrschaft Hessenstein gebildet.

Gut Panker ist heute eine Art **Künstlerkolonie** mit Galerie, Kunstmalerei und Textilatelier. Außerdem gibt es Läden für Antiquitäten, Wohnaccessoires, Floristik und Wein sowie eine Boutique für Mode im ländlichen Stil. Berühmt ist Panker zum einen für das Restaurant Ole Liese (siehe Kasten), zum anderen für seine Trakehner-Zucht; rund 50 dieser edlen Pferde grasen auf den Weiden rund um das Herrenhaus. (dk)

Einst ging der Hochadel auf Gut Panker ein und aus

INFO

Essen & Trinken: Das Restaurant **Ole Liese**, einer der stilvollsten Gastronomiebetriebe der Region verdankt seinen Namen einer alten Stute und dem Testament Friedrich Wilhelms von Hessenstein. Als unehelicher Sohn von König Friedrich I. geboren, wurde der junge Friedrich Wilhelm von Hessenstein dennoch ein bemerkenswerter und hochangesehener Mann, der sogar zum Reichsfürsten ernannt wurde. Er starb hochbetagt und kinderlos im Jahr 1808. Seinen Rechtsnachfolger, den Landgrafen von Hessen-Kassel, verpflichtete er in seinem Testament, die Versorgung seiner Tiere – insbesondere seines Lieblingspferdes Ole Liese – sicherzustellen. Einem verdienten Reitknecht des Fürsten wurde diese Aufgabe zugewiesen und er bekam dafür die Konzession für eine Schankwirtschaft. Diese benannte er nach dem Pferd des Verblichenen. Über dem Eingang des Backsteinbaus steht auf einem Balken geschrieben: „In de ole Liese, hier geiht dat na de ole Wiese, de Werth de süpt dat Beste, segt prost mien lewen Gäste".

Heute vereint das Restaurant Ole Liese Noblesse und Romantik, hier gibt es bestes Essen mit einer regionalen Note. Man sitzt auf einfachen aber gemütlichen Holzbänken und -stühlen. Im ehemaligen Jagdzimmer („Restaurant 1797") wird klassische deutsche Gourmetküche serviert. April bis Okt. tgl. ab 12 Uhr, sonst Mo/Di Ruhetag und eingeschränkte Öffnungszeiten, Reservierung empfohlen; Gut Panker, 24321 Panker, Tel. 04381/90690, www.oleliese.de.

57 Die Fehmarnsundbrücke: ein „Kleiderbügel" als Inselwahrzeichen

Weithin sichtbar thront die imposante Bogenbrücke im Süden des schönen Eilands und verbindet Fehmarn mit Europa. So sehen das zumindest die Insulaner, denn vor dem Bau der Fehmarnsundbrücke nannten die Einheimischen ihre Insel stolz den **sechsten Kontinent**. Längst haben sich die Zeiten geändert: Die Brücke, die wegen ihrer Bogenform „Kleiderbügel" genannt wird, ist zum Wahrzeichen Fehmarns geworden und heute das meist fotografierte technische Bauwerk Schleswig-Holsteins.

Die Sundbrücke verbindet die Insel in zweifacher Hinsicht. Sie ist nicht nur der bis heute einzige feste Transportweg auf das Eiland, sondern auch so etwas wie ein weithin sichtbares Eingangstor, in das die von Hamburg über Lübeck führende Au-

Die imposante Brücke verbindet die Urlaubsinsel mit dem Festland

Die Fehmarnsundbrücke: ein „Kleiderbügel" als Inselwahrzeichen

tobahn A1 mündet. Schon bei der Überfahrt über die Brücke überkommt einen fast zwangsläufig ein **Gefühl von Urlaub**. Das muss wohl an der herrlichen Aussicht liegen, die man von dort oben hat. Auch zu Fuß kann man die eindrucksvolle Brücke erkunden. Auf der Ostseite fährt die Eisenbahn, doch auf der Westseite befindet sich ein frei zugänglicher ein Fußweg, den viele auch als Radweg nutzen. Der Ausblick von hier auf die unter der Brücke hindurch fahrenden Segler und Motorboote sowie hinüber auf die Insel und das Festland ist einfach grandios.

Die Brücke

ist 963 m lang, inklusive der beidseitigen Rampen 1.300 m. Bis zur Eröffnung im Jahr 1963 wurden 1,5 Mio. m^3 Sand, 22.150 m^3 Beton und 9.200 t Stahl verbaut. Allein der charakteristische grüne Anstrich verbrauchte 130 t Farbe. Die 21 m breite Brücke mit dem 250 m langen und 43 m hohen Bogentragwerk galt damals als technische Sensation. Die Durchfahrtshöhe für Schiffe beträgt 23 m, die Wasserstraße für den Schiffsverkehr ist 240 m breit. 1999 wurde die Netzwerkbogenbrücke unter Denkmalschutz gestellt. 2013 brachte die Deutsche Post zum 50-jährigen Bestehen der Brücke eine 75-Cent-Sondermarke heraus.

Meist ist dieses Vergnügen auch ein recht windiges. Nicht selten ist die Brücke für leere Lkw- und Wohnwagengespanne gesperrt, weil hier – hoch über dem Sund – der **Wind** Fahrt aufnimmt und freie Bahn hat. Ab einer Stärke von acht Beauforts müssen windanfällige Fahrzeuge daher auf den Auffangparkplätzen zu beiden Seiten der Brücke warten, bis sich der Wind gelegt hat. (dk)

Wie alles begann …

Schon zu dänischer Zeit gab es Pläne für den Bau der kürzesten (Eisenbahn-)Verbindung zwischen Hamburg und Kopenhagen über das bis 1864 zu Dänemark gehörende Herzogtum Holstein. Der in königlich-dänischen Diensten stehende Landvermesser Gustav Kröhnke legte 1863 detaillierte Pläne für eine Strecke vor, die in etwa der Route folgen sollte, die auch die Vögel bei ihren Wanderungen von Norden nach Süden nehmen. Er wollte den Fehmarnsund mit einem Damm überqueren und zwischen Puttgarden und Rødby (Lolland) eine Fährverbindung aufbauen. In Kopenhagen war man über das Vorhaben begeistert, doch der bald darauf beginnende Deutsch-Dänische Krieg vereitelte die Umsetzung.

Auch unter Preußischer Führung gab es bereits 1865 erste Vorarbeiten zum Bau einer Eisenbahnlinie bis Puttgarden, doch diesmal verhinderte der Deutsch-Französische Krieg die Ausführung. Das gleiche Ungemach brachten der Erste und Zweite Weltkrieg mit sich, denn sowohl 1912 als auch 1940 hatte man mit ersten Vorbereitungen für einen Brückenbau begonnen. Und so sollte es fast 100 Jahre dauern, bis die von Kröhnke erdachte Vogelfluglinie am 13. Mai 1963 mit der Eröffnung der Fehmarnsundbrücke fertiggestellt war. Die ehemals isolierte Ostsee-Insel rückte mit einem Mal ins Zentrum Nordeuropas und die Fährverbindung zwischen Deutschland und Dänemark verkürzte sich von 69 Kilometern (Großenbrode-Gedser) auf nur 18 Kilometer (Puttgarden-Rødbyhavn). Doch auch dies wird bald Geschichte sein, denn bis zum Jahr 2021 soll mit dem 19 Kilometer langen Tunnel zwischen Fehmarn und Lolland ein weiteres Jahrhundertbauwerk entstehen. Dann wird die betagte Fehmarnsundbrücke noch stärker zum Nadelöhr für den Nord-Süd-Verkehr werden.

58 Lübecks Stadttore: Holstentor und Burgtor

Wenn man sich ihm von der Puppenbrücke aus nähert, sieht das **Holstentor** manchmal so aus wie ein Bodybuilder, der vor lauter Kraft nicht mehr laufen kann. Dabei sollte das **markanteste Bauwerk** Lübecks – nebenbei ist es auch das einzige, das international bekannt ist – im 19. Jahrhundert abgerissen werden. Man sah keinen Sinn mehr in der Erhaltung der zudem massiv renovierungsbedürftigen und einsturzgefährdeten Befestigungsanlage. Es gab allerdings auch Stimmen für die Erhaltung des Tores als Symbol für die einstige Größe Lübecks.

Nach langen Jahren des Streits entschied die Bürgerschaft schließlich gegen den Abriss und für die Restaurierung. Zum Glück, muss man aus heutiger Sicht und angesichts der Erfolgsgeschichte des Bauwerks sagen. Bis auf die Rückseite der 2006er-Serie des 2-Euro-Stücks hat es das Holstentor geschafft und wirbt damit europaweit für das kleine Lübeck. Im Inneren des wuchtigen „Eingangsportals" befindet sich das **Museum Holstentor** mit einer Dauerausstellung zum Thema „Die Macht des Handels". Hier sind Modelle des historischen Lübeck, diverse Schiffsmodelle sowie einige mittelalterliche Folterinstrumente zu sehen. Jährlich besuchen ca. 60.000 Menschen das Museum im Holstentor; klar, jeder will in dieses bemerkenswerte Bauwerk hinein.

Die meisten Lübeckbesucher wundern sich allerdings, dass der rechte Turm des Bauwerks in sich zusammengesunken ist. Anders als beim Holstentor aus Marzipan oder dem auf der Rückseite des alten 50-Mark-Scheins wirkt das Wahrzeichen in Wirklichkeit ein wenig **windschief**. Grund dafür ist der morastige Boden, der dem zuständigen Baumeister Hinrich Helmstede schon während der Errichtung zwischen 1464 und 1478 zu schaffen machte. Die drei Restaurierungen (1871, 1933/34, 2005/06) konnten zwar ein weiteres Absinken verhindern, die schon bestehende Neigung aber nicht mehr korrigieren. Außerdem brachte man auf der Stadtseite ein falsches Baudatum an (1477).

Die an Asterixhefte erinnernde Abkürzung „S.P.Q.L" (=„Senatus populusque Lubecensis") interpretieren eingesessene Stadtbewohner gerne als „Schlechtes Pflaster quält Lübeck". Der Spruch auf der Feldseite des Tores war und ist der Wahlspruch der kleinen Hansestadt: „Concordia Domi Foris Pax", „Eintracht innen, draußen Friede". Er sollte sich zumindest für diesen Abschnitt der einstmals riesigen **Verteidigungsanlage** erfüllen, denn zu mehr als einer Trockenübung ist es hier nie gekommen: Die 48 Schießscharten und die 3,5 Meter dicken Mauern sorgten für eine gehörige Abschreckung.

Wesentlich weniger bekannt und dennoch sehenswert ist das **Burgtor**, das ebenfalls ein Teil der Befestigungsanlage war. Leider befindet es sich in einem Bereich der Stadt, den die wenigsten Touristen anpeilen – im nordwestlichen Bezirk der „Insel" gibt es schlechterdings nicht viel zu sehen. Das soll sich zwar mit dem Hansemuseum ändern, das hier im März 2015 seine Tore öffnen wird, aber auch schon vorher lohnt sich der kleine Abstecher zum Burgtor. Die einzige Fremdbesetzung der Stadt, die Okkupation durch **die Franzosen** zwischen 1806 und 1813, erfolgte über diese Stelle, worauf eine Tafel ein wenig schüchtern hinweist. Die Fundamente des Tors gehen auf das Jahr 1217 zurück, 1444 erfolgte eine umfassende Er-

Lübecks Stadttore: Holstentor und Burgtor

Ein wenig windschief, aber dennoch sehr imposant: das Lübecker Holstentor

neuerung. Die glockenförmige Barockhaube stammt jedoch erst aus dem Jahr 1685.

In dem direkt an das Tor angegliederten Zöllnerhaus mit Terrakottafriesen von Statius von Düren lebte einst die Grande Dame der Lübecker Unterhaltungsliteratur, **Ida Boy-Ed** (1852–1928). Thomas Mann und Wilhelm Furtwängler wurden von ihr gefördert, als noch niemand an sie glaubte. Rechts hinter dem Toreingang liegt der Marstall, in dem die Rösser der Ratsherrn versorgt wurden. Über dem Eingang sieht man hölzerne Knaggen von ca. 1500.

Übrigens sollte auch das spätgotische, fünfstöckige Burgtor im 19. Jahrhundert dem Erdboden gleichgemacht werden ... Auch um dieses historisch bedeutende Bauwerk hätte es einem im Nachhinein ziemlich Leid getan. (mk)

Information: Museum Holstentor, Jan. bis März Di–So 11–17, April bis Dez. 10–18 Uhr, Eintritt 6 € (erm. 3 €, Kinder 6–17 J. 2 €). Jeden Samstag um 15 Uhr und jeden Sonntag um 11 Uhr gibt es eine öffentliche, 90-minütige Führung zur Geschichte des Holstentors und zu Lübeck als Handelsmacht, dafür zahlt man 4 € zusätzlich zum Eintrittspreis; Holstentorplatz, Tel. 0451/1224129, www.die-luebecker-museen.de.

Die Stadt der sieben Türme: Lübecks backsteingotische Kirchen

Auch wenn in Reiseführern und Magazinen immer wieder darüber geschrieben wird – der Schriftsteller Reiner Kunze (* 1933) verfasste sogar ein Gedicht namens „Die Silhouette von Lübeck" –, sieht man die zahlreichen Kirchen der Stadt nur von wenigen Stellen aus in ihrer vollen Pracht. Einer dieser Orte ist das Oberdeck des Parkhauses Aalhof *(Hüxterdamm 1 im Osten der Altstadtinsel, So geschlossen, 1 Stunde 1 €)*, von wo aus man den Anblick in Superbreitbildformat genießen kann. Ganz links liegt der Dom mit den zwei Querverstrebungen zwischen den beiden Türmen, es folgen St. Aegidien und St. Petri, rechts befinden sich die sehr bekannte Marienkirche und ziemlich im Norden der Altstadt die Jakobikirche am Koberg.

Am bekanntesten, aber auch am faszinierendsten ist **St. Marien**. Das oft als „Mutterkirche der Backsteingotik" bezeichnete Gotteshaus sollte man während eines Lübeckbesuches unbedingt ansteuern. Allein die Höhe des Kirchenschiffs mit seinen 38,5 Metern ist imposant. Von den zahlreichen Sehenswürdigkeiten im Inneren der Kirche können hier nur wenige erwähnt werden, etwa die in der Nacht vom 28. auf den 29. März 1942 während des einzigen Bombenangriffs auf Lübeck heruntergekrachten Glocken im Südturm oder die Schwarz-Weiß-Fotografie des genialen Lübecker Totentanzes (1463), der Bernt Notke zugeschrieben wird.

Kinder können sich im Chor auf die Suche nach der berühmten steinernen **Maus** begeben, die von den vielen Berührungen schon ganz schwarz geworden ist. Der Nager – von den Lübeckern liebevoll „Rosemarie" getauft – hat der Sage nach

Die Marienkirche wird auch gerne „Mutterkirche der Backsteingotik" genannt

einst einen Rosenstock angenagt, an dem das Glück der Stadt hing. Die Pflanze verwelkte und Lübeck fiel an die Dänen. Im Laufe der Zeit hat sich die Symbolik der Maus allerdings umgekehrt: Heute sagt man, es bringe Glück, die Maus zu berühren. Diese und andere Sagen rund um die Marienkirche bekommt man während einer der Führungen erzählt.

Auch einen Besuch wert ist die Seefahrer- und Fischerkirche zu Ehren des heiligen **Jakobus**. Sie hat – ebenso wie St. Aegidien – den Zweiten Weltkrieg weitgehend unbeschadet überstanden. Besonders die beiden Orgeln – die große Orgel von 1673 und die Stellwagen-Orgel von 1637 – zeigen, aus welcher Kunstepoche das Interieur der um das Jahr 1300 erbauten Kirche stammt: aus dem Barock. Dem Sound dieses Zeitalters kann man bei einer der kostenlosen Orgelvespern jeweils an Samstagen zwischen 17 und 17.30 Uhr lauschen. Hervorzuheben ist außerdem die sensibel gestaltete Gedenkstätte für die Opfer der **Pamir-Katastrophe**. Das Segelschulschiff sank unter bis heute nicht vollständig geklärten Umständen am 21. September 1957 im Atlantik. 80 der 86 Besatzungsmitglieder starben, darunter viele junge Kadetten.

Die **Petrikirche** steuern die meisten an, um den 50,42 Meter hohen Aussichtsturm zu besteigen, den einzigen in Lübeck. Von der vergitterten Plattform aus sieht man einige Geschmacksverbrechen der Nachkriegszeit, aber auch einige wunderschöne erhaltene Straßenzüge sowie das Rathaus. Der Lübecker **Dom** beeindruckt neben seiner Höhe und Länge – unterhalb der Türme kommt man sich fast schon ameisenhaft vor – besonders durch zwei Meisterwerke von Bernt Notke. Der Lettner, eine Art reich verzierte Holzschranke, sowie das Triumphkreuz stammen sicher aus seiner Werkstatt und sind um 1477 entstanden. Der Stifter und Auftraggeber des Kreuzes, Bischof Albert II. Krummendiek, ließ sich – wie es damals nicht unüblich – unter den dargestellten Heiligenfiguren verewigen. Die Skulptur der Maria Magdalena soll die Gesichtszüge seiner Konkubine tragen …

St. Aegidien ist die ‚niedlichste' der fünf städtischen Hauptkirchen. Klein, eng und atmosphärisch ist es in ihrem Inneren, man geht teilweise auf Grabplatten. Den Singechor schuf ein spätklassizistischer Meister in den Jahren zwischen 1586 und 1587. Von dieser Empore aus verbreitete sich die Reformation in Lübeck. (mk)

Information: St. Marien, April bis Sept. 10–18, Okt. 10–17, Nov. bis März 10–16 Uhr, Eintritt 2 € (erm. 1,50 €, Kinder/Jugendliche frei). Von Mai bis Sept. finden Mo–Sa öffentliche Führungen um 12.15 und 15 Uhr statt, im Okt. und in der Adventszeit nur um 12.15 Uhr; Marienkirchhof, 23552 Lübeck, www.st-marien-luebeck.de.
St. Jakobi, April bis Okt. Di–So 10–18 (in den Sommermonaten auch Mo), Nov. bis März Di–So 10–16 Uhr; Jakobikirchhof 3, 23552 Lübeck, www.st-jakobi-luebeck.de.

Lübecker Dom, April bis 3. Okt. 10–18, 4. bis Ende Okt. tgl. 10–17, Nov. bis März tgl. 10–16 Uhr; Mühlendamm 2, 23552 Lübeck, www.dom-zu-luebeck.de.
St. Petri, Kirche Di–So 11–16 Uhr, Aussichtsturm April bis Sept. 9–21, Okt. bis März 10–19 Uhr, Eintritt Aussichtsturm 3 € (erm. 2 €, Familienticket 6 €); Am Petrikirchhof 1, 23552 Lübeck, www.st-petri-luebeck.de.
St. Aegidien, Di–Sa 10–16 Uhr; Aegidienstr. 75, 23552 Lübeck, www.aegidien-kirche-luebeck.de.

60 Rathaus und Markt: Lübecks hansestädtisches Selbstverständnis

Heute sehnen sich die Lübecker manchmal zurück in das Goldene Zeitalter ihrer Stadt – das 14. und 15. Jahrhundert. Als **Haupt der Hanse** („caput hanze") hatte Lübeck den Vorsitz jener mächtigen Vereinigung inne, die sich den freien Handel in Ost- und Nordsee auf die Fahnen geschrieben hatte. Etwa 200 Städte gehörten der Hanse an, darunter sogar die meilenweit vom Meer entfernten Mittelalter-Metropolen Köln und Frankfurt. Auch in ihnen bezeichnete man zu jener Zeit Lübeck, das mit dem russischen Nowgorod genauso wie mit der Südspitze Portugals gesellschaftlich und geschäftlich verkehrte, ehrerbietig als **„Venedig des Nordens"**. Längst befand sich die Stadt – die damals weitaus bedeutender war als Hamburg – mit Rom, Florenz und Pisa auf Augenhöhe. Kaiser Karl IV. sprach die Kaufleute während seines Besuchs 1375 mit „Ihr Herren!" an, eine Anrede, die eigentlich nur dem Adel zustand. Da die Hanse in der damals bekannten Welt ein „Global Player" war – ihr Handelsraum umfasste etwa sechs Millionen Quadratkilometer –, hatte man als Lübecker Bürgermeister eine der wichtigsten politischen Positionen von ganz Europa inne.

Alles änderte sich mit der Entdeckung Amerikas. Die Warenströme gingen von nun an in die Neue Welt und zurück, die Ostsee verkam zu einem abseitigen Gewässer. Seine einst strategisch so perfekte Lage geriet dem immer provinzieller werdenden Lübeck zum Nachteil. Spätestens mit der deutschen Teilung wurde die Stadt endgültig zum **wirtschaftlichen Außenseiter**. Aber auch wenn die Stadt heute einen Schuldenberg von 1,3 Milliarden Euro vor sich herschiebt und sich mancher Lübecker zu einer Rechtfertigung genötigt sieht, weshalb er gerade hier lebt – die grandiosen Bauten hansestädtischen Selbstverständnisses sind geblieben und legen Zeugnis ab von einstiger Größe und Bedeutung.

Die stolze Marienkirche (s. S. 136), aber auch das danebenliegende **Rathaus** mit dem angeschlossenen Marktplatz lohnen einen näheren Blick. Die Geschichte dieses Tagungsgebäudes der hohen Stadtpolitiker reicht bis in das Jahr 1230 zurück. Nimmt man an einer der öffentlichen Führungen teil, bekommt man unter anderem den Rokoko-Audienzsaal mit zehn Gemälden von Stefano Torelli zu sehen. Die in der Mitte des 18. Jahrhunderts entstandenen Allegorien, die in ihrer Gesamtheit die ideale Stadtregierung darstellen, sind allesamt weiblich – nur die „Verschwiegenheit" wird durch eine männliche Figur charakterisiert ... Der zwischen 1887 und 1891 neugestaltete **Bürgerschaftssaal** im Obergeschoss ist der schönste Raum des Hauses, er wirkt in seinem neugotischen Stil ein wenig maurisch. Doch auch, wenn man das Rathaus nur von außen betrachtet, wird schnell klar, dass die Lübecker bei diesem repräsentativen Gebäude klotzen, nicht kleckern wollten – schließlich fand hier ungefähr in jedem dritten Jahr der Hansetag statt. Von der Breiten Straße aus betrachtet, beeindrucken der geschnitzte, farbig bemalte Rathausbalkon von 1586 sowie eine Prunktreppe von 1594.

Blickt man vom Marktplatz aus auf das Rathaus, so fallen sofort die zwei großen Windlöcher auf, die dafür sorgen, dass das Gemäuer seit 1435 den nordischen Stürmen trotzen kann. Die zweite Prachtfassade mit ihren Zinnen und vielen Wappen machte schon seit der Mitte des 14. Jahrhunderts von sich reden. Der weiße Renaissancevorbau aus Sandstein stammt von 1570/71. Von diesem Gebäude verlas der Rat von 1297 bis 1809 die *Bursprake*, eine polizeiliche Anordnung, an die sich die Bürger – die *Bur* – zu halten hatten, sofern sie nicht am *Kaak* enden wollten, einem Pranger, der noch heute auf dem Markt zu sehen ist. (mk)

Das Rathaus sollte beim Hansetag die Bedeutung der Lübecker Kaufleute repräsentieren

Information: Rathaus, Besichtigung nur im Rahmen einer Führung möglich, Eintritt 4 € (erm. 3 €, Familienkarte 10 €, während der Woche 2 € bzw. 7 €), Mo–Fr 11, 12 und 15 Uhr oder Sa/So 13.30 Uhr, sofern keine Veranstaltungen stattfinden; Breite Straße 62, 23552 Lübeck, Tel. 0451/1221005.

Alter Schwede: Architektur in Wismar

Eine **kleine Architekturgeschichte** auf dem Wismarer Marktplatz: die Wasserkunst aus der Renaissance, das gotische Bürgerhaus mit schmuckem Stufengiebel (und dem prägnanten Namen „Alter Schwede"), daneben ein barocker Giebel und einer in Jugendstil-Manier, schließlich schräg gegenüber das wuchtige klassizistische Rathaus. Aber der Reihe nach …

Eine erste Blüte erlebte Wismar in der Hansezeit. Gotische Bauten prägen bis heute die Silhouette der Stadt: Die drei Stadtkirchen St. Marien, St. Georgen und St. Nikolai sind grandiose Beispiele Norddeutscher Backsteingotik. Vom 1250 bis 1370 erbauten Gotteshaus **St. Marien** steht allerdings nur noch der 80 Meter hohe Turm (Turmführungen), das Kirchenschiff wurde 1960 gesprengt. Dagegen restaurierte man die mächtige **St.-Georgen-Kirche**, ebenfalls ab Mitte des 13. Jahrhunderts errichtet, aufwendig. Heute dient sie als Konzertkirche. Was von der Innenausstattung erhalten ist, kann man in der dritten Stadtkirche, **St. Nikolai**, bewundern. Diese dreischiffige Basilika entstand vornehmlich im 15. Jahrhundert, erinnert außen sichtlich an die berühmten französischen Vorbilder und überwältigt im Inneren mit einem eindrucksvollen Raumeindruck dank des schlanken, hohen Mittelschiffs.

Die Krämerstraße mit St. Nikolai im Hintergrund

An St. Nikolai plätschert die Grube vorbei. Der künstliche Wasserlauf, Mitte des 13. Jahrhunderts angelegt und damit einer der ältesten des Landes, versorgte die mittelalterliche Stadt mit Trinkwasser und diente gleichzeitig als Transportweg zum Hafen. Auch am alten Hafen sind sehenswerte Zeugnisse der Gotik erhalten, wie z. B. das **Gewölbe**, ein gotisches Fachwerkhaus, das sich malerisch (und etwas windschief) über die Grube spannt, oder das spätgotische **Wassertor**, das letzte erhaltene Stadttor Wismars. Weitere sehenswerte gotische Bauwerke sind die kleine **Heiligen-Geist-Kirche**, eine Saalkirche aus dem 15. Jahrhundert, und das **Archidiakonat** (um 1450). Mit einem gotischen **Rathaus** kann Wismar nicht dienen. Das war im 19. Jahrhundert eingestürzt und durch einen imposanten klassizistischen Neubau ersetzt worden. Lediglich das gotische Kellergewölbe ist noch erhalten.

Überall in der Stadt säumen gotische Bürgerhäuser die Gassen und Straßen. Das berühmteste ist auch eines der ältesten von Wismar: Das Kaufmannshaus, das heute „**Alter Schwede**" heißt und ein traditionsreiches Gasthaus beherbergt, wurde 1380 gebaut und stellt eines der eindrucksvollsten Beispiele gotischer Giebelhäuser dar. Vielen Bürgerhäusern sieht man das Alter nicht an, da sie im Lauf der Jahrhunderte im Stile der jeweiligen Zeit renoviert wurden. So mutet das Reuterhaus (neben dem Alten Schweden) barock an, während z. B. der Weinberg (hinter dem Rathaus) im Stil der Renaissance umgewandelt wurde.

Aus dieser Epoche sind noch weitere bemerkenswerte Bauwerke erhalten, wie der mit Friesen gezierte **Fürstenhof** und vor allem die **Wasserkunst** auf dem Marktplatz. Dieses Brunnenhaus ist nicht nur das formschöne Wahrzeichen der Stadt, sondern auch ein technisches Denkmal, das die Bürger und Braumeister von Wismar einst mit Wasser versorgte.

Und schließlich war da noch die Schwedenzeit. Wismar gehörte vom Dreißigjährigen Krieg bis 1803 (formal sogar bis 1903) zu Schweden. Wichtigstes Bauwerk der Zeit ist das barocke **Zeughaus**. Vor allem aber erinnern die **Schwedenköpfe** vor dem Baumhaus am Alten Hafen an diese Periode. Ursprünglich markierten sie auf Pfählen die Hafeneinfahrt. (st/sb)

Wismar gehörte einst zu Schweden – daran erinnern die sogenannten Schwedenköpfe, die heute ein Wahrzeichen der Stadt sind

Information: Touristinformation der Stadt Wismar, Nov. bis März tgl. 10–16, April bis Okt. Mo–Sa 10–18, So 10–16 Uhr; Am Markt 1, 23966 Wismar, Tel. 03841/19433, www.wismar.de. **Stadtgeschichtliche Führungen**, April bis Okt. tgl. 10.30 Uhr, Dauer 2 Std., Erw. 4 € (erm. 3 €), Treffpunkt am Rathaus (Ostseite); Tel. 03841/ 2513026. **Turm St. Marien** (mit Ausstellung zur Backsteingotik) und **St. Georgen**, April bis Okt. tgl. 10–18, Juli/Aug. bis 20 (Turmbesteigung St. Marien 11, 13, 15 und 17, Juli/Aug. auch 19 Uhr), Nov. bis März tgl. 11–16 Uhr (Turmbesteigung St. Marien 12 und 14 Uhr).
St. Nikolai, Mai bis Sept. tgl. 8–20, April und Okt. 10–16, Nov. bis März 11–16 Uhr.
Ratskeller (mit der Dauerausstellung Bilder einer Stadt, s. S. 83).

Essen & Trinken: Wer zum Abendessen mecklenburgische Spezialitäten im historischen Ambiente eines gotischen Bürgerhauses genießen möchte, dem seien folgende Gasthäuser empfohlen: **Alter Schwede**, hinter der berühmtesten Fassade Wismars gibt es mecklenburgische Küche in urig gemütlicher Atmosphäre; tgl. ab 11.30 Uhr, Am Markt 22, 23966 Wismar, Tel. 03841/283552. **Reuterhaus**, hier hat schon der namensgebende Fritz Reuter, Mecklenburgs großer Dichter, gespeist; tgl. ab 12 Uhr, Am Markt 19, 23966 Wismar, Tel. 03841/22230. **Gasthaus To'n Zägenkrog**, maritim wird es am Hafen: Im Ziegenkrug kommt gute Fischküche zu angemessenen Preisen auf die Teller; mittags und abends, Ziegenmarkt 10, 23966 Wismar, Tel. 03841/282716.

62 Schwerin: ein wahres Märchenschloss

Was für eine **Pracht-Immobilie**! Entsprängen die Prinzessinnen aus den Märchenbüchern Andersens oder der Grimms, sie würden ihren Prinzen pausenlos in den Ohren liegen, hier und nur hier einzuziehen. Zahllose Türmchen und Erker, Giebel und Kuppeln schmücken das Schloss von Schwerin. Goldene Fähnchen, Wimpel und Beschläge glitzern in der Sonne, Säulen, Statuen und Friese zieren die Fassade.

Der Baumeister Georg Adolph Demmler sparte nicht an Türmchen, Erkern und Kuppeln

Seit jeher steht ein herrschaftliches Gebäude auf der kleinen **Insel** im Schweriner See. Schon die Slawen bauten hier zwischen See und Sumpf eine Burg und nannten sie Zuarin. Aus der Burg wurde um 1500 ein Herrenhaus, aus diesem im 17. Jahrhundert ein schmuckes Renaissanceschloss. Nachdem der herzögliche Hof in der zweiten Hälfte des 18. Jahrhunderts das Gebäude verlassen hatte, verfiel es. Bis in die Mitte des 19. Jahrhunderts Großherzog Friedrich Franz II. nach einem neuen Schloss verlangte, Pläne die er zugunsten eines Um- und Ausbaus des alten Gemäuers aufgab. So begannen 1845 die Bauarbeiten, vornehmlich unter der Leitung des Schweriner Baumeisters Georg Adolph Demmler, der sich das Loire-Schloss Chambord zum Vorbild nahm. 1857 war das einzigartige und bis heute faszinierende Neorenaissanceschloss auf der kleinen Insel im Schweriner See bezugsfertig.

Heute residiert u. a. der Landtag Mecklenburg-Vorpommerns im Gebäude. Weite Teile der Insel sind frei zugänglich. Von der Stadt aus gelangt man über die Schlossbrücke hierher. Bei einem kleinen Spaziergang kann man den Prachtbau umrunden und passiert dabei die **Orangerie** und den kleinen, hübschen Burggarten. Eine weitere Brücke führt zum weitläufigen Schlossgarten. Bei einem Besuch des **Schlossmuse-**

Schwerins Baumeister: Georg Adolph Demmler

Kein Architekt hat Schwerin mehr geprägt als Georg Adolph Demmler (1804–1886): Schloss und Kollegienhaus (heute Landtag und Staatskanzlei), Arsenal und Marstall, Rathausfassade und zahlreiche Stadtgebäude sind nach Plänen und unter der Leitung des Schweriner Hofbaumeisters gebaut worden. Demmler war aber auch ein politischer und damit für den Herzog eher unbequemer Zeitgenosse. Das Mitglied der Freimaurer stand auf der Seite der Demokraten und trat früh für die Arbeiter ein. Während des Schlossbaus initiierte Demmler Sparfonds (Sparkasse), Unterstützungskasse (eine Art Kranken- und Unfallversicherung) und Gewinnbeteiligung für Arbeiter – für die damalige Zeit geradezu ungeheuerlich. Sein politisches Engagement sollte ihn den Job kosten. Der Herzog forderte politische Enthaltsamkeit von seinem Baumeister, der sich aber einen Maulkorb verbat. 1851 kam sein Rücktritt einem bevorstehenden Rauswurf zuvor. Demmler blieb Zeit seines Lebens ein politischer Mensch und wurde 1877 sogar als Abgeordneter der Sozialdemokraten in den Reichstag gewählt. Der streitbare Architekt starb mit 81 Jahren 1886 in Schwerin.

ums gelangt man u. a. in die Privatgemächer der Herzogin mit Roter Audienz und durchaus gemütlichem Wohnzimmer. Höhepunkt des Museumsbesuchs ist sicherlich der repräsentative Thronsaal. Auch einige der Gesellschaftsräume des Herzogs sind zugänglich, darunter das Rauchzimmer. Auch ein Herzog brauchte mal Pause vom Audienzhalten im Märchenschloss …

(st/sb)

Schwerins Schlossgeist: das Petermännchen

Was ein ordentliches Schloss sein will, hat natürlich auch einen Schlossgeist. Das Gespenst, das durch das Schweriner Schloss spukt, hört auf den Namen Petermännchen und ist ein freundlicher Geist – jedenfalls für jeden, der in guter Absicht kommt. Wer aber Böses im Schilde führt, sollte sich vor dem kleinen alten Männlein mit Federhut und Halskrause in Acht nehmen.

Schon seit jeher ziert eine Burg, ein Herrenhaus oder ein Schloss die Insel im Schweriner See

Information: Museum Schloss Schwerin, Mitte April bis Mitte Okt. Di–So 10–18, Mitte Okt. bis Mitte April Di–So 10–17 Uhr, Eintritt 6 € (erm. 4 €); Lennéstraße 1, 19053 Schwerin, Tel. 0385/5252920, www.museum-schwerin.de. Es werden ganzjährig Di–So **Führungen durch das Schlossmuseum** angeboten, im Sommer bis zu 4 x tgl., 9 € (erm. 6 €) inkl. Eintritt.
Essen & Trinken: Einem Besuch im Märchenschloss angemessen kann man sein Tässchen Tee samt Torte auf der Schlossinsel selbst genießen, und zwar in der **Orangerie** oder auf der schönen Gartenterrasse davor, stilvoll, aber vergleichsweise kostenintensiv; Lennéstraße 1, 19053 Schwerin, Tel. 0385/5252915. Wer bei Kaffee und Kuchen (bzw. Mittag- oder Abendessen) das Traumschloss im Blick haben möchte, setzt sich besser ins **Wallenstein** am Ufer des Schweriner Sees; Werderstraße 140, 19055 Schwerin, Tel. 0385/5577755.

Bad Doberans Münster: Kleinod der Backsteingotik und Klosteridyll

Einst zelebrierten Zisterziensermönche in der Klosterkirche ihren Glauben. Im Mittelalter diente das Gotteshaus als landesfürstliche Grablege, was vom politischen Gewicht des Ortes zeugt. Heute zählt das Bad Doberaner Münster zweifellos zu den bedeutendsten Bauten der Backsteingotik an der Ostseeküste. Die erhaltene Ausstattung der ehemaligen Klosterkirche ist atemberaubend.

Die kostbare Innenausstattung der gotischen Kirche zeugt vom einstigen Reichtum des Klosters

Das Münster wurde in Form einer romanischen Basilika im 1186 wiedereröffneten Zisterzienserklosters Doberan errichtet (ein erstes Kloster bei Altkamp war in Kriegswirren zerstört worden). Ende des 13. Jahrhunderts begann man damit, die Kirche in ein gotisches Münster umzuwandeln. In knapp 100-jähriger Bauzeit entstand eine **hochgotische dreischiffige Basilika** mit hohem Querhaus und der Tradition der Zisterzienser folgend ohne Turm. Stattdessen erhebt sich über der Vierung ein eleganter Dachreiter. Imposant ist die schlanke Westfassade, im Osten schließt ein Chorumgang mit fünf Kapellen das Langschiff. Am heutigen Hauptportal an der südlichen, ebenfalls beeindruckenden Querhausfront befand sich einst der Kreuzgang, hinter dem Nordportal lag der Friedhof, hier ist heute noch das sehenswerte Beinhaus erhalten.

So eindrucksvoll und harmonisch die äußere Erscheinung dieser außerordentlichen Kirche ist, so reich ist ihre **Ausstattung im Inneren**. Das kostbare Inventar (und dessen Erhalt) verdankt das Münster dem ehemaligen Reichtum des Klosters wie auch dem Umstand, dass die Mecklenburger Fürsten die ehemalige Klosterkirche als Grablege wählten. Von den vielen Kostbarkeiten ist besonders der Hochaltar hervorzuheben: ein sehr früher, fein geschnitzter Flügelaltar (um 1300), der mit dem über elf Meter hohen Sakramentsturm (um 1360) ein stimmiges Ensemble bildet. Bemerkenswert ist auch der doppelseitige Kreuzaltar (ebenfalls um 1360), mit dem mächtigen, als Lebensbaum stilisierten Triumphkreuz darüber. Hier trennten sich die Bereiche für die Laien (nach Westen, Christusseite des Altars) und die Mönche (zum Chor nach Osten, Marienseite). Unbedingt einen Blick wert sind auch die schön geschnitzten (und originalen) Gestühlsreihen der Laienbrüder (um 1280). Im Chorumgang schließlich finden sich die aufwendig gestalteten Grabkapellen der Mecklenburger Fürsten.

Die ehemalige **Klosteranlage** war übrigens nicht minder prächtig. Das Kornhaus, die eindrucksvolle Ruine des Wirtschaftsgebäudes sowie die fast völlig erhaltene 1400 Meter lange Klostermauer geben einen Eindruck vom Reichtum des Klosters. Heute ist das Münster malerisch in eine idyllische Parklandschaft gebettet. (st/sb)

Das Bad Doberaner Münster ist eines der bedeutendsten Bauwerke der Backsteingotik

Wie Bad Doberan zu seinem Namen kam

Im Namen der hübschen Stadt Bad Doberan sind die beiden wichtigsten Ereignisse der Stadtgeschichte verborgen. Nachdem das erste Kloster niedergebrannt und die Mönche auf der Suche nach einem neuen Bauplatz waren, entschied Fürst Borwin, dass es Zeit für eine Hirschjagd sei. Der Fürst verband das Nützliche mit dem Zeitvertreib und verfügte, dass an selbigem Ort, an dem er einen Hirsch erlegen würde, das Kloster zu errichten sei. Gesagt, getan: Ein kapitaler Hirsch wurde aufgespürt, gejagt, erlegt. Dumm nur, dass das Jagdglück dem Fürsten mitten in einem unwirtlichen Sumpf hold war. Während die Mönche noch überlegten, ob dies wirklich der geeignete Baugrund für ihre neue Heimstatt sei, flog ein Schwan auf, wild „dobr dobr" schreiend. Das erschien den Mönchen klanglich nahe genug am slawischen Wort für „gut". Sie fügten ein „an" für „Ort, Platz" zu, bauten ihr Kloster und nannten es „Doberan".

Viele Jahrhunderte später, die Mönche hatten das Kloster längst verlassen, befand ein weiterer Adliger, Herzog Friedrich Franz I., dass Doberan in der Tat ein guter Platz sei – und zwar für die Sommerfrische und die ärztlich verordnete Badekur. Er gründete 1793 das erste deutsche Seebad Doberan-Heiligendamm und Doberan entwickelte sich zur ansehnlichen klassizistischen Residenz. In dieser langen Tradition wurde der Stadt Doberan 1921 der Namenszusatz „Bad" gewährt. Das Wappen der Stadt Bad Doberan zieren übrigens Hirsch und Schwan.

Information: Bad Doberaner Münster, Gottesdienst So 9.30 Uhr, Besichtigung Mai bis Sept. Mo–Sa 9–18, So 11–18, März/April und Okt. jeweils bis 17, Nov. bis Feb. jeweils bis 16 Uhr, Eintritt 3 € (erm. 2 €, Schüler 1 €, Familienticket 6 €). Tgl. werden mehrere Führungen durch das Münster angeboten, z. B. 11 Uhr Münsterführung, 12 Uhr Sonderführung ins Gewölbe, im Sommerhalbjahr 14 Uhr Führung mit thematischem Schwerpunkt, Dauer jeweils ca. 1 Std., 4 € (erm. 3 €, Schüler 1,50 €, Familienticket 9 €) inkl. Eintritt.

Stralsunder Rathaus: gotisches Prestigeobjekt

Mittelalterliche Rathäuser waren niemals nur Sitz der Stadtverwaltung, sondern stets auch Orte des Handels, Umschlagplatz und Kaufhaus, alltäglicher Treffpunkt und festlicher Versammlungsort. Hier gab es Geschäfte und Verkaufsstände, Lagerflächen und öffentliche Waagen. Das galt umso mehr für eine Hansestadt, in der Wirtschaft und Politik aufs engste verflochten waren, da auch Ratsherren und Bürgermeister zumeist Kaufleute waren. Und die Hanse selbst war niemals nur ein (politischer) Städtebund, sondern in gleichem Maße eine (wirtschaftliche) Kaufmannsvereinigung. Entsprechend war das Rathaus auch immer Prestigeobjekt. Schmuck sollte es sein, um allen den Reichtum der eigenen Stadt deutlich zu machen, nicht anders in Stralsund.

In der Hansestadt am Strelasund haben sich die Bauherren als besonders ehrgeizig erwiesen. Das an sich schon sehenswerte Rathaus mit zwei langen Hallen und einem verbindenden Querbau wurde im 14. Jahrhundert mit einem Vorbau versehen, der von einer prächtigen **Schaufassade** gekrönt wird. Bis zu 40 Ladengeschäfte fanden um den Innenhof Platz (heute überdacht und mit Laubengängen samt Galerie versehen), darüber hinaus gibt es neben Ratskeller und Sitzungsräumen natürlich auch einen großen Saal. Doch zurück zur Prunkwand, die zum Alten Markt weist und deren Aufgabe es ist, die Hansestadt, ihre Bedeutung und ihren Reichtum zu repräsentieren. Sechs dreieckige Giebel schließen die hohe Schaufas-

Die Prunkwand des Rathauses sollte den Reichtum und die Bedeutung der Hansestadt zur Schau stellen

Kaufmannshäuser

Nicht weniger repräsentativ zeigen sich oft die Stadthäuser der Kaufleute und Ratsherren. In Stralsund blieben zahlreiche gotische Bürgerhäuser erhalten, ein paar davon sind sogar zugänglich. Bei einem Besuch wird schnell ersichtlich, dass es sich nicht nur um Wohngebäude handelt, die Kaufmannshäuser dienten auch als Kontor und Warenlager. Manche der Häuser waren derart gebaut, dass die Fuhrwerke hineinfahren konnten, um dann die Waren mittels Lastkränen auf die Galerie zu befördern.

Am Markt steht dem Rathaus gegenüber das **Wulflamhaus** (Anfang 14. Jahrhundert) mit prächtigem Stufengiebel, das sich der steinreiche Bürgermeister Bertram Wulflam hatte errichten lassen. Heute beherbergt das Gebäude ein empfehlenswertes Restaurant. Wenige Häuser weiter kann man das **Dielenhaus** aus der Zeit um 1350 besichtigen, in dem zahlreiche Modelle von Stadtgebäuden ausgestellt sind. Besonders interessant ist das **Museumshaus** (um 1320 erbaut und bis 1979 bewohnt), eine Ausstellung braucht das alte Gebäude nicht, es ist selbst das sehenswerte Exponat.

sade ab, die von schlanken, elegant behelmten Pfeilern gegliedert wird. Zwei weitere Giebel sind seitlich, zur Nikolaikirche hin, zu sehen. Darunter sind über den spitzbogigen Fenstern die Wappen der wichtigsten Hansestädte zu sehen: der Greifswalder Greif, Stralsunds Pfeil, der goldene Greif Rostocks, der halbe Stier Wismars, Lübecks Adler sowie Hamburgs Burg (von rechts nach links) und seitlich Bremens Schlüssel und die Türme Lüneburgs.

Auch von innen kann sich das Stralsunder Rathaus sehen lassen

Spötter (oder Neider) ließen es sich einst nicht nehmen, auf die offenkundige Blöße hinzuweisen, die eine Schaufassade nun einmal mit sich bringt: hoch hinaus und nichts dahinter. Unbestreitbar beeindruckend bleibt jedoch das einzigartige Ensemble aus Rathausfassade und mächtiger Doppelturmanlage der Nikolaikirche, die gemeinsam ein ausdrucksstarkes Beispiel norddeutscher Backsteingotik geben. (st/sb)

Information: Touristmuszentrale der Hansestadt Stralsund, Mai bis Okt. Mo–Fr 10–18, Sa 10–16, So 10–14, Okt. bis April Mo–Fr 10–17, Sa 10–14 Uhr; Alter Markt 9, 18439 Stralsund, Tel. 03831/24690, www.stralsundtourismus.de.
Dielenhaus, tgl. 10–17 Uhr, feiertags geschl., Eintritt frei (Spende); Mühlenstraße 3, 18439 Stralsund.
Museumshaus, Di–So 10–17 Uhr, Eintritt 5 € (erm. 2,50 €); Mönchstraße 38, 18439 Stralsund, Tel. 03831/253617.
Essen & Trinken: Wulflamstube, gute Mecklenburgische Küche in angenehmer, moderner Atmosphäre an einem historischen Ort; mittags und abends, Alter Markt 5, 18439 Stralsund, Tel. 03831/291533, www.wulflamstube.de.

65 Stralsunds Kirchen: Backsteingotik in Vollendung

Bereits Wilhelm von Humboldt schwärmte von dem schönen Anblick den Stralsund von Rügen aus bietet. Die in der Tat hübsche **Silhouette** der alten Hansestadt wird bis heute von den vier Türmen der drei Stadtkirchen und der markanten Giebelreihe der Schaufassade des Rathauses (s. S. 146) geprägt. Hinzugekommen ist das Ozeaneum am Hafen, dessen Architektur einen deutlichen, aber gelungenen Bruch darstellt (s. S. 217).

Stralsunds Stadtkirchen zählen zu den herausragenden Bauten der Norddeutschen Backsteingotik. Bereits das älteste der Gotteshäuser ist eines der beeindruckendsten an der Ostseeküste überhaupt. Der Baubeginn von **St. Nikolai** fiel in die Zeit in der Stralsund Stadtrechte erhielt (1234). Die Entwicklung des Baus folgte wahrscheinlich einem für die frühhanseatischen Kirchenbauprojekte typischen Muster. Ausgehend von einer wohl romanischen dreischiffigen Vorgängerbasilika entstand durch Erhöhung der Seitenschiffe eine mächtige Hallenkirche. Allerdings zeigte sich, dass die Bauarbeiten langsamer vorangingen als die sakralarchitektonische Mode der Zeit. Die Hallenkirche war noch nicht fertig gestellt, da geboten die Vorreiter, die nordfranzösischen Kathedralen, bereits zur basilikalen Form zurückzukehren und man stockte das Mittelschiff erneut auf. Darüber hinaus wurde auch der Chor von St. Nikolai samt Umgang den neuen Dimensionen angepasst und aus dem ursprünglichen (Einzel-)Turm wurde die Doppelturmanlage. Die charakteristische unterschiedliche Behelmung stammt aus dem frühen 17. Jahrhundert.

Kaum vollendet, statteten die Ratsherren und Kaufleute den Stolz ihrer Stadt

> **INFO**
>
> **Information: St. Nikolai zu Stralsund**, Juni bis Aug. Mo–Sa 9–19, So und feiertags 13–17, Mai und Sept. Mo–Sa 9–18, So und feiertags 13–17, April und Okt. Mo–Sa 10–18, So und feiertags 13–17, Nov. bis März Mo–Sa 10–16, So und feiertags 13–16 Uhr, Gottesdienst So 10.30 Uhr, Eintritt 2 € (Kinder/Jugendliche frei). In St. Nikolai wurden zuletzt zwei Führungen in den Sommermonaten angeboten (werktags außer Mi 11 und 15 Uhr), Infos unter Tel. 03831/292286.
> **Marienkirche**, April bis Okt. tgl. 9–18, Nov. bis März Mo–Fr 10–12 und 14–16, Sa/So 10–12 Uhr, Gottesdienst So 10 Uhr. In der Marienkirche kann während der Öffnungszeiten der Turm bestiegen werden, zudem gibt es Führungen durch das Gewölbe, einschließlich Turmbesteigung (Di 15 Uhr und Do 15.30 Uhr), Anmeldung in der Kirche oder unter Tel. 0172/3125491.
> **Kulturkirche St. Jakobi**, tgl. 10–18 Uhr.

reich aus. Trotz der immensen Verluste im Zuge reformatorischer Unruhen vermag das bis heute erhaltene **Interieur** aus Hochaltar, astronomischer Uhr, Skulpturen (z. B. Maria Selbdritt), Nebenaltären (berühmt: das Gestühl der Rigafahrer) etc. einen Eindruck vom einstigen Reichtum zu vermitteln. Die farbenprächtige Ausstattung – bunte, teils mit Fresken geschmückte Pfeiler und Spitzbögen unter dem hellen, hohen Obergaden – unterstützt die grandiose Innenraumwirkung. Und was die Außenwirkung betrifft: Zweifellos ist das Ensemble aus Bürgerhäusern, Ratskirche St. Nikolai und Rathaus mit Schaufassade am Alten Markt ein ungemein eindrucksvolles und außergewöhnliches Gesamtbild backsteingotischer Baukunst schlechthin.

Die Vollendung der **Marienkirche** fällt in die Mitte des 15. Jahrhunderts und damit in die Spätphase der Backsteingotik. Sie ist sogar die zuletzt gebaute Backsteinbasilika im norddeutschen Raum. Da steht, mit Verlaub, die Wuchtbrumme unter den gotischen Gotteshäuser an der Ostsee oder vornehmer formuliert: eine der kolossalsten spätgotischen Backsteinkirchen. Der mächtige, 104 Meter hohe Turm und seine Anbauten erwecken den Anschein eines Querschiffs, das aber nicht vorhanden ist, und geben der Kirche ein trutzig wehrhaftes, geradezu burgenhaftes Aussehen. Auch der Raumeindruck der dreischiffigen Basilika mit umlaufendem Chor ist allein hinsichtlich der Ausmaße überwältigend und dabei überraschend elegant. Fast 33 Meter ist das schlanke Mittelschiff hoch, der gesamte Innenraum nahezu 100 Meter lang. Angesichts der Größe geht die ohnehin etwas karge Ausstattung fast unter.

Die **Jakobikirche** ist die kleinste der Stadtkirchen und doch beeindruckt auch ihr wuchtiger Turm durchaus. Sie erhielt Mitte des 14. Jahrhunderts ihre heutige Form: eine dreischiffige Basilika mit geradem Chorabschluss. Im Zweiten Weltkrieg schwer beschädigt, dient St. Jakobi heute als Kulturkirche für Ausstellungen und Veranstaltungen. (st/sb)

Das Panorama der Stadt wird heute geprägt von den Kirchtürmen, den Giebeln des Rathauses und dem modernen Gebäude des Ozeaneums

Putbus: klassizistische Stadt in Weiß

Wilhelm Malte I. zu Putbus (1783–1854) kann man getrost als einen baufreudigen Fürsten bezeichnen. Zahlreiche prächtige Bauwerke auf Rügen zeugen auch heute noch von seinem kostenintensiven Hobby. Unter seiner Ägide entstanden klassizistische Großbauten wie das Jagdschloss Granitz, das Forsthaus Prora oder das Badehaus Goor. Das faszinierendste Bauprojekt aber stellt Putbus dar, dass sich der Fürst zu Putbus als Residenzstadt errichten ließ.

Badehaus Goor

Hier begann Rügens Geschichte als Badeparadies. Der aufgeschlossene Fürst hatte sich von Heiligendamm inspirieren lassen und Gefallen an der neuen Mode gefunden, wonach ein Bad im salzigen Meerwasser gesundheitsfördernd sei. Am Boddenufer, unweit von Putbus, ließ er ein prächtiges Badehaus mit imposanter Säulenhalle errichten. Darin wurden Wannen aus italienischem Marmor zur Erquickung der adeligen Gäste mit warmem Boddenwasser gefüllt. Dies hat sich bis heute bewährt (und ist längst nicht mehr dem Adel vorbehalten). Die Putbuser Karriere als Seebad aber endete noch zu Lebzeiten des Fürsten. Die Besucher bevorzugten nämlich zunehmend ein Bad im offenen Meer und zogen an den Granitzstrand. Damit begann die Karriere des Seebades Binz.

Ab 1808 ließ Wilhelm Malte I. sein Schloss im klassizistischen Stil umgestalten und stellte diesem eine durch und durch klassizistische Stadt zur Seite. Entlang der **Alleenstraße** und um den großen **Marktplatz** wurden repräsentative Gebäude errichtet, darunter Theater, Kursalon und zahlreiche Logierhäuser – allesamt klassizistisch und schneeweiß verputzt. Die ungewöhnlichste Straßenzeile aber ist zweifellos der **Circus**: Locker gruppieren sich prächtige Bauten um ein weitläufiges Rondell mit symmetrischer Grünanlage und zentralem Obelisken. Abseits der repräsentativen Fassaden um Circus und Alleenstraße werden Gebäude und Fassadengestaltung etwas bescheidener, aber nicht minder sehenswert: Entlang der **August-Bebel-Straße** reihen sich die schmucken Häuser, in denen einst Handwerker, Kaufleute und Verwaltungsbeamte der Residenzstadt wohnten.

Traumhaft schön ist der **Schlosspark**: Unter Malte zu Putbus entstand rund um das Schloss ein weitläufiger, leicht abschüssiger Landschaftspark, im englischen Stil

Die Orangerie im klassizistischen Stil beherbergt heute eine Galerie sowie die Stadt-Information

gestaltet, mit heimischen und exotischen Bäumen und Stauden geschmückt sowie mit einem malerischen Schwanenteich. Zahlreiche hübsche Gebäude finden sich auch heute noch im Park wie z. B. das Affenhaus (zuletzt Café mit kleinem Spielzeugmuseum), die Orangerie (Stadt-Information und Galerie der KulturStiftung Rügen) und der Marstall (mit Restaurant und Veranstaltungssaal). Ironischerweise hat es der zentrale Bau dieses Gesamtkunstwerks nicht ins 21. Jahrhundert geschafft. Das Schloss wurde in den 1960er-Jahren gesprengt und die Ruine abgetragen. In der Alten Schmiede unweit des Marstalls gibt es eine kleine Ausstellung über die Geschichte des Schlosses, vom Umbau des klassizistischen Gebäudes 1830 bis zum Abriss.

Das Schloss des Fürsten gibt es nicht mehr, aber den Schlosspark mit heimischer und exotischer Bepflanzung kann man noch bewundern

Theater Putbus

Das traditionsreiche Haus wird auch heute noch bespielt und dient neben den Bühnen von Stralsund und Greifswald dem Theater Vorpommern als Spielstätte. Darüber hinaus stehen auch Kabarett und Konzerte auf dem Programm.

Markt 13, 18581 Putbus, Tel. 038301/8080, Karten unter Tel. 038301/808330, www.theater-vorpommern.de.

Ein Putbus-Bummel durch den Schlosspark über die Alleenstraße, den Marktplatz und den Circus sowie durch die August-Bebel-Straße gehört zu den oft verkannten Highlights eines Rügenbesuches. (st/sb)

Information: Stadt-Information Putbus, in der Orangerie (linker Eingang), Mai bis Okt. tgl. 10–17 , Nov. bis April Di–Sa 10–17 Uhr; Alleestraße 35, 18581 Putbus, Tel. 038301/431, www.putbus.de.
Stadt- und Parkführungen, April bis Okt. Di/Mi/Do 11 Uhr, Dauer 2 Std., Treffpunkt Orangerie, Erw. 4 €;
geführte Stadtbummel, Mai bis Sept. So 11 Uhr, Dauer 1 Std., Treffpunkt Bahnhof, kostenlos. Infos und Anmeldung bei der Stadt-Information Putbus.
„Das verschwundene Schloss", Ausstellung in der Alten Schmiede im Schlosspark Putbus, Mai bis Okt. tgl. 11–17 Uhr, Eintritt 2 € (erm. 1 €).
Ausstellungen der KulturStiftung Rügen, Galerie in der Orangerie, Mai bis Okt. Di–So 11–18, Nov. bis April Di–Sa 10–17 Uhr; Alleestraße 35, 18581 Putbus, Tel. 038301/889797, www.kulturstiftung-ruegen.de.

Greifswalder Kirchen: die dicke Marie, der schlanke Nikolaus und der kleine Jakob

Nicht eben respektvoll wie der **Volksmund** die drei Greifswalder Gotteshäuser nennt: „kleiner Jakob", „schlanker Nikolaus", „dicke Marie". Aber, es passt! Denn angesichts der architektonischen Unterschiede der kleinen Kirchenfamilie vor allem in der Ausgestaltung des Kirchturms, drängt sich diese liebevoll flapsige Etikettierung geradezu auf.

St. Marien ist in der Tat ein wuchtiger Kirchbau. Kräftig von Statur und mit gedrungenem Turm steht die „dicke Marie" entsprechend resolut im Stadtbild. Elegant prägt dagegen St. Nikolai mit seinem hohen Turm die Silhouette von Greifswald und wird daher nachvollziehbar „schlanker Nikolaus" genannt. St. Jakobi indes, der „kleine Jakob", ist das Küken unter den Greifswalder Kirchen und steht mit seinem wohlproportionierten, aber recht kurz geratenen Turm ein wenig verloren neben dem großen Bruder.

Der Bau der Kirchen wurde bald nach der Erhalt des Stadtrechts 1250 in Angriff genommen. Als Mitglied der blühenden Hanse wollte Greifswald auch in Sachen Kirchbaustellen den mächtigen Schwestern im Westen nicht nachstehen. So wuchsen die schmucken drei Gotteshäuser im Stil der Norddeutschen Backsteingotik ins Greifswalder Stadtbild.

Zuerst entstand mit **St. Marien** eine prächtige dreischiffige Hallenkirche mit geradem Chorschluss und gewaltiger Turmanlage. Im Innern eröffnet sich ein harmonischer Raum, der in 21 Metern Höhe von einem Kreuzrippengewölbe abgeschlossen wird. Nicht verpassen sollte man einen Blick in die angrenzende Annenkapelle zu werfen und um die Kirche herumzugehen. Denn dank des geraden Abschlusses im Osten des Kirchenschiffes verfügt St. Marien über eine elegante Giebelfront. **St. Nikolai** dagegen, der Greifswalder Dom, ist eine lang gestreckte, dreischiffige Basilika mit 21 umlaufenden Kapellen. Das Innere des gotischen Gotteshauses wurde im 19. Jahrhundert im neogotischen Stil verändert. Erwähnter Turm reckt sich auf nahezu 100 Meter Höhe und kann bestiegen werden. Als Lohn für den Aufstieg über 260, teils steile Stufen eröffnet sich von der Aussichtsplattform in 60 Metern Höhe ein herrlicher Rundblick. **St. Jakobi** schließlich ist wie St. Marien eine gotische dreischiffige Hallenkirche, nur von deutlich geringerem Ausmaß. Auch die Jakobi-Kirche wird im Inneren von einem schönen Kreuzrippengewölbe abgeschlossen. Prächtig geformt zeigt sich das Westportal.

Die Jakobi-Kirche wirkt im Vergleich zu den beiden anderen ein wenig kurz geraten

Romantische Ruine: Kloster Eldena

Sie ist berühmt im ganzen Land: Die malerischen Überreste des einstmals mächtigen Klosters Eldena sind etwas außerhalb der Altstadt inmitten eines Parks gelegen. 1199 wurde das Zisterzienserkloster gegründet und brachte es rasch zu beachtlicher Blüte. Im Zuge der Reformation aber verließen die Mönche Eldena und das Kloster verfiel – bis die deutsche Romantik seine Überreste für sich entdeckte. Vor allem Caspar David Friedrich ist es zu verdanken, dass das Ensemble aus Landschaft und Klosterruine erhalten blieb. Der in Greifswald geborene, großartige Maler der Romantik fand hier ein perfektes Motiv, das romantische Momente vereint, Spiritualität und Landschaft, Vergangenes und Vergänglichkeit. Mehrfach hat Caspar David Friedrich die Klosterruine porträtiert, mit Bleistift, Tusche und Öl. Das berühmteste Bild ist wohl „Die Abtei im Eichwald" von 1809/10.

Die Klosterruine liegt wenige Kilometer östlich der Greifswalder Altstadt an der Wolgaster Landstraße (Ortsteil Eldena). Mit den Stadtbuslinien 2 und 3 gelangt man nach Eldena (Haltestelle „Eldena Mühle").

Übrigens sind nicht nur die Kirchen Greifswalds Meisterwerke der Norddeutschen Backsteingotik. Es gibt auch sehenswerte **Giebelhäuser** aus der Hansezeit. Die beiden Gebäude mit den fein strukturierten Stufengiebeln am Markt (Nr. 11 und 13) gehören zu den wunderbarsten gotischen Bürgerhäusern an der gesamten Ostseeküste. (st/sb)

Die Klosterruine Eldena diente dem Romantiker Caspar David Friedrich mehrfach als Motiv

Information: Stadtinformation

Greifswald, Mai bis Okt. Mo–Fr 9–18, Sa 10–14, Juli/Aug. auch So 10–14, Nov. bis Feb. Mo–Fr 9–17, März/April Mo–Fr 9–18 Uhr; Rathaus, Am Markt, 17489 Greifswald, Tel. 03834/521380, www.greifswald.info.
St. Marien, Mo–Fr 10–18, Sa 10–15 Uhr.
Dom St. Nikolai, Mai bis Okt. Mo–Sa 10–18, So 11.30–12.30 und 15–18, Nov. bis April Mo–Sa 10–16, So 11.30–15 Uhr, Domführung Juni bis Sept. Mi 11 Uhr, Turmbesteigung während der Öffnungszeiten, Erw. 3 €.
St. Jakobi, Mo/Di/Do 10–16, Mi 12.30–14.30, Fr 10–15 Uhr (jeweils zur Saison, im Winterhalbjahr stark eingeschränkt, Infos bei der Stadtinformation).

Aktivitäten & Sport

68 Tolk-Schau: familiärer Freizeitpark mit Tradition

Kinder lieben Freizeitparks, aber für die Eltern bedeutet so ein Ausflug oft eher Stress als Vergnügen: horrende Eintrittspreise und überteuertes Fast Food, stundenlanges Schlange stehen vor den einzelnen Attraktionen, Dauerbeschallung von allen Seiten, quengelnde Kinder, die das an jeder Ecke angebotene billige Plastik-Spielzeug haben wollen … Zumindest für kleinere Kinder gibt es aber einen Park, in dem alles **ein bisschen anders** ist.

Auch für die Kleinsten gibt es in der Tolk-Schau viel zu entdecken

Im Naturpark Schlei

Südöstlich von Tolk stößt man auf die Schlei (*www.naturparkschlei.de*), einen in der Eiszeit entstandenen Wasserarm der Ostsee, der sich von seiner Mündung an der Küste ca. 40 Kilometer ins Inland bis nach Schleswig zieht. Die Schlei trennt die beiden Landschaften Angeln (s. S. 72) und Schwansen.

Der bekannteste Ort an der Schlei ist **Kappeln**, dessen Ansichten vielen Fernsehzuschauern aus der ZDF-Vorabendserie „Der Landarzt" (1986–2013) bekannt sein dürften.

Die Schlei besteht aus verschiedenen Nooren (seeartigen Ausbreitungen), Engen und Breiten. Die engste Stelle der Schlei liegt bei **Missunde** (zehn Kilometer von Tolk), einem alten Fährort, um den schon Mitte des 19. Jahrhunderts in den beiden Schleswig-Holsteinischen Kriegen zwischen Deutschen und Dänen erbittert gekämpft wurde.

Weiter östlich nahe der Stadt Schleswig, am Haddebyer Noor, liegt die Wikingersiedlung Haithabu (s. S. 74).

Tolk-Schau: familiärer Freizeitpark mit Tradition

Die Tolk-Schau in der Nähe von Schleswig feierte im Jahr 2013 ihr 50-jähriges Bestehen, der Park ist bis heute ein **Familienunternehmen**. Die Anlage ist kein von Marketingexperten bis ins kleinste Detail geplantes Ganzes, sondern gewissermaßen ein organisches Gebilde, das beliebte ältere Attraktionen mit modernen Elementen verbindet. Zu Beginn stand hier, in der malerischen Landschaft Angelns, nur ein Ausflugslokal mit angegliedertem Wildgehege. Die Kinder konnten sich beim Sonntagsausflug an den Tieren erfreuen, während die Erwachsenen in Ruhe ihren Kaffee tranken. Mit der Anlage eines Spielplatzes neben dem Lokal sowie dem Ankauf von beweglichen Märchenfiguren aus einer aufgelösten Kaufhaus-Weihnachtsausstellung begann die Geschichte der Tolk-Schau als Freizeitpark.

Die bewegten **Märchenszenen** sind heute wohl eher etwas für nostalgisch gestimmte Eltern und Großeltern. Die Kinder vergnügen sich derweil auf den zahlreichen Spielplätzen und Fahrgeschäften. Es gibt hier nicht DIE eine spektakuläre Attraktion, sondern an jeder Ecke kleine Stationen mit Spielgeräten und Karussells, daher verteilt sich das bunte Treiben auch angenehm auf die 30 Hektar des Parkgeländes. Eine Besonderheit gegenüber anderen Parks sind die verschiedenen Sammlungen und Ausstellungen wie etwa zu den Themen Pilze, landwirtschaftliche Geräte, Insekten, Vögel, Technik etc. Beliebt ist auch das „**Tal der Dinosaurier**" mit über 100 der Großechsen in Lebensgröße sowie die Mini-Version der mittelalterlichen Stadt Schleswig, die hier im Verhältnis 1:10 errichtet wurde.

Selbstverständlich gibt es im Park auch ein Restaurant und einen Imbiss mit den üblichen Gerichten. Günstiger, leckerer und lustiger ist es aber, in einer der rund **50 Grillhütten** mitgebrachte Würstchen zu grillen und selbstgemachte Salate zu essen, bevor man sich wieder ins Getümmel stürzt. (mw)

Die Fahrgeschäfte sind nicht spektakulär, bringen aber viel Spaß

Information: Tolk Schau, Mai bis Sept. i. d. R. tgl. 10–18 Uhr, zwischendurch diverse Ruhetage, April und Okt. je nach Wetterlage, Nov. bis März generell geschlossen (ausführlicher Kalender siehe Website); Eintritt 19,50 € p. P. (Kinder unter 90 cm frei, Familienpreis 17,50 € p. P., im Eintritt sind sämtliche Attraktionen enthalten und es fallen keine Parkgebühren an), Grillhütte für ca. 10 Personen 11 €. Hunde sind im Park verboten. Tolk-Schau 1, 24894 Tolk, Tel. 04622 /2084, www.tolk-schau.de.

Altenhof bei Eckernförde: Klettern, Golfen und Kultur

Idyllisch von jahrhundertealten Eichen und Linden umgeben liegt einige Kilometer südöstlich von Eckernförde das zwischen 1722 und 1728 erbaute Herrenhaus von **Gut Altenhof**. Die erste urkundliche Erwähnung des Adelssitzes stammt von 1410, ein Vorgängerbau des Herrenhauses wird etwa auf das Jahr 1550 datiert. Die heutige Gestalt der Anlage stammt im Wesentlichen vom Beginn des 20. Jahrhunderts, als die letzten großen Umbaumaßnahmen stattfanden. Erhalten blieben dabei das eigentliche Herrenhaus, das Kuhhaus und die Scheune. Abgerissen wurden einige veraltete Nebengebäude, die durch die neuen Seitenflügel mit Flachdächern und Pavillons ersetzt wurden.

Heute können Gäste im **historischen Ambiente** des Gutshofs übernachten, fünf großzügige Zimmer mit Originaleinrichtung aus dem 19. Jahrhundert bieten modernen Komfort. Für standesamtliche Trauungen, Hochzeitsfeiern und andere Gesellschaften kann die Orangerie im Seitenflügel gebucht werden, sie verfügt über einen stilvoll eingerichteten, lichtdurchfluteten Saal.

Der ehemalige Park wird heute teilweise als **Golfplatz** genutzt. Der 18-Loch-Meisterschaftsplatz des Golf Clubs Altenhof bietet mit seiner baumreichen, hügeligen Anlage einen idyllischen Rahmen für eine entspannte Feierabend-Runde, aber auch genügend sportliche Herausforderung für fortgeschrittene Golfer. Für Anfänger gibt es Schnupperangebote und auch kleine Spaß-Turniere. Das Clubrestaurant steht auch Gästen des Herrenhauses offen.

Sportliche Herausforderungen der etwas anderen Art bietet der **Natur-Hochseilgarten** nördlich der Golfanlage, direkt in Ostseenähe. Auf verschiedenen Parcours geht es hier über Strickleitern, Hängebrücken, Pfähle, Seile und Seilbahnen – teilweise in 20 Metern Höhe – durch einen Buchenwald. Höhenangst-Seminare, Kindergeburtstage und Team-Trainings werden angeboten. Auch für Menschen mit Handicap gibt es spezielle Elemente am Boden und in der Höhe. Seit 2013 gibt es auch ein spezielles Angebot für erfahrene Sportkletterer: In Zweier-Teams und mit Toprope-Sicherung kann eine mit Klettergriffen ausgestattete Buche bis auf eine Höhe von 27 Metern erklettert werden.

(mw)

Halbwegs schwindelfrei sollte man im Hochseilgarten schon sein ...

Klassik im Kuhhaus

Bis 1976 wurde das Anfang des 18. Jahrhunderts erbaute Kuhhaus auf der Nordseite des Gutshofs noch als Kuhstall genutzt. Inzwischen befindet sich in der oberen Etage – auf dem ehemaligen Heuboden – ein moderner Konzertsaal mit 870 Sitzplätzen. Im Rahmen des **Schleswig-Holstein-Musikfestivals** (*www.shmf.de*) finden hier regelmäßig Konzerte etablierter und aufstrebender Künstler statt. Die ländliche Umgebung und die alten Gebäude bilden einen interessanten Kontrast zu den hochklassigen, gelegentlich auch avantgardistischen Darbietungen.

Ideal zum Abschalten: eine Runde auf dem Golfplatz von Gut Altenhof

Information: Gut Altenhof, 24340 Altenhof, Tel. 04351/6666475, www.gutaltenhof.de.
Golf Club Altenhof e. V., Mai bis Sept. Di–So 9–18, März/April/Okt. 10–16, April bis Sept. auch Mo 10–15 Uhr; Tel. 04351/41227, www.gcaltenhof.de.

Natur-Hochseilgarten Altenhof, Juni bis August tgl. 10–17 Uhr, April/Mai/Sept./Okt. Di–Fr ab 13, Sa/So ab 10 Uhr, Eintritt 17 € (Kinder bis 12 J. 12 €); Am Bahnhof 14, Tel. 04351/667333, www.hochseilgarten-eckernfoerde.de.

⑦⓪ Eckernförder Bucht: Segeln lernen an malerischen Steilküsten und Naturstränden

Wer in deutschen Gewässern segeln möchte, braucht theoretisch keinerlei Führerschein oder Vorkenntnisse. Man kann sich einfach ein Boot mieten oder kaufen und lossegeln. Sobald das Boot aber über einen Motor mit mehr als 15 PS verfügt, wird ein Führerschein fällig – je nach Segelrevier der **Sportbootführerschein** für die See bzw. für Binnengewässer. Diese Führerscheine sind im Vergleich zu Führerscheinen für den Straßenverkehr relativ einfach und günstig zu bekommen, man kann die entsprechenden Prüfungen sogar online ablegen. Angesichts des oft sehr hohen Verkehrsaufkommens in Binnen- und Küstengewässern und der gerade beim Segeln erforderlichen technischen Fertigkeiten ist es aber für Anfänger unbedingt ratsam, zumindest einmal an einem guten Anfängerkurs teilzunehmen, bevor man sich eigenverantwortlich ans Steuer wagt.

Die **Eckernförder Bucht** ist mit ihren malerischen Steilküsten und Naturstränden sowie einem umfangreichen kulturellen und sportlichen Angebot nicht nur ein tolles Segelrevier, sondern eignet sich auch ideal für einen **Familienurlaub**. Ob Angeln im Windebyer Noor, Klettern und Golfen in Altenhof (s. S. 158), Surfen, Kiten, Tauchen, Wandern, Fahrradtouren, Reiten, Segeln oder Sandburgen bauen – hier ist für jeden etwas dabei.

Die Eckernförder Bucht ist ein reizvolles und abwechslungsreiches Segelrevier

Eckernförder Bucht: Segeln lernen an malerischen Steilküsten und Naturstränden

Ein häufiges Bild an der Ostsee sind Gruppen von Kindern in orangenen Schwimmwesten, die in **Optimisten-Jollen**, kurz „Optis" genannt, die Grundfertigkeiten im Segeln erlernen. Diese kleinen Einhandsegler (d. h., sie können von einer Person alleine gesegelt werden) sind besonders leicht zu handhaben. Optimisten-Kurse für Kinder von etwa 7 bis 13 Jahren werden von fast allen Segelschulen angeboten.

Optis werden normalerweise nur von Kindern gesegelt. Eine Ausnahme ist die **„Eisarsch-Regatta"** des Lübecker Yacht-Clubs (www.lyc.de), die jeweils im Dezember auf der Wakenitz nahe der Hansestadt stattfindet – hier dürfen nur Männer ab 25 Jahren in Optimisten antreten. Der „po-etische" Name der Veranstaltung erklärt sich daher, dass die Teilnehmer oft schon beim Einstieg in die für sie viel zu kleinen Jollen im winterlichen Flusswasser landen …

Für Jugendliche und Erwachsene bietet sich ein **Grundkurs** an, bei dem auf Jollen und kleineren Jachten die Handhabung des Schiffes und die grundlegenden Segelmanöver erlernt werden: An- und Ablegen, Wenden etc. Wie diese Kurse im Einzelnen gestaltet werden – Inhalte, Gesamtdauer, Tageskurs oder Aufteilung auf mehrere Tage, Preise – ist von Schule zu Schule sehr unterschiedlich. Man sollte sich daher bei mehreren Anbietern erkundigen, um das für die eigene Urlaubsplanung am besten passende Modell zu erfahren. (mw)

Segelboote im Hafen von Eckernförde

Aal zu Pfingsten

Schon seit 1893 findet zwischen Kiel und Eckernförde jährlich die **Aalregatta** (www.aalregatta.de) statt, bei der die Teilnehmer bei der Ankunft im Eckernförder Hafen einen geräucherten Aal überreicht bekommen. Die Veranstaltung war beinahe 100 Jahre lang – zwischen 1906 und 2005 – Bestandteil der Kieler Woche (s. S. 99). Seit 2006 findet die Aalregatta wieder als eigenständige Veranstaltung jährlich am Pfingstwochenende statt.

Information: Yachtschule Borby, Segelkurse für alle Altersklassen (ab 7 Jahre), Optimisten, Jollen, Jachten, Sportbootführerscheinkurse; Jungfernstieg 84, 24340 Eckernförde, Tel. 04351/667390, www.schliemanntourism.de.
Segelschule Eckernförde, Segelkurse für alle Altersklassen (ab 7 Jahre); Am Stadthafen, Schiffbrücke, 24340 Eckernförde, Tel. 04351/752141, www.segelschule-eckernfoerde.de.
Nordwind Wassersport Eckernförde, Katamaransegeln, Strandsegeln, Wind- und Kitesurfen, Opti-Kurse; Tel. 04346/5955, www.nordwind-wassersport.de.

71. Am Nord-Ostsee-Kanal zwischen Kiel und Brunsbüttel: unterwegs mit dem Fahrrad auf der „Deutschen Fährstraße"

Gewässer bilden von jeher natürliche Barrieren für Handel und kulturellen Austausch. Die Bedeutung von Brücken, Schleusen, Fähren und Sperrwerken für die **wirtschaftliche, technische und kulturelle Entwicklung** der Gesellschaft ist daher nicht zu unterschätzen. Zudem haben Bauwerke zur Querung von Gewässern immer wieder die Fantasie von Ingenieuren und Architekten beflügelt, sodass technische und ästhetische Wunderwerke entstanden. Die 2004 eröffnete Touristikroute „Deutsche Fährstraße" ist ganz diesem Thema gewidmet. Auto- und Radfahrer, Spaziergänger und Wassersportler können zwischen Kiel und Bremervörde rund 50 Brücken, Tunnel und Fähren erkunden. Die Fahrrad-Route ist 232 Kilometer lang, die Wassersport-Route 185 Kilometer und die Auto- bzw. Biker-Route 260 Kilometer. Dabei führt der Weg von Norden nach Süden von der Kieler Förde über den Nord-Ostsee-Kanal, die Unterelbe und die Oste.

Die Fahrrad-Route beginnt in Kiel direkt mit einem Highlight: Die stählerne **Hörnbrücke** am Hauptbahnhof lässt sich innerhalb kürzester Zeit dreifach falten, um Fußgänger und Fahrradfahrer die Spitze der Kieler Förde passieren zu lassen. Entlang der Förde-Promenade „Kiellinie" und vorbei am sehenswerten Schifffahrtsmuseum geht es zur Schleuse in Kiel-Holtenau, die den Beginn des Nord-Ostsee-Kanals kennzeichnet. Der Radweg führt auf der Nordseite des Kanals weiter, sodass zunächst mit der Fähre von Wik nach Holtenau übergesetzt wird. Anschließend geht es am Kanalufer entlang, vorbei an der Kanalfähre Landwehr und durch ein kleines Waldstück, nach Sehestedt, wo der Kanal erneut mit der Fähre überquert wird.

Auf der Südseite des Kanals führt der Weg nun bis nach Schacht-Audorf kurz vor Rendsburg, wo die Kanalfähre Nobiskrug auf die Rendsburger Seite übersetzt. Ein kurzer Rundgang durch die Altstadt sowie die Besichtigung der **Eisenbahnhochbrücke** (s. S. 128) und des Fußgängertunnels bieten sich an. Über die denkmalgeschützte Rendsburger Schwebefähre geht es nun wieder auf die Südseite des Kanals und weiter bis zur Fähre bei Breiholz. Die abwechslungsreiche Route bis nach Brunsbüttel

Die Kieler Hörnbrücke lässt sich innerhalb kürzester Zeit dreifach falten

führt mal nördlich, mal südlich des Kanals vorbei an Feldern, Wiesen und Wäldern. Immer wieder gibt es Fährstationen und Brücken zu sehen.

Brunsbüttel verfügt über den bedeutendsten Nordseehafen Schleswig-Holsteins und mehrere imposante Schleusenanlagen. Die Route macht hier einen Schlenker nach Osten in Richtung Glückstadt, wo mit der Elbfähre Glückstadt–Wischhafen ans Südufer übergesetzt wird.

Der letzte und südlichste Teil der Strecke verläuft an der Oste entlang von Neuhaus bis nach **Bremervörde**. Unterwegs können einige kleinere Museen und Sehenswürdigkeiten wie das Deutsche Zementmuseum in Hemmoor (*www.zementmuseum-hemmoor.de*) oder das nach eigener Aussage „bizarre" Heimat- und Buddelmuseum in Osten (www.*buddelmuseum.osten.oste.de*) besucht werden. Den Endpunkt der Fährstraße in Bremervörde bildet eine Fußgängerbrücke aus Holz, die über die Oste führt. Der Namensbestandteil *„vörde"* bedeutet „Furt" und bezieht sich auf eine Untiefe in der Oste, durch die einst der Ochsenweg führte. Hier befindet sich heute die Brücke. (mw)

Die Ferienroute „Deutsche Fährstraße" ist ganz den Brücken, Schleusen, Fähren und Sperrwerken gewidmet

Information: Deutsche Fährstraße, die Route für Fahrradfahrer ist ausgeschildert, die **GPS-Tourdaten** für Navis und Smartphones gibt es auf der Seite www.reiseland-niedersachsen.de zum Download; für Papierliebhaber gibt es auch eine klassische Radwanderkarte: Deutsche Fährstraße 1:50 000 (Bielefelder Verlag). Die Fährüberfahrten über den Nord-Ostsee-Kanal sind kostenlos; www.deutsche-faehrstrasse.de.

72 In der Probstei: abwechslungsreiche Ferien für Familien

Bei Familien mit Kindern wird die Urlaubsplanung oft zur zähen Verhandlung, bei der am Ende meist jemand um des lieben Friedens willen die eigenen Wünsche und Bedürfnisse zurücksteckt. Das muss aber nicht unbedingt sein, wenn man nur die richtige Urlaubsregion wählt. **Probstei**, so wird die landwirtschaftlich geprägte Region im Nordosten Kiels genannt, die im Norden von Kieler Förde und Ostsee und im Süden vom Selenter See begrenzt wird. Hier lebten im Mittelalter und in der frühen Neuzeit wohlhabende Bauern, die zum einen vom fruchtbaren Boden, zum anderen von einem rechtlichen Sonderstatus profitierten, der sie von Lehnherrschaft und allzu hohen Abgaben befreite.

Auch heute noch gibt es in der Region zahlreiche Landwirtschaftsbetriebe. Einige davon haben ihre Höfe für Urlaubsgäste geöffnet, beispielsweise der **Hof Voege** in Brodersdorf. Der Familienbetrieb mit ca. 1.000 Schweinen, daneben Hühnern, Schafen, Ponys und anderen Tieren, war 1965 einer der ersten, der auch Feriengäste aufnahm. Entsprechend professionell läuft heute der Gästebetrieb mit acht schönen und geräumigen Ferienwohnungen. Die Kinder können bei vielen Alltagstätigkeiten auf dem Hof helfen: Tiere füttern, Ställe ausmisten, Eier einsammeln etc. Trotz des laufenden Betriebs bietet ein Aufenthalt hier auch viel Ruhe, denn das Betriebsgelände befindet sich etwas abseits des Hauses und der Ferienwohnungen.

Viele Kinder lieben Pferde – in und um Prasdorf bieten einige Höfe **Reiterferien** für Kinder an. Auf dem **Ferienhof Sye** sowie auf dem **Ferienhof Plagmann** können Kinder ab acht bzw. ab sechs Jahren in den Ferien eine oder auch mehrere Wochen zusammen mit den Tieren verbringen. Dabei stehen natürlich das Reiten und die Pflege der Pferde im Mittelpunkt, aber auch gemeinsames Spielen, Baden im See, Grillen, Bootsfahrten und andere Aktivitäten gehören zum Erlebnisurlaub. Verbringt die ganze Familie ihren Urlaub in den hofeigenen Ferienwohnungen, können die Kinder auch stunden- oder tageweise am Reitprogramm teilnehmen.

Für die Wasserratten in der Familie bietet die Probstei ebenfalls vielfältige Möglichkeiten: Neben den kleineren und größeren Seen in der Region ist es auch immer nicht weit zur Ostseeküste. Zwei der bekanntesten und **schönsten Strände der Region** sind die zur Gemeinde Schönberg gehörenden Abschnitte Kalifornien und Brasilien (s. Kasten). Sie sind sehr feinsandig und gepflegt. Es gibt eine Reihe von Wassersport- und Spieleangeboten wie Surfen, Segeln, Beachvolleyball, Spielplätze und Exkursionen für Kinder.

In Schönberg findet sich auch das sehenswerte **Probsteimuseum** (www.probstei-museum.de), eine historische

Kalifornien und Brasilien

Die Geschichte hinter diesen ungewöhnlichen Namen geht so: Ein Fischer entdeckte am Strand unter den morschen Überresten eines Schiffes eine Holzplanke mit dem Namen des Wracks: „California". Er nahm das Brett mit und hängte es an seine Tür. Ein anderer Fischer sah das Schild, ärgerte sich zunächst über diese Anmaßung und bastelte sich dann ein eigenes Schild, auf das er „Brasilien" schrieb. Diese beiden Namen blieben als Bezeichnungen der Ortsteile und der jeweiligen Strände erhalten.

Reiterferien sind für viele Kinder ein großer Spaß

Hofanlage, die den Alltag der wohlhabenden Bauern lebendig werden lässt. Für geschichtlich Interessierte bietet Schönberg noch ein weiteres Highlight: eine kleine aber feine Sammlung historischer **Eisen- und Straßenbahnzüge**. Die Schätzchen sind teilweise sogar noch in Betrieb und verkehren auf einer eigenen Strecke nahe dem Bahnhof Schönberger Strand (*www.vvm-museumsbahn.de*).

Und für wen bisher noch nichts dabei war, der findet vielleicht Vergnügen am Hecken-Irrgarten Probsteierhagen mit Minigolfanlage und Kegelbahn (*www.irrgartenprobsteierhagen.de*), am Meerwasserschwimmbad (*www.laboe.de/schwimmbad.html*) in Laboe (s. S. 76) oder an einem der vielen Hoffeste und kulturellen Veranstaltungen, die während der Saison in jedem Winkel der Probstei stattfinden … (mw)

INFO

Information: Hof Voege, Schönberger Str. 5, 24235 Brodersdorf, Tel. 04343/1494 oder 8137, www.ostsee-bauernhof-voege.de.
Ferienhof Sye, Dorfstr. 1–3, 24253 Prasdorf, Tel. 04344/9107 oder 1494, www.ferienhof-sye.de.
Ferienhof Plagmann, Dorfstr. 2, 24253 Prasdorf, Tel. 04344/1588, www.ferienhof-plagmann.de.
Essen & Trinken: Das **Passader Backhaus** mit Hofbäckerei bietet eine große Auswahl leckerer und handgemachter Bio-Backwaren, herzhafte Vollkornbrote, feines Kaffeegebäck sowie saisonale Spezialitäten wie Kürbisbrot und Stollen. Mo–Fr 6–18, Sa 6–13 Uhr; Dörpstraat 11, 24253 Passade, Tel. 04344/4652, www.passader-backhaus.de.
Tipp: Viele weitere **Restaurant- und Einkaufstipps** für die Region finden sich unter www.kulinarischeprobstei.de.

Triple-Ultra-Triathlon in Lensahn: ein Dorf feiert seine Helden

Einmal im Jahr, jeweils am letzten Wochenende im Juli, wird das ostholsteinische Lensahn Schauplatz und internationaler Treffpunkt einer Extremsportart, denn dann steht der Triple-Ultra-Triathlon auf dem Programm. Hawaiis berühmter Ultratriathlon *Ironman* ist dagegen etwas für Anfänger, denn in Lensahn ist die hawaiianische Distanz gleich dreifach zu bezwingen. Unglaubliche 11,4 Kilometer Schwimmen, 540 Kilometer Radfahren und 126,6 Kilometer Laufstrecke sind dann in einem beispiellosen Kraftakt zu bewältigen.

Los geht es am Freitagmorgen um 7 Uhr mit dem Schwimmen; aber nicht etwa in der nahen Ostsee, sondern im schönen Waldschwimmbad von Lensahn. Hier beginnt dieser verrückte **Langstreckentriathlon**, der noch dadurch erschwert wird, dass die langen Distanzen in jeweils sehr kurzen Runden oder Bahnen zu bewältigen ist. Zunächst müssen die Athleten 228 Bahnen im 50-Meter-Schwimmbecken abspulen und benötigen dafür etwa drei bis vier Stunden. Anschließend stürzen sie aus dem Wasser und erklimmen ihre Fahrräder, auf denen sie immer wieder die gleiche etwa vier Kilometer lange Strecke bis in das nächste Dorf und wieder zurück fahren. 67 Runden müssen die Radfahrer drehen, dann endlich ist nach weiteren 17 bis 30 Stunden die Distanz von 540 Kilometern bewältigt. Zum Schluss warten auf die Teilnehmer noch drei Marathonläufe,

Vier Kilometer radeln die Teilnehmer bis ins nächste Dorf und zurück – immer und immer wieder …

die auf einer nur 1,3 Kilometer langen Runde absolviert werden. Laufen die Athleten anfangs noch recht zügig, werden die Schritte doch von Runde zu Runde langsamer und kürzer. Am Ende der etwa 20 Stunden dauernden Laufetappe sind die meisten eher apathisch gehend unterwegs. Die Bestzeit nur für diese Laufstrecke liegt allerdings bei fantastischen 11,5 Stunden.

Insgesamt benötigen die besten Athleten für diese unglaubliche Tortur nur etwa **35 Stunden**. Ziel für die meisten Sportler ist allerdings nicht der Sieg, sondern überhaupt im vorgegebenen Zeitlimit von 58 Stunden das Ziel zu erreichen. Es geht also in erster Linie um den erfolgreichen Kampf gegen sich selbst. In jedem Jahr stellen sich nur etwa 40 bis 50 Athleten dieser Herausforderung. Sie stammen größtenteils aus europäischen Ländern und unter ihnen sind nur wenige Frauen. Preisgelder gibt es keine, stattdessen fällt sogar ein erhebliches Startgeld an. Die Athleten der Ultratriathlon-Szene können also keineswegs von ihrem Sport leben; wie die Profis trainieren müssen sie aber dennoch, denn anders ist eine solche Distanz kaum zu bewältigen.

In den vergangenen Jahren hatte der Triathlon mehrfach mit chaotischen Wetterverhältnissen zu kämpfen; gelegentlich gab es Sturm und Hagel, dann wiederum glühende Hitze. Doch Wind und Wetter können der Veranstaltung kaum etwas anhaben, wird sie doch von einem Großteil der 5.000-Seelen-Gemeinde getragen. In erster Linie ist hier der Turn- und Sportverein Lensahn zu nennen, der die Veranstaltung schon seit 1992 durchführt. Aber auch die Freiwillige Feuerwehr trägt ihren Teil zum Gelingen bei, indem sie für die Streckensicherung sorgt. Ohne das außergewöhnliche Engagement der insgesamt etwa 250 ehrenamtlichen Helferinnen und Helfer wäre eine solch hochkarätige Veranstaltung in einem so kleinen Ort gar nicht durchführbar. Immerhin wurde dieser Wettbewerb unter Aufsicht des Ultra-Triathlon-Weltverbandes IUTA auch schon mehrfach als **Weltmeisterschaft** bzw. Europameisterschaft ausgetragen. Lensahns Triple-Ultra-Triathlon lebt von seiner besonderen familiären Atmosphäre, nicht nur die Athletinnen und Athleten fühlen sich hier wohl. Auf dem Schützenplatz, der ständig von den Radfahrern und später den Läufern überquert wird, herrscht 58 Stunden lang **Volksfeststimmung** mit Grillbuden und einigen Verkaufsständen. Zudem gibt es ein nettes Rahmenprogramm mit Tombola, Kindertriathlon und auch mit Live-Musik.

Jedes Mal ein Höhepunkt der Veranstaltung ist es, wenn einer der Teilnehmer die 96. und damit letzte Runde seines Laufes bewältigt. Diese nämlich läuft der Athlet, geschmückt mit seiner Nationalflagge, entgegen der üblichen Laufrichtung und nimmt dabei die Glückwünsche der anderen Teilnehmer entgegen, bevor er zu den Klängen der Nationalhymne seines Landes die **Ziellinie** überquert. (dk)

Museumshof Lensahn

Seit 1996 gibt es am Ortseingang von Lensahn ein kleines, aber feines Freilichtmuseum. Freunde alter Traktoren und landwirtschaftlicher Gerätschaften kommen hier ebenso auf ihre Kosten wie Gartenliebhaber. Die historischen Arbeitsmaschinen stehen aber nicht einfach nur herum und verstauben, sondern dienen teilweise immer noch oder wieder der Bewirtschaftung der hofeigenen Felder. Es gibt außerdem einen Kräutergarten sowie einen Naturlehrpfad, an dem nahezu alle Baumarten Nordeuropas angepflanzt wurden. Spielgelegenheiten für Kinder, ein Ziegengehege und ein Bauernhofcafé machen den Besuch auf dem Museumshof zu einem Vergnügen für Jung und Alt.

Museumshof Lensahn, April bis Okt. tgl. 10–18 Uhr, Eintritt 5 € (Jugendliche 3,50 €, Kinder 2,50 €); Prienfeldhof Lensahn, Tel. 04363/91122; museumshof-lensahn.de.

Information: Touristinformation Lensahn, Eutiner Str. 2 (im Rathaus), 23738 Lensahn, Tel. 04363-50840, www.lensahn.de.

Hinkommen: Lensahn liegt zwischen Neustadt und Oldenburg, Autobahn A1 Abfahrt Lensahn.

Aktivitäten & Sport

Hansa-Park in Sierksdorf: Familien-Erlebnispark am Meer

Wenn man Kinder nach ihrem schönsten Erlebnis im Ostsee-Urlaub fragt, dann wird oft der Hansa-Park genannt. Für viele Familien ist ein Besuch dort schon so etwas wie ein **Urlaubsritual**. „Deutschlands einziger Erlebnispark am Meer" – so die Eigenwerbung – ist ein gut gemachter Vergnügungspark, der Besuchern jeden Alters immer wieder aufs Neue viel Spaß bringt.

Mit einer Fläche von 460.000 Quadratmetern, mehr als 125 Attraktionen und über einer Million Besuchern pro Saison ist der Hansa-Park einer der größten Freizeitparks im Lande. Das Gelände ist in verschiedene **Themenwelten** aufgeteilt, in die sich die vielen Fahrgeschäfte und Shows thematisch einfügen. So gibt es beispielsweise die Bereiche „Alter Jahrmarkt", „Hanse in Europa", „Abenteuerland", „Mexiko", „Bonanza-City", „Wikingerland", „Holzfällerlager" und „Wasserspaß". Das „Kinderland" ist speziell für die kleinsten Besucher konzipiert, daneben finden sich natürlich auch Souvenir-Shops und entsprechende Gastronomie.

Besondere Attraktionen sind naturgemäß die spektakulären **Achterbahnen** wie „Crazy Mine", „Nessie" und vor allem „Fluch von Novgorod". Letztere wartet mit einem Katapultstart auf, bei dem in 1,4 Sekunden auf 100 km/h beschleunigt wird, sowie mit einem Fallelement, bei dem es in einem Winkel von 97 Grad – also nahezu senkrecht – in die Tiefe geht. Etwas für Wagemutige ist auch die gigantische „Glocke", die sich in jede Richtung dreht, während die Fahrgäste frei an dem sich drehenden Klöppel hängen.

Kettenkarussell in 85 Metern Höhe: der Torre del Mar

Wer es etwas ruhiger, aber trotzdem luftig mag, der sollte den „Torre del Mar" besteigen, ein Kettenkarussell, das sich bis auf die unglaubliche Höhe von 85 Metern emporschraubt. Für Kinder und weniger Adrenalinsüchtige gibt es von Hüpfburgen über diverse **Kinderkarussells** bis hin zur Schiffsschaukel und den Autoscootern eine riesige Auswahl an weniger angsteinflößenden Attraktionen. Erwähnt sei noch der „Holstein-Turm", dessen geschlossene Kabine angenehm langsam auf eine Höhe von 100 Metern hinaufgezogen wird und einen grandiosen Ausblick bietet.

Hansa-Park in Sierksdorf: Familien-Erlebnispark am Meer

Das Hansa-Park-Resort bietet Ferienwohnungen im skandinavischen Stil

Höhepunkte bieten darüber hinaus die zahlreichen Shows, etwa die Varieté-Show oder der Wasserzirkus mit seinen dressierten Seelöwen. Nachmittags zieht – sofern das Wetter mitspielt – eine **bunte Parade** mit Musikanten, Tänzern, Wildwestkutsche, Piratenschiff und Oldie-Feuerwehrauto durch den Park.

Langeweile kommt hier garantiert nicht auf, denn dieser bunte Mix für die ganze Familie ist kaum an einem Tag zu bewältigen. (dk)

Sierksdorf

Nicht nur der Hansa-Park, auch der direkt am Meer gelegene Ort Sierksdorf lohnt einen Besuch, ist er doch einer der beschaulichsten und schönsten der Küste. Sierksdorf ist gewissermaßen dreigeteilt. Der Südteil besteht lediglich aus dem Strand, einer Straße sowie einigen Häusern und Fischerbuden. Im Norden schließt sich die von stattlichen Villen flankierte Steilküste an, die einen Logenblick auf die Ostsee bietet. Noch weiter nördlich befinden sich die Bettenburgen des Ferienparks Sierksdorf und das wesentlich geschmackvollere Hansa-Park-Resort.

Information: Hansa Park, April bis Okt. tgl. 9–18 Uhr, Eintritt 32 €, (Kinder 4–14 J. 26 €), Tagesparkgebühr für Pkw 3 €, das Hansa-Park-Resort bietet über 100 Ferienwohnungen für Park- und Sommergäste; Tel. 04563/4740, www.hansapark.de bzw. www.hansapark-resort.de.
Hinkommen: An der A1 zwischen Scharbeutz und Neustadt/Holstein gelegen. Abfahrt Sierksdorf (schon auf der Autobahn ausgeschildert) oder Bahnhof Sierksdorf.

75 Ostsee-Meeting in Bad Doberan: bunte Hüte und donnernde Hufe

Zappanale: *Jazz is not dead, it just smells funny*

Die Pferderennen sind nicht der einzige Großevent in Bad Doberan. Einmal im Jahr tönen auf der Rennbahn weitaus komplexere Taktfolgen als der eingängige Rhythmus galoppierender Hufe. Dann wird Jazz, Funk und Rock gespielt, dann findet die Zappanale statt, das großartige Musikfestival zu Ehren des legendären Musikers Frank Zappa. Längst hat sich das Festival als ein bedeutendes Musikereignis von internationalem Rang etabliert und kann ebenfalls schon fast als traditionsreich bezeichnet werden, feiert es doch im Jahr 2014 sein 25. Jubiläum.

Infos unter www.zappanale.de

Jedes Jahr im August wird die liebliche mecklenburgische Landschaft zwischen Bad Doberan und Heiligendamm vom Klang donnernder Hufe erfüllt. Meist am zweiten oder dritten Wochenende im August findet auf der Traditionsrennbahn Bad Doberan das Ostsee-Meeting statt. Dann dreht sich alles um edle Rennpferde, Wetteinsätze und ausgefallene Hutmode.

Bad Doberan besitzt die älteste Galopprennbahn Deutschlands. Erste Rennen auf grüner Wiese wurden bereits 1806 ausgetragen, zur Belustigung der adligen Badegesellschaft. 1822 fanden dann die ersten geregelten Galopprennen statt. Das Reit-Event etablierte sich schnell: Eine Rennbahn wurde angelegt, ein Verein gegründet, eine Tribüne gebaut, die „Goldene Peitsche" ausgelobt – und die **Doberaner Renntage** wurden zu einer Institution. Eine Institution, die bis zu Beginn des Zweiten Weltkrieges Bestand hatte und dann für lange Jahre verschwand. Erst 1993 belebte man die Tradition wieder. Heute locken die Rennen des Ostsee-Meetings alljährlich wieder zahlrei-

Bad Doberan besitzt die älteste Galopprennbahn Deutschlands

che Besucher und diverse Vollblüter samt ihrer Jockeys auf die Galopprennbahn von Bad Doberan.

Die beiden Hauptrennen finden immer am Samstagnachmittag statt: die „Goldene Peitsche" für zweijährige und der „Lübzer Pils Ostseepreis" für dreijährige und ältere Pferde. Natürlich kann auf den Ausgang der Rennen gewettet werden. Die ein oder andere Wette auf Sieg und Platz gehört schließlich dazu: die fiebrige Erregung, wenn das „eigene" Pferd im Rennen ist, die schwitzigen Hände,

Nach dem Startsignal gilt die ganze Aufmerksamkeit den Pferden, den Jockeys – und dem eigenen Wettschein

der Jubel (selten), der zerknüllte Wettschein (häufiger). Ein wenig Trost und Ablenkung von all der Aufregung findet man beim Anblick der farbenprächtigen Hüte der Besucherinnen. Was wäre ein traditionsreiches Pferderennen ohne die kleidsamen Extravaganzen auf den Häuptern der Damen? Von Sonnenblumen gekrönte Strohhüte und ausladende Schleierschalen, farbenprächtige Blumen- und Gefiedergestecke, hoch aufragende Leuchttürme oder schlichte farbige Stäbchen – bei den großartigen Kopfbedeckungen sind der Fantasie keine Grenzen gesetzt. Und so gestaltet sich im Begleitprogramm der Renntage der **Hutwettbewerb** zum wichtigen Ereignis, bei dem eine Jury die ausgefallensten Kreationen kürt. Aber irgendwann geht das nächste Rennen an den Start und die Aufmerksamkeit wendet sich wieder den edlen Rennpferden (und dem eigenen Wettschein) zu … (st/sb)

INFO

Information: Tourist-Information Bad Doberan, Mo–Fr 9–18 und Sa 10–15, in den Wintermonaten Mo–Fr 9–16, Do bis 18 Uhr; Severinstraße 6, 18209 Bad Doberan (im Zentrum), Tel. 038203/62154, www.bad-doberan.de. **Ostsee-Meeting**, veranstaltet wird das Event vom Doberaner Rennverein e.V. Karten gibt es am Renntag auf der Rennbahn, Eintritt 7 €/Tag, auf der Tribüne 11 €/Tag, natürlich gibt es auch VIP-Karten mit Buffet und VIP-Parkplatz etc., die wesentlich teurer sind (85–105 €/Tag). Infos unter www.doberaner-renntage.de oder bei der Tourist-Information.

Hinkommen: Die Traditionsrennbahn liegt ein Stück außerhalb von Bad Doberan Richtung Heiligendamm unweit der Abzweigung nach Kühlungsborn. Für **Pkw** stehen ausreichend Parkplätze zur Verfügung. Stilvoll und bequem anreisen lässt sich mit dem **Molli** (s. S. 172), der historischen Schmalspurbahn, die zur Freude der Touristen zwischen Kühlungsborn, Heiligendamm und Bad Doberan hin- und herschnaubt. Zu Renntagen und während der Zappanale wird auch an der Galopprennbahn gehalten (www.molli-bahn.de).

76 Von Bad Doberan nach Kühlungsborn: die Mecklenburgische Bäderbahn „Molli"

„Was nutzt ein mondänes Seebad, wenn es nur unter Strapazen zu erreichen ist?", dachte sich Friedrich Franz III. von Mecklenburg 1886. Deshalb wurde beschlossen, eine Eisenbahn von Bad Doberan, wo die Hauptbahn von Wismar nach Rostock hielt, nach Heiligendamm zu bauen. Der „allerhöchste Wille" des Großherzogs sorgte dafür, dass es keinerlei Widersprüche gab. Dabei stört die Bäderbahn auch heute noch ganz erheblich, fährt sie doch **ähnlich einer Straßenbahn** mitten durch Bad Doberan. An einigen Stellen wird es so eng, dass sich die Fußgänger an die Häuserwände drücken müssen, wenn „Molli" mit lautem Getöse naht.

Die Strecke beginnt am DB-Bahnhof von Bad Doberan. Schon dort einzusteigen wäre allerdings schade, denn hinter der Haltestelle „Stadtmitte" sowie vor dem Stopp „Goethestraße" gelingen **die besten Fotos** von der dampfenden und fauchenden Bahn vor der städtischen Häuserkulisse. Weil die Straßen hier schon zu Zeiten des Großherzogs nicht sehr breit waren, entschieden sich die Eisenbahnplaner für eine ungewöhnliche, weil **sehr schmale Spurweite** von 90 Zentimetern. Die Wagen konnten in der Region beschafft werden: Die Waggonfabrik in Wismar baute Eisenbahnzüge in jeder gewünschten Spurweite.

Die **Dampfloks** sind heute die Hauptattraktion. Deshalb werden sie auch ersetzt, wenn sie ihren letzten Pfiff mit der Dampfpfeife abgegeben haben. Eisenbahnfans reisen von weither an, um die prominente Lok Nr. 99.2324 sehen. Sie wurde

„Molli" dampft heran

2008/09 von der ersten Schraube bis zur Endlackierung im Dampflokwerk Meiningen in Thüringen nach alten Reichsbahn-Vorbildern neu gebaut. Eine Rarität, die man hier besichtigen kann, wurde in Deutschland doch vorher ca. 50 Jahre keine Dampflok mehr gebaut!

Die 15,4 Kilometer lange Fahrt bis zur Endhaltestelle „Ostseebad Kühlungsborn West" führt ab „Goethestraße" in Bad Doberan Richtung Heiligendamm. Am Zwischenhaltepunkt „Rennbahn" stoppt der Molli nur, wenn **Ostsee-Meeting** ist oder zu sonstigen Veranstaltungen wie der Zappanale (s. S. 170). Welche Prachtentfaltung möglich ist, wenn ein Großherzog etwas zu seinem Lieblingsprojekt macht, kann in **Heiligendamm** (s. S. 26) angeschaut werden.

In Kühlungsborn West angekommen, kann man sich noch etwas Hintergrundwissen im **Molli-Museum** aneignen. Er

Die Schmalspurbahn fährt mitten durch Bad Doberan

Wie kam die Bahn zu ihrem Namen?

Es wird erzählt, dass daran ein Mops Schuld hat, der laut bellend auf den Zug zu stürmte. Seine Herrin rief daraufhin: „Molli, bliev stahn!". Der Lokführer zog die Notbremse und die Bahn hatte ihren Namen weg.

zeigt historische Prunkstücke und erklärt liebevoll die mecklenburgische Eisenbahngeschichte. Nach einer Stärkung im Museumscafé laden rund sechs Kilometer heller Sandstrand zu einem nachmittäglichen Bad oder zu einem Spaziergang auf der Strandpromenade Richtung **Kühlungsborn Ost** ein. Im dortigen Bahnhof befindet sich die Erlebnisgaststätte Molli's Lo(c)kschuppen, wo ein frühes Abendessen eingenommen werden kann, bevor Molli einen zurück nach Bad Doberan bringt und ein Tag voller Bahnerlebnisse zu Ende geht. (aem)

INFO

Information: Alles zum Urlaub im **Ostseebad Kühlungsborn** unter www.kuehlungsborn.de.
Mecklenburgische Bäderbahn Molli, ganzjährig in Betrieb, im Sommer Abfahrt stündlich von ca. 8–19 Uhr. In der Saison dürfen Fahrräder mitgenommen werden, die Radwege entlang der Ostsee beginnen an den Bahnhöfen. Ein Salonwagen mit Speisen und Getränken fährt von ca. 10–17 Uhr mit. Fahrt 6,50 € (Kinder 6–14 J. 4,90 €; Gruppen-, Familien- und 10er-Karten erhältlich), Fahrtzeit ca. 30 Min.; Am Bahnhof, 18209 Bad Doberan, Tel. 038293/431331 (Kühlungsborn), www.molli-bahn.de.

Molli-Museum, während des Sommerfahrplans täglich von 10–17.30 Uhr, Eintritt kostenlos (Spenden erbeten), Führungen für Gruppen sind nach Voranmeldung möglich; Fritz-Reuter-Straße 1, 18225 Kühlungsborn (West).
Essen & Trinken: Das **Museumscafé** ist dem Molli-Museum angeschlossen. In **Molli's Lo(c)kschuppen** wird tgl. 11–20 Uhr Hausmannkost serviert. Ab 17 Uhr gibt es tgl. Aktionen, z. B. Schnitzel- oder Fischabend, zum Sonderangebot; Karl-Risch-Straße 12A, 18225 Kühlungsborn (Ost), Tel. 038293/431384, www.molli-bahn.de.

Hanse Sail: Rostock unter Segeln

Es ist *das* **maritime Großereignis** in Mecklenburg-Vorpommern: die Hanse Sail. Rostock und Warnemünde fiebern jedes Jahr dem internationalen Segler-Event Mitte August entgegen und wenn es endlich soweit ist, strömt alles zum Hafen und an die Ostsee. Etwa 300 Groß- und Traditionssegler, Fregatten, Brigantinen und Barkentinen, Gaffelschoner und Galeassen, Koggen, Haikutter, Gaffelkutter, Dschunken, Segelyachten, Zeesenboote usw., steuern dann Warnemünde und Rostock an, begleitet von zahllosen Mitseglern. Begrüßt werden die Schiffe im Stadthafen von Rostock und in Warnemünde von bis zu einer Million Besuchern.

Als die Hanse Sail das erste Mal stattfand hieß sie noch „Hanseatische Hafentage". Das war 1991. Das maritime Fest war sofort ein Erfolg. Denn nach Fall der Mauer konnte auf dem Rostocker Hafenfest nicht nur die offene Seegrenze gefeiert werden, auch der Rostocker Stadthafen war der Öffentlichkeit nun wieder zugänglich, der zu DDR-Zeiten militärisches Sperrgebiet war. Heute ist die Hanse Sail Teil des grenzüberschreitenden, ostseeweiten Traditionssegler-Events **Baltic Sail**, das neben der Hanse Sail u. a. auch die Sail Gdansk (Polen), das Sea Festival Klaipeda (Litauen) und das Haikutter Festival Nysted (Dänemark) umfasst. 2014 steht die 24. Hanse Sail an, im Jahr dar-

Warnemünder Woche

Wer es bei einer maritimen Veranstaltung sportlicher mag, sei es als Segelsport-begeisterter Zuschauer oder aktiver Sportler unter Segeln, der ist bei der Warnemünder Woche Anfang Juli richtig. Über 2.000 Aktive segeln die Regatten in 20 Bootsklassen, ein Sport-Event von internationalem Rang, das an Land von einem maritimen Sommerfest begleitet wird.

Infos unter www.warnemuender-woche.com

Die Regatten der Traditionssegler sind die Höhepunkte der Hanse Sail

auf folgt das 25-jährige Jubiläum und die Hanse Sail ist beliebter denn je.

Höhepunkt sind die Regatten der Traditionssegler. Die **Hanse-Sail-Regatta** wird in mehreren Bootsklassen ausgetragen, von den Wettfahrten der Einmaster bis zur Königsklasse, den ganz großen Rahseglern. Den Anfang macht die Haikutter-Regatta, die wendigen Fischerboote starten im dänischen Nysted und segeln nach Warnemünde. Einen besonderen

Die russische Krusenstern ist noch heute als Segelschulschiff im Einsatz

Reiz übt für viele Besucher die Möglichkeit aus, auf den Traditionsseglern mitzusegeln. Einen Törn auf einem Windjammer bekommt man schließlich nicht jeden Tag geboten. Zahlreiche Segler bieten Tages- und Nachtfahrten an, man sollte rechtzeitig buchen, die Törns erfreuen sich großer Beliebtheit. Eine besondere Art von Großseglern sind die Nachbauten mittelalterlicher Hansekoggen und Kraweels, die ebenfalls regelmäßig zur Hanse Sail segeln: die Wissemara aus Wismar (s. S. 84), die Ubena von Bremen oder die Lisa von Lübeck. Nicht nur die prächtigen Großsegler, sondern auch ein vielfältiges Rahmenprogramm erwarten die Zuschauer unter anderem am Stadthafen Rostock und entlang der Warnemünder Promenade: Schausteller und Bühnen, Mittelaltermarkt, Kunsthandwerk, Ausstellungen, natürlich zahlose Imbissstände und vieles mehr – ein riesiges Volksfest eben, zu Wasser und zu Lande. Schließlich werden am Samstagabend über dem Rostocker Stadthafen und über Warnemünde Feuerwerke abgebrannt. Am Sonntag findet nach der Wahl zu Miss und Mister Hanse Sail die abschließende Parade statt.

Bedenken sollte man bei einem Besuch der Hanse Sail, dass der Besuchermagnet nicht nur 300 Groß- und Traditionssegler anlockt, sondern auch bis zu **eine Million Besucher**. Das hat zur Folge, dass die Unterkünfte nicht nur erheblich teurer sind, als sonst, sondern auch schwer zu ergattern. (st/sb)

Information: Touristmuszentrale Rostock & Warnemünde, Mai bis Okt. Mo–Fr 9–18, Sa/So 10–15, Nov. bis April Mo–Fr 10–17, Sa 10–15 Uhr; Rostock: Universitätsplatz 6 (Barocksaal), 18055 Rostock; Warnemünde: Am Strom 59 (Ecke Kirchenstraße), 18119 Warnemünde, Tel. 0381/3812222, www.rostock.de. Darüber hinaus erhält man Infos zur Hanse Sail unter www.hansesail.com.
Hinkommen: Zwischen Warnemünde und Rostock Hbf pendelt die **S1**, vom Hauptbahnhof via Steintor fahren die **Straßenbahnen 3** und **4**.

Störtebeker: der Freibeuter und die Festspiele

Sein Name steht wie kein anderer für die Ostsee-Piraterie zu Zeiten der Hanse: Klaus Störtebeker. Der Legende nach soll er in Ruschwitz auf Rügen geboren worden sein. Zunächst unternahm er im Zuge des dänisch-mecklenburgischen Konflikts Kaperfahrten, später machte er dann in eigener Sache die Ostsee unsicher.

Erstmals in Erscheinung trat Störtebeker, dessen Name „Stürz-den-Becher" bedeuten soll, während der Belagerung Stockholms Ende des 14. Jahrhunderts. Störtebeker war einer der **Vitalienbrüder**, die die dänische Blockade brachen und die schwedische Stadt mit Nahrungsmitteln, Vitalien, versorgten. Darüber hinaus waren die Vitalienbrüder mit Kaperbriefen versehen, also der Erlaubnis, feindliche Schiffe aufzubringen und die Ladung zu erbeuten. Als der Konflikt mit Dänemark beendet war, verloren die Kaperbriefe ihre Gültigkeit, doch die zahlreichen Vitalienbrüder waren auf den Geschmack gekommen, zumal die schwer beladenen Hansekoggen der Pfeffersäcke fette Beute versprachen. Die Freibeuter nannten sich auch **„Likedeeler"**, „Gleichteiler", die berühmtesten unter ihnen waren Klaus Störtebeker und Gödeke Michels. Dabei agierten die Piraten derart erfolgreich, dass der gesamte hanseatische Ostseehandel an seiner empfindlichsten Stelle ins Stocken kam. Die Hanse musste reagieren und machte Jagd auf die Seeräuber. Störtebeker wurde schließlich gefasst und in Hamburg hingerichtet. Um seinen Tod rankt sich die wohl berühmteste Legende: Kapitän Störtebeker handelte mit seinen Richtern aus, dass er als erster geköpft würde und all die Männer seiner Mannschaft freikämen, an denen er noch vorbeizugehen vermochte – kopflos wohlgemerkt. So geschah es und der enthauptete Störtebekers lief und lief und lief, bis ein Henkersknecht ihm einen Knüppel zwischen die Beine warf, um zu verhindern, dass die komplette Mannschaft wieder frei kam.

„Stürz-den-Becher" soll der Name des berühmten Piraten bedeuten

Dem Leben des legendären Freibeuters durchaus gerecht werden die **Störtebeker Festspiele**. Das Open-Air-Event rund um Klaus Störtebeker und seine Likedeeler wird alljährlich auf der malerischen Naturbühne von Ralswiek aufgeführt. Bühnenbretter sind das sandige Ufer, als Kulisse dient der Große Jasmunder Bodden. Das Störtebeker-Theater hat Tradition. 1959 wurden erstmals Rügenfestspiele veranstaltet. Aufgeführt wurde der „Störtebeker" des Schriftstellers Kurt Barthel, besser bekannt als KuBa. Seit man 1993 wieder an die Tradition anknüpfte, wird jedes Jahr ein Kapitel aus dem Leben des legendären Piraten zur Aufführung gebracht. Dabei handelt es sich um mehr als nur laues Sommerabend-Freiluft-Theater. Schwertkämpfe an Land und Seegefechte zwischen den Koggen auf dem Bodden, die donnernden Hufe von 30 Pferden und weit über 100 Statisten, eine Adlershow im Vorprogramm und zum Abschluss ein Feuerwerk über dem Wasser machen aus dem Theaterstück ein wahres Spektakel. (st/sb)

Großes Spektakel auf der Naturbühne von Ralswiek: die Störtebeker Festspiele

Aktenkundige Schlägerei

Einer der wenigen Belege zur historischen Person Klaus Störtebeker findet sich im Verfestigungsbuch der Stadt Wismar. In dieser Gerichtsaktensammlung ist für das Jahr 1381 ein gewisser „nicolao stortebeker" vermerkt. Der Zusammenhang, in dem Störtebeker Eingang in die Akten der Hansestadt Wismar gefunden hat, erweist sich eines Piraten würdig: Die damals verhandelte Sache war eine zünftige Schlägerei.

Information: Störtebeker Festspiele, Ende Juni bis Anfang Sept., Aufführungen Mo–Sa 20 Uhr, Kartenreservierung empfiehlt sich, Preise für Platzkarten beginnen bei 21 €/p. P. (Kinder bis 15 Jahre 12 €) auf dem Rang und reichen bis zu 30 €/p. P. (bzw. 21 €) in den vorderen Reihen. Die nicht numerierten Karten auf den hinteren Rängen kosten 12 € (bzw. 10 €). Vorverkauf und Kartenreservierung in allen größeren Tourismus-Informationen auf der Insel oder unter: Störtebeker Festspiele; Am Bodden 100, 18528 Ralswiek, Tel. 03838/31100, www.stoertebeker.de.
Hinkommen: Pkw, zur Festspielzeit ist der Ort für Pkw gesperrt, Parkplätze an der B 96, dann mit dem Pendelbus nach Ralswiek, und hinter Jarnitz, von dort noch etwa 15 Min. zu Fuß (beide Parkplätze kostenfrei). Außerdem fährt der **Störtebeker-Bus** aus dem Mönchgut und der Granitz via Bergen zum Festspielort und nach der Vorstellung wieder zurück (Tagesticket). Stilgerecht ist die alternative Anreise von der Halbinsel Wittow mit dem **Schiff**: Die Personenschifffahrt Kipp fährt von Breege zum Festspielort (Bustransfer ab Sassnitz und der Halbinsel Wittow) und retour. Hin 18.30 Uhr, zurück ca. 23 Uhr; Schipperweg 1, 18556 Breege, Tel. 038391/12306, www.reederei-kipp.de.

Unterwegs auf Rügen: die Bäderbahn „Rasender Roland"

Auf „seine" Eisenbahn lässt Zugführer Martin Rehbein nichts kommen. Seit bald 40 Jahren fährt er die Rügensche BäderBahn **auf Deutschlands größter Insel** von Lauterbach Mole über die bekannten Ostseebäder Binz und Sellin (s. S. 30) nach Göhren und wieder zurück, 27 Kilometer eine Strecke. Die technisch hochgerüsteten Bahnen auf dem Festland sind für Rügener wie Rehbein keine „richtigen" Eisenbahnen. Hier bei der Kleinbahn funktioniert alles noch mechanisch und manuell: Dampflokomotiven ziehen die Züge, Weichen werden mit Muskelkraft umgelegt und ein Heizer schaufelt Kohle unter den Kessel.

Der erste Streckenabschnitt von Putbus (s. S. 150) nach Binz wurde im Sommer 1895 eröffnet, als noch niemand an eine Landverbindung hinüber zum Festland dachte. Die Rügener hatten sich für eine **Schmalspurbahn** entschieden, weil man sich nicht vorstellen konnte, dass die Insel einmal an das deutsche Schienennetz angeschlossen werden würde. Kleinbahnen brauchen zudem weniger Land und können engere Kurven fahren – und ihr Bau kostet weniger, das war entscheidend. Die Rügener 75-Zentimeter-Spur ist in etwa halb so breit wie die international übliche Normalspur (1,435 Meter) der „großen" Eisenbahnen.

Zunächst fuhr die Kleinbahn mit gerade einmal 20 km/h über die Insel. Vor etwa 80 Jahren wurde die Geschwindigkeit um 50 Prozent auf das damals sagenhafte **Tempo von 30 km/h** gesteigert, was dem Bähnchen den Spitznamen „Rasender Roland" einbrachte.

Roland „rast" durch weite Felder

Unterwegs auf Rügen: die Bäderbahn „Rasender Roland"

Bei der Kleinbahn ist die Zeit stehen geblieben. Wie schon im vorletzten Jahrhundert rufen die Zugführer laut und für alle hörbar **„Einsteigen!"**. Erst nach dem Ruf und einem Pfiff der Trillerpfeife fährt der Rasende Roland los. Für viele Fahrgäste ist dieses Drum und Dran wichtiger als die Aussicht auf Rügens landschaftliche Schönheiten. Schade eigentlich, denn die Trasse führt über sanfte Hügel, blühende Wiesen, weite Felder und mitten durch dichte Wälder. Deshalb wird auch an jedem Wagen vorsorglich auf die Waldbrandgefahr etwa durch weggeworfene Zigarettenkippen hingewiesen.

Es gibt sogar eine **Bergstrecke**: Von Binz aus geht es zum Haltepunkt „Jagdschloß" hinauf. Das Jagdschloss Granitz (s. S. 31) mit seinem 38 Meter hohen Turm wurde auf dem 107 Meter hohen Tempelberg Mitte des 19. Jahrhunderts in einem Laubwald errichtet.

Warum gerade „Roland" ...

und nicht „Fritz" oder „Emil"? Das weiß heute niemand mehr. Wahrscheinlich war es die Alliteration, die sich anbot und vor allem bei der Werbung half. Während anderswo Dampfloks aufs Abstellgleis fuhren und durch Diesel- und Elektroloks ersetzt wurden, setzten die Rügener weiterhin auf Dampf.

„Einsteigen!" – Hier hat der Zugführer sogar noch eine Trillerpfeife …

Eisenbahninteressierte wollen als Fahrgäste einer solchen Bahn möglichst „historisch" unterwegs sein. 1915 wurden die ältesten Wagen der Rügenbahn gebaut. Fünf der Dampfloks sind Vorkriegsmodelle, die letzten Neuanschaffungen wurden 1953 getätigt. Die Rügensche BäderBahn ist dennoch **keine Museumsbahn**: Die Loks und Wagen werden regelmäßig von Grund auf saniert und die Züge fahren ganzjährig streng nach Plan, wenn auch die meisten Bahnnutzer die sommerlichen Feriengäste sind.

Anders als früher steigen die Passagiere heute liebend gerne in die alten Dritte-Klasse-Wagen der Rügenschen Kleinbahn ein, denn die „Holzklasse" wurde von oben bis unten aufgemöbelt. Wer neben einem Kanonenofen, mit dem im Winter geheizt wird, auf Holzbänken und vor Fenstern mit Gardinchen sitzend durch Rügen fährt, wird in **Urgroßvaters Zeiten** zurückversetzt. (aem)

Information: Rügensche BäderBahn, in der Hauptsaison (Ende Mai bis Anfang Oktober) von 8–20 Uhr im Zwei-Stunden-Takt von Putbus (in den Kernzeiten von Lauterbach Mole) nach Göhren, stündlich bis 22.45 Uhr von Binz nach Göhren. In der Nebensaison von 8–18 Uhr alle 2 Std. von Putbus nach Göhren. Fahrtzeit der gesamten Strecke ca. 2 Stunden. Verschiedene Preisstufen: Einzelfahrt ganze Strecke (Preisstufe 5) Erw. 9 € (Kinder 6–13 J. 4,50 €, Familienkarte 2 Erw./3 Kinder 19 €). Auch Tages-, Wochen- und spezielle Fahrradkarten erhältlich; Bahnhofstraße 14, 18581 Putbus, Tel. 038301/88400, www.ruegensche-baederbahn.de.

Usedom: mit dem Kanu auf dem Peenestrom

Für den Ungeübten verspricht eine ganztägige Kanutour auf dem Peenestrom vor allem eins: enormen Muskelkater in den Armen, meist noch am gleichen Abend, garantiert aber am nächsten Tag. Doch dieses kleinere Übel nimmt man bei dem herrlichen Naturerlebnis – mit fast garantierter Seeadlersichtung – gerne in Kauf.

Ingo heißt der Kanuguide und bevor es losgeht, heißt es erst einmal: Schwimmweste anprobieren. Seinem Bootsanhänger folgend geht es über holprige Feldwege zur weit abgelegenen Einstiegsstelle, man sitzt Probe im Kanadier (so die korrekte Bezeichnung für das Drei-Mann-Boot) und testet aus, wie weit man schaukeln kann, ohne zu kentern. Mit gleichmäßigen Schlägen gleitet das Boot dann nach Nordwest zum **Naturschutzgebiet Großer Wotig** und über den Peenestrom in Richtung Peenemünde, dessen riesiger Industriekomplex wie ein Mahnmal in die Landschaft ragt (Heeresversuchsanstalt Peenemünde s. S. 94). Verfolgt werden die Kanuten von unzähligen Augenpaaren neugieriger Kühe, die wiederkäuend auf ihren Sommerweiden an der Alten Peene – einem Seitenarm des Peenestroms – stehen. Am Ufer beobachten Reiher, Gänse, Enten, Blässhühner und Schnepfen aus sicherem Abstand die Besucher auf dem Wasser.

Die **Mittagspause** am Deich südlich von Peenemünde kommt gerade recht, Stulle und Getränk als Proviant sind äußerst hilfreich, ebenso eine wetterfeste Jacke zum Unterlegen, denn gepicknickt wird hier auf der Wiese, nicht im Biergarten.

Das schilfbewachsene Ufer ist das Revier der Seeadler und anderer geschützter Vogelarten

Ingo weiß nicht nur jede Menge Wissenswertes zu Land und Leuten am Peenestrom zu erzählen, sondern gibt auch das ein oder andere Seemannsgarn zum Besten.

Der Weg zurück führt nun durch das Naturschutzgebiet selbst, an schilfbestandenen Ufern entlang durch immer schmalere Kanäle. Anlanden darf man hier nicht, der Schutz der Tiere geht vor. Dann endlich kommt der große Augenblick – Majestät Seeadler sitzt auf einem Strommast, beobachtet die Gegend, ist schon etwas älteren Semesters und wahrscheinlich ein Weibchen. Ersteres ist am hellen Gefieder und weißen Schwanz erkennbar, Letzteres an der Größe, wie Ingo verrät. Dann fliegt das

Kühe weiden auf den saftigen Wiesen an der Alten Peene

mächtige Tier auf und stößt einige Rufe mit erstaunlich dünner, fast fiepsiger Stimme aus. Dennoch, beim bloßen Anblick wird schlagartig klar, wer hier im Naturschutzgebiet das Sagen hat, wie auch immer es klingen mag. (st/sb)

Seeadler im Naturpark Usedom

Einen Seeadler zu sehen, ist bei einer Kanutour auf dem Peenestrom oder im Achterwasser sehr wahrscheinlich. Die Ufergebiete sind, trotz der extensiven touristischen Nutzung der Insel Usedom, nur wenig bebaut, was nicht zuletzt auch am feuchten, schilfigen Untergrund liegt. Außerdem steht das Gebiet unter Naturschutz und der Große Wotig ist ausgewiesenes Vogelschutzgebiet. Etwa 15 Seeadler-Brutpaare leben im Naturpark, deutschlandweit geht man von etwa 600 und bis 700 aus, davon knapp die Hälfte in Mecklenburg-Vorpommern. Ein ausgewachsenes Seeadlerweibchen bringt es auf bis zu sieben Kilo, das Männchen auf etwa fünfeinhalb. Imposant sind der riesige, gelbe Schnabel, die Flügelspannweite von 2,40 Metern und das brettartige Bild, das die Seeadler im Flug abgeben und woran man sie sofort erkennt. Im Gegensatz zum Fischadler zeigt sich der Seeadler, Deutschlands größter Raubvogel, bei der Wahl seines Mittagessens nicht allzu wählerisch: Während der Fischadler ausschließlich Frischfisch zu sich nimmt, sind es beim Seeadler auch Enten und andere Wasservögel, die abgejagte Beute anderer Greifvögel und im Winter auch Aas, was ihm – wiederum im Gegensatz zum Fischadler – den ganzjährigen Aufenthalt im Nordosten Deutschlands ermöglicht.

Information: Einer der wenigen Anbieter für Touren ist der **Kanuhof Spandowerhagen** von Ingo Gudusch, Mai bis Sept. jeden Mi 10 Uhr ganztägige Kanu-Exkursionen (retour ca. 16 Uhr), besondere Vorkenntnisse sind nicht nötig, Erw. 22 € (Kinder 15 €), vorherige Anmeldung erforderlich; Dorfstraße 46, 17440 Spandowerhagen, Tel. 038370/20665, www.kanuhof-spandowerhagen.de.
Hinkommen: Mit dem **Pkw** von Wolgast kommend zunächst Richtung Greifswald, in Groß Ernsthof rechts ab und über Kröslin und Freest nach Spandowerhagen (hier im Dorf beschildert).

Bummeln & Einkaufen

Flensburgs Schönste: die Rote Straße

Man muss wissen, dass sie da ist. Zufällig verläuft sich kaum jemand in die heute etwas abseits gelegene Rote Straße. Dabei war sie ursprünglich eine der Haupteinfallstraßen in die Innenstadt. Durch das **Rote Tor**, das einst an ihrem südlichen Ende stand und von dem heute noch Überreste besichtigt werden können, gelangten einst Bauern und Händler in die Stadt, um ihre Waren auf dem Südermarkt zu verkaufen. In den Hinterhöfen wurden die Pferde ausgespannt und versorgt sowie Waren gelagert. Schon früh gab es in der Roten Straße neben Kaufmannsläden und Handwerkern auch zahlreiche Gasthöfe, und diese Kombination hat sich gewissermaßen bis heute bewährt bzw. wurde seit Ende der 1960er-Jahre wiederbelebt. Wer heute durch die Rote Straße bummelt, erlebt eine interessante Mischung aus Kunsthandwerk, Design, Feinkost, Mode, Galerien, Spirituosen und selbstverständlich Gastronomie.

Die Rote Straße ist nur etwa 200 Meter lang – trotzdem nimmt ein ausgedehnter Bummel gerne mal einen ganzen Nachmittag in Anspruch. Das liegt zum einen daran, dass zur Straße auch die fünf **sehenswerten Höfe** gehören, in denen sich ebenfalls noch Geschäfte, Restaurants und Cafés befinden, zum anderen am verlockenden gastronomischen Angebot, das von Kaffee und Kuchen in der Kaffeerösterei über frische Suppen, leckere Hausmannskost, mexikanische Spezialitäten, Wein und Punsch (bei Braasch, s. S. 71) bis hin zu tollen Flammkuchen keine Wünsche offen lässt.

„**Spielen erlaubt**" heißt es bei **Kaskade**, dem ständig gut besuchten und daher immer etwas engen und wuseligen Spielwarenladen an der Ecke zum Südermarkt. Wer hier nur schnell nach einem Mitbringsel für ein Kind schauen möchte, muss aufpassen, dass er sich nicht selbst an irgendeiner Ecke mit Knobel- und Geschicklichkeitsspielen, Drachen, Jonglierbedarf, Pfeil- und Bogen, außergewöhnlichen Stofftieren und Holzspielzeug „festspielt" …

Wegweiser in die Höfe – damit auch niemand das Beste verpasst …

Immer etwas Neues – **Schönes, Skurriles und Originelles** – zu entdecken gibt es auch im Design-Shop **Contor**, allerdings ist im Obergeschoss Vorsicht geboten: Wer den Blick nicht von den Regalen lösen kann, stößt sich schmerzhaft den Kopf an den niedrigen Deckenbalken des historischen Hauses.

Wenn auch nicht der Schmerz, so ist doch der Ärger nur von kurzer Dauer, denn beim Blick auf die an Schnüren bereit hängenden Pflaster und Kopfschmerztabletten kann man sich doch eines Schmunzelns kaum erwehren. Wohnaccessoires, Schmuck, Brillen, Wollwaren, Bilder, Mode, Fahrräder, Modellflugzeuge, Haushaltsgeräte und vieles mehr bieten die weiteren Geschäfte in der Roten Straße an.

Und wem nach dem Einkaufsbummel noch der Sinn nach Stadtgeschichte steht: Nur ein paar Schritte von der Roten Straße entfernt, am südlichen Ende des Südermarkts (Nr. 12) steht Flensburgs **ältester Profanbau**, ein ehemaliges Kaufmannshaus vom Ende des 15. Jahrhunderts. Im Inneren des Gebäudes, das heute eine Apotheke beherbergt, sind historische Wand- und Deckenmalereien zu sehen. (mw)

Musik, Theater und Film

Seit 1995 findet jährlich im Hochsommer die **Flensburger Hofkultur** (http://hofkultur.flensburg.de) statt – ein Festival der etwas anderen Art: Hier spielen keine Cover-Bands auf riesigen Marktplatzbühnen, sondern Musiker aus aller Welt geben in der intimen Atmosphäre ausgesuchter Höfe in der Flensburger Innenstadt hochklassige Konzerte. Auch in den Höfen der Roten Straße – Krusehof, Roter Hof und Braaschhof – finden regelmäßig Veranstaltungen der Hofkultur statt. Neben Musik gibt es auch Kabarett, Tanz und Independent-Filme zu sehen, das bunte Programm wird jedes Jahr neu und anders zusammengestellt.

Das gastronomische Angebot in der Roten Straße lässt keine Wünsche offen

---

INFO

Information: www.rotestrasse.de; im Sommer finden regelmäßig Führungen statt, bei denen die Geschichte der Roten Straße vom einstigen Umschlags- und Ausspannplatz bis hin zur Wiederbelebung in den 1960er-Jahren erzählt wird.
Essen & Trinken: Elsässer Flammkuchen kennt jeder, aber lecker ist auch die spanische Variante mit Chorizo, die griechische mit Schafskäse oder die nordische mit frischen Nordseekrabben. Die knusprige Leckerei wird in der **Weinstube im Krusehof** auf dem Holzbrett und in appetitliche Häppchen geschnitten serviert – mit den Fingern essen macht eben nochmal so viel Spaß! Dazu gibt es leckere Weine und regionale Biere. Mo–Sa 12–23 Uhr; Rote Straße 24, 24937 Flensburg, Tel. 0461/12876.
Einkaufen: Kaskade, Mo–Fr 9.30–18.30, Sa 9.30–16 Uhr; Rote Straße 1a, Tel. 0461/29806, www.kaskade-flensburg.de.
Contor, Mo–Fr 9.30–18.30, Sa 9.30–16 Uhr; Rote Straße 24, Tel. 0461/1826220, http://contor-design.com.

82 Spaziergang durch die Altstadt von Eckernförde: Räucherfisch und alte Bausubstanz

Kieler Sprotten? In Eckernförde? Dass die kleinen goldenen Räucherfische nach ihrer Stadt heißen, haben die Kieler angeblich der damaligen komplizierten Logistik zu verdanken, bei der ein Kieler Versandstempel zum Einsatz kam. Eigentlich – so erzählt man es sich jedenfalls hier – stammt die Spezialität aus Eckernförde. Die Kieler sehen das natürlich etwas anders …

Zur Kaiserzeit gab es in Eckernförde **rund 30 Fischräuchereien**, in denen die kleinen heringsartigen Fischchen über Buchen- und Erlenholz geräuchert und in die typischen flachen Holzkisten verpackt wurden. Eckernförde war zu dieser Zeit nicht gerade ein beliebter Ferienort, denn Gestank und Rauch aus den Räuchereien war allgegenwärtig. Immerhin handelte es sich bei den Sprotten um einen enormen **Wirtschaftsfaktor**: „Auch an unseren Küsten, insbesondere an denen der Ostsee, werden alljährlich viele, bei Eckernförde allein durchschnittlich etwa sechzehn Millionen Sprotten gefangen, meist geräuchert und dann unter dem Namen „Kieler Sprotten" in alle Welt versendet", schrieb der Zoologe Alfred Brehm Ende des 19. Jahrhunderts. Dass mit den Fischen einst viel Geld verdient wurde, bezeugt auch die auf die typische goldene Farbe der Sprotten anspielende Redensart: „In Eckernför, dor hebbt se 't rut, ut Sülver Gold to maken."

Heute ist in der Eckernförder Altstadt von Rauch und industrieller Fischproduktion kaum noch eine Spur zu entdecken. Der einzig verbliebene Hersteller der Sprotten in Eckernförde ist die Firma **Rehbehn & Kruse**, wo es heute allerdings etwas anders aussieht als zu Brehms und Kaisers Zeiten. Den modernen Räucheröfen entsteigt durch den Einsatz neuer Filteranlagen kaum noch Rauch und Fischgeruch. Hier werden nicht nur die klassischen Sprotten hergestellt, durch neue

Frischer Fisch direkt vom Kutter

Kreationen und geschmackliche Vielfalt will man auch die jüngere Kundschaft für sich gewinnen. Gefeiert wird die lokale Spezialität jährlich im Juli bei den **Sprottentagen** mit einem Stadtteilwettkampf, einem Gummibootrennen, Fahrgeschäften und Musik.

Eckernförde ist ein **beschauliches Hafenstädtchen** mit etwa 20.000 Einwohnern und erfreulich viel alter Bausubstanz. Obwohl die Stadt seit jeher ein wichtiger Standort der Marine ist, wurde sie im Zweiten Weltkrieg weitgehend von der Bombardierung verschont. Herz der Altstadt ist der mittelalterliche Rathausmarkt, auf dem zweimal in der Woche ein Wochenmarkt sowie während der Saison verschiedene kulturelle Veranstaltungen stattfinden.

Im alten Rathaus befindet sich das sehenswerte **Museum Eckernförde**, das die Geschichte der Stadt dokumentiert sowie regelmäßig interessante Sonderausstellungen zeigt. Am Hafen bieten vormittags einige Fischer ihren Fang direkt vom Boot aus an und beim Fischmarkt am ersten Sonntag im Monat ist es hier richtig belebt. (mw)

Geführte Altstadtbummel ...

... und thematische Stadtführungen bietet die Arbeitsgemeinschaft Eckernförder Stadtführer e. V. an. Treffpunkt ist die Tourist Information Kieler Straße (s. u.). Information und Buchung bei der Eckernförde Touristik und Marketing GmbH, Tel. 04351/71790, www.stadtfuehrung-eckernfoerde.de.

Eckernförde ist ein schönes und gepflegtes Hafenstädtchen mit viel alter Bausubstanz

Information: Die **Tourist Information** befindet sich an der Kieler Straße/Ecke Gerichtsstraße, Mo–Fr 10–17, Sa bis 15 Uhr, So nur, wenn Fischmarkt ist, dann 11–16 Uhr; eine weitere Filiale befindet sich an der Promenade (So geöffnet); www.ostseebad-eckernfoerde.de.
Museum Eckernförde, Nov. bis April Di–Sa 14.30–17, So 11–17, feiertags 14.30–17 Uhr, Mai bis Okt. Di–Sa 10–12.30 und 14.30–17, So 11–17, feiertags 14.30 bis 17 Uhr, Eintritt 3 € (Kinder 6–14 J. 1 €, Familien 6 €); Rathausmarkt 8, 24340 Eckernförde, Tel. 04351/712547, www.museum-eckernfoerde.de.
Essen & Trinken: Meergold – Rehbehn & Kruse, Jungfernstieg 19, Tel. 04351/2814, www.meergold.de. Räucherei mit angeschlossenem Laden und Imbiss. Fischbrötchen und Mittagstisch.
Einkaufen: Bonbonkocherei, Mo–Fr 11–18 (Mo keine Vorführungen), Sa/So 10–18 Uhr (So nicht von Nov. bis März); Frau-Clara-Straße 22, Tel. 04351/889986, www.bonbonkocherei.de. Ein Paradies für Leckermäuler! Hier gibt es von den hausgemachten Bonbons über Weingummi und Lakritz alles, was das Herz begehrt. Zudem ist die offene Schauküche nur durch eine Glasscheibe vom Verkaufsraum getrennt, sodass man bei der Herstellung zuschauen kann.

Die Kieler Holstenstraße: Deutschlands älteste Fußgängerzone

Die Einzelhändler waren zunächst wenig begeistert, als die Holstenstraße – zuvor eine wichtige Verkehrsachse in die Altstadt – in den 1950er-Jahren schrittweise für den Autoverkehr gesperrt wurde. Sie verteufelten das zweifelhafte Konzept einer reinen Fußgängerzone und befürchteten gewaltige finanzielle Einbußen. Dass ihre Straße auf diese Weise bald zu einer attraktiven und beliebten **Einkaufs- und Flanierzone** werden sollte, konnten sie sich offenbar nicht vorstellen. Seit 1957 kann man auf der gesamten Länge der Holstenstraße ungestört bummeln.

Die Holstenstraße verläuft parallel zur Förde und immer wieder öffnet sich an den Querstraßen der Blick auf blau schimmerndes Wasser, weiße Segel und die riesigen **Kreuzfahrtschiffe** im Kieler Hafen. Neben den allgegenwärtigen Kaufhausketten und Filialen der gängigen Modemarken finden sich in der Holstenstraße immer noch einige interessante kleinere Läden, die originelle Kleidung und Schmuck, Delikatessen oder Designartikel anbieten. Zahlreiche Straßencafés laden dazu ein, bei Kaffee und Kuchen das bunte Treiben zu beobachten.

Am nördlichen Ende der Holstenstraße befindet sich der **Alte Markt**, das Zentrum der historischen Altstadt von Kiel. Allerdings ist hier trotz des Namens nicht viel Altes zu finden, denn der Platz mit dem Alten Rathaus wurde im Zweiten

Im Inneren der nach dem Krieg neu errichteten Nikolaikirche finden sich noch zahlreiche historische Elemente

Weltkrieg fast vollständig zerstört. Nach jahrzehntelanger Nutzung als Parkplatz wurde der Alte Markt in den 1970er-Jahren neu gestaltet. Auch von der evangelischen Nikolaikirche aus dem 13. Jahrhundert blieb bei einem Luftangriff 1944 kaum ein Stein auf dem anderen. Der heutige Kirchenbau aus den 1950er-Jahren ist keine reine Rekonstruktion, sondern die Kirche erhielt in weiten Teilen ein neues und

Die Kieler Holstenstraße: Deutschlands älteste Fußgängerzone

Der Kieler Umschlag

Seit 1975 findet in der Holstenstraße und auf dem Alten Markt alljährlich Ende Februar das Volksfest mit Gastronomie, Fahrgeschäften sowie einem mittelalterlichen Markt statt (*www.kieler-umschlag.de*). Diese Tradition geht auf einen mittelalterlichen „Freimarkt" zurück, der seit 1431 jährlich hier abgehalten wurde. Dabei war es auswärtigen Händlern erlaubt, ihre Waren in der Stadt anzubieten. Kiel war zu jener Zeit wirtschaftlich und politisch sehr bedeutend. Wo das Geld war, war auch das ‚Fahrende Volk' nicht weit, also Schausteller, Quacksalber, Krämer und andere Angehörige der Unterschicht, die versuchten, ihren Teil vom Kuchen abzubekommen. Sie machten den Umschlag schon damals zu einer Art Volksfest. Der Markt verlor ab dem 17. Jahrhundert immer weiter an Bedeutung und wurde 1911 eingestellt. Heute wird der Kieler Umschlag am letzten Donnerstag im Februar mit der symbolischen Erweckung des ehemaligen Bremer Bürgermeisters Asmus Bremer und seiner Frau und dem Hissen der Fahne *Asmus Büx* eröffnet. Bis zum darauffolgenden Sonntag wird dann gefeiert.

Die Kieler Brauerei am Alten Markt, im Zentrum der historischen Altstadt

modernes Gesicht. Im Inneren sind aber noch zahlreiche mittelalterliche und barocke Elemente zu sehen, etwa der Flügelaltar von 1460 und die Kanzel von 1705.

Während es nach Geschäftsschluss in der Holstenstraße eher ruhig ist – es sei denn, es ist gerade Kieler Woche (s. S. 99) oder Kieler Umschlag (s. Kasten) – ist der Alte Markt am Abend ideal für ein Feierabendbier und ein Treffen mit Freunden. Die Gastronomie lässt keine Wünsche offen und im Sommer kann man entspannt draußen sitzen und das mediterran anmutende Flair genießen. (mw)

Information: Die **Tourist Information** (Mo–Fr 10–18, Sa 10–14 Uhr) befindet sich parallel zur Holstenstraße in der Andreas-Gayk-Straße 31 (neben der Post), 24103 Kiel, Tel. 0431/679100, www.kiel-sailing-city.de. Hier kann man sich zu Stadt- und Hafenrundfahrten, Führungen u. v. m. beraten lassen.
Essen & Trinken: Selbst gebrautes Bier und deftige Speisen in uriger Atmosphäre gibt es in der **Kieler Brauerei am Alten Markt**. Das naturtrübe obergärige Hausbier wird nach alter Tradition gebraut und schmeckt angenehm würzig. Neben der obligatorischen Schweinshaxe gibt es auch regionale Spezialitäten wie Labskaus, Grünkohl und Matjes; Alter Markt, 924103 Kiel, Tel. 0431/906290, www.kieler-brauerei.de.

84 Preetz: altehrwürdige Schusterstadt in einer traumhaften Seenlandschaft

Kaum 15 Kilometer südwestlich von Kiel gelegen, führt das kleine und von schönen Seen umgebene Städtchen Preetz heute eher ein Schattendasein. Frauen führten hier 600 Jahre lang das Regiment, und sie führten es gut. Einst regierten in Preetz und in der gesamten Probstei nämlich nicht wie anderswo in Holstein adelige Gutsherren, sondern Benediktinerinnen vom Kloster Preetz. Sie selbst standen allerdings unter der Verwaltung eines (adeligen) Probstes, daher auch der Name „**Probstei**" für die Region. Unter der Führung der Kirche ließ es sich hier gut leben, denn Leibeigenschaft gab es nicht. So gelangten die Bauerndynastien der Probstei mit der Zeit zu einem gewissen Wohlstand.

Die Klosteranlage ist eine der schönsten im Lande

Preetz präsentiert sich heute als beschauliche Einkaufsstadt. Einige Läden sind rund um den überdimensionierten Marktplatz angeordnet, an dem die Lange Brückstraße beginnt, eine kleine Fußgängerzone. Dort befindet sich auch eines der schönsten Häuser des Städtchens, das sogenannte **Heß'sche Haus** *(Haus Nr. 22, heute ein Café)*, ein zweigeschossiges Fachwerk-Giebelhaus aus dem 17. Jahrhundert.

Jenseits des Marktplatzes *(an der Straße Garnkorb)* erinnert der größte Holzschuh der Welt daran, dass Preetz einmal eine weithin bekannte Schusterstadt war. Um 1850 gab es hier rund 150 Schuhmacher sowie einige Holzpantoffelmacher, die sich um das Schuhwerk der ärmeren Bevölkerung kümmerten. Lediglich die Holzschuhmacherei von Lorenz Hartmann mit dem kleinen angegliederten Holzschuhmuseum *(Wankendorfer Str. 17)* repräsentiert heute noch die einstige Vielfalt dieses Handwerks in der Stadt.

Auch im **Heimatmuseum** wird der Schustertradition der Stadt gedacht. Ein Besuch hier verdeutlicht zudem, dass Preetz früher auch ein Zentrum der Töpferei sowie des Gold- und Silberschmiedehandwerks war.

Bedeutend ist Preetz aber vor allem aufgrund seiner parkartigen Klosteranlage, die eine der schönsten im Lande ist. Um die zwischen 1325 und 1340 errichtete back-

Machte ein Preetzer Schuster Deutschland 1954 zum Fußball-Weltmeister?

Regelmäßig vor fußballerischen Großereignissen wird in den Medien erneut die Frage aufgeworfen, wer als Erfinder der Schraubstollen zu gelten habe. War es Adi Dassler, der Gründer der Firma adidas oder doch eher sein Bruder, der Puma-Gründer Rudolf Dassler, der schon 1952 mehrere Fußballmannschaften mit Schraubstollenschuhen ausrüstete? Diese vor allem bei aufgeweichtem Rasen vorteilhaften Fußballschuhe sind eng mit dem Mythos vom „Wunder von Bern" im Jahr 1954 verbunden. Doch die Ehre gebührt weder adidas noch Puma, sondern einem Schuhmachermeister aus Preetz. Albert Bünn (1924–2006) meldete bereits am 1. Februar 1948 beim Deutschen Patentamt in München ein Patent für „eindrehbare Fußballstollen" an (eine Kopie der Patenturkunde befindet sich im Heimatmuseum Preetz). Er schickte zwei Paar der neuartigen, von ihm angefertigten Schuhe nach Hamburg zum HSV. Hier zeigte man sich zwar begeistert von der Erfindung, sah aber von einer Bestellung ab. Der Preetzer Schuster war in kaufmännischen Dingen zu unerfahren, um im großen Stil die neuen Schuhe zu verkaufen. Auch war sein Patent nicht wasserdicht genug, um aus der Idee Kapital schlagen zu können. Bünn hatte an dem Schuh Gewindeschrauben befestigt, auf die je nach Bodenverhältnissen unterschiedliche Stollen geschraubt werden konnten. Der geschäftstüchtigere Adolf Dassler drehte das Prinzip praktisch um: Bei seinem Verfahren befand sich das Gewinde in der Sohle der Schuhe und die Stollen wurden einfach eingeschraubt; ganz so wie es heute noch bei den Fußballschuhen üblich ist.

Preetz war einmal eine bedeutende Schusterstadt – daran erinnert der größte Holzschuh der Welt

steinerne Stiftskirche mit dem Konventbau gruppieren sich die später entstandenen Häuser der Stiftsdamen, die sogenannten Konventualinnenhäuser. Nach der Reformation wurde das **Kloster Preetz** nicht aufgelöst, sondern zum Damenstift für die unverheirateten Töchter der Schleswig-Holsteinischen Ritterschaft umfunktioniert.

Ein Spaziergang oder eine Fahrradtour in die nähere Umgebung bieten sich an, beispielsweise um den Lanker See, der über einen Arm der Schwentine bis in die Innenstadt hineinreicht und über eine schöne, strandartige Badestelle verfügt. (dk)

Information: Touristeninformation, Mühlenstr. 9, 24211 Preetz, Tel. 04342/7280420, www.schusterstadt-preetz.de. **Heimatmuseum**, Mi, Sa, So 15–17, So 10–12 Uhr, Eintritt 3 € (Kinder frei); Mühlenstr. 14, 24211 Preetz, Tel. 04342/1888, www.museum-preetz.de. **Kloster Preetz**, Führungen vom 15. Mai bis 15 Sept. tgl. 15 Uhr, Di, Mi, Fr auch 11 Uhr, Eintritt 4 € (Kinder bis 12 J. frei); Klosterhof 5, 24211 Preetz, Tel. 04342/86829, www.klosterpreetz.de.

85 Burg auf Fehmarn: Bummeln in der Inselhauptstadt mit Charme

Wer an Urlaub auf Fehmarn denkt, der denkt an Wind und Sonne, an Wasser und Strand und an eine landwirtschaftlich geprägte Insel, die zu ausgedehnten Radtouren einlädt. Doch da ist ja noch die „Inselmetropole" Burg …

Seit 2003 ist ganz Fehmarn verwaltungstechnisch eine Stadt, städtischen Charakter hat jedoch lediglich der Ort Burg, der mit seinen 6.000 Einwohnern immerhin die Hälfte der Inseleinwohner beherbergt. Burg ist ein liebenswertes Kleinod, das sich bequem zu Fuß entdecken lässt *(Parkplätze sind ausgeschildert)*. Die malerische Altstadt versprüht ein besonderes Flair und eignet sich perfekt zum Einkaufen und Bummeln.

Die Hauptstraße zieht sich durch den ganzen Ort und verbreitet sich am mit Natursteinen gepflasterten Marktplatz mit dem Alten Rathaus, dem ansehnlichsten und trubeligsten Teil der Stadt. Von hier führt die sogenannte Breite Straße in Richtung Hafen Burgstaaken, der etwa zwei Kilometer entfernt ist, und ebenso wie der etwa drei Kilometer entfernte Burger Südstrand im benachbarten Ortsteil Burgtiefe einen Besuch lohnt.

Einen etwas kuriosen Eindruck macht der Höhenunterschied zwischen den Reihen historischer Häuser auf der einen Seite der Hauptstraße, die mit der Fahrbahn gleichauf liegen, und den Häusern auf der anderen Straßenseite, die – eng nebeneinander gebaut – ein ganzes Stück höher gelegen sind. Letztere sind sehr ansehnlich und beherbergen größtenteils Cafés, Restaurants und kleinere Läden. Das grobe Kopfsteinpflaster und die vor den Bürger- und Fachwerkhäusern stehenden knorrigen Linden sorgen für einen altertümlich-romantischen Eindruck. Die mittelalterliche Nikolai-Kirche am Südende der Breiten Straße sieht von außen etwas düster aus. Dieser erste Eindruck täuscht aber, ein Besuch des im Inneren ausgesprochen hellen und freundlichen Gotteshauses lohnt durchaus *(tgl. 10–16 Uhr)*.

Boote im Hafen von Burgstaaken

Die meisten Burg-Besucher verpassen leider die unbekanntere, aber nicht weniger reizvolle Seite des Städtchens – die Parks und kleinen Gassen. Malerisch ist beispielsweise die Ohrtstraße westlich der Einkaufsmeile *(Zugang z. B. hinter dem schönen alten Kino)*, hier gibt es auch einige Restaurants. Zudem verfügt Burg über eine Hand voll interessanter Museen und Ausstellungen, die größtenteils am Hafen in Burgstaaken und im Gewerbegebiet im Westen untergebracht sind. Hier befinden sich auch die riesigen Supermärkte, in denen sich Scharen von skandinavischen Urlaubern und Tagesgästen gleich palettenweise mit Alkoholika eindecken. Aber das hat mit einem entspannten Einkaufsbummel nicht mehr allzu viel zu tun. (dk)

Das Alte Rathaus mit dem Marktplatz ist der lebhafteste Flecken im Ort

Information:
Tourismus-Service Fehmarn, Mummendorfer Weg 7, 23769 Burg auf Fehmarn, Tel. 04371/506300, www.fehmarn.de. Altstadtbummel durch das historische Burg, Dauer 1,5 Std., weitere Infos beim Tourismus-Service.
Meereszentrum, größtes Hai-Aquarium Deutschlands, außerdem 34 weitere Aquarien mit zahlreichen interessanten Meeresbewohnern. März bis Okt. tgl. 10–18, sonst tgl. 10–16 Uhr, Eintritt 11 € (Kinder ab 4 J. 7 €, Senioren/Jugendliche ab 16 J. 9 €); Gertrudenthaler Straße 12, 23769 Burg auf Fehmarn, Tel. 04371/ 4416, www.meereszentrum.de.
Schmetterlingspark, Freiflughalle für bis zu 1.000 bunte Schmetterlinge, die hier unter einem hellen Glasdach zwischen tropischen Pflanzen umherflattern. Mitte März bis Okt. tgl. 10–18 Uhr, Eintritt 7,50 € (Kinder 4–16 J. 5,50 €, Familien 24 €); Mummendorfer Weg 11, 23769 Burg auf Fehmarn, Tel. 04371/8893363, www.schmetterlingspark-fehmarn.de.
Galileo Wissenswelt, die Ausstellung ist unterteilt in die Bereiche „Technik" – eine Mischung aus Physik-Show zum Anfassen und Museum – sowie „Naturkunde" – eine Erlebnisausstellung zur Entstehungsgeschichte der Erde. April bis Okt. tgl. 10–18 Uhr, sonst meist nur Sa/So, Eintritt 11 € (1. Kind 9,50 €, 2. Kind 9 €, weitere Kinder 8,50 €); Mummendorfer Weg 11b, Tel. 04371/ 864446, www.galileo-fehmarn.de.
Peter-Wiepert-Heimatmuseum, Regionalmuseum, in dem von Steinzeitfunden über Schiffsmodelle bis hin zur bäuerlichen Wohnungseinrichtung vieles zu entdecken ist. Juni bis Okt. (sowie an Ostern) Di–Sa 11–16 Uhr. Eintritt 3,50 € (erm. 2 €, Kinder 4–14 J. 1 €); Breite Straße 49, 23769 Burg auf Fehmarn, Tel. 04371/6257, www.museum-fehmarn.de.
U11/U-Boot-Museum, Erkundung eines im Jahr 2003 ausgemusterten U-Boots der Marine, zudem eine kleine Ausstellung über die deutsche U-Boot-Geschichte. April bis Okt. tgl. 10–18, Feb. und März tgl. 10–17, Nov. bis Feb. nur Sa/So 10–17 Uhr. Eintritt 6 € (erm. 5 €, Kinder 4 €, Familien 17 €); Hafen Burgstaaken 89, 23769 Burg auf Fehmarn, Tel. 04371/8891055, www.ostsee-u-boot.de.

86 Neustadt in Holstein: ein Spaziergang durch die Heimatstadt des „Traumschiffs"

Neustadt in Holstein, am Nordufer der Lübecker Bucht gelegen, ist eine der reizvollsten Hafenstädte der Küste – einladend, nicht allzu groß, mit maritimem Flair und einer kleinen Fußgängerzone.

Der **Marktplatz** im Zentrum der Stadt, auf dem zweimal in der Woche ein gut besuchter Wochenmarkt stattfindet, wird geprägt von der mittelalterlichen Kirche und dem klassizistischen Rathaus mit den charakteristischen Säulen. Hier beginnt die Einkaufsstraße, eine Fußgängerzone, die bis zum Kremper Tor führt, das neben der Kirche das einzige erhaltene Gebäude aus der Stadtgründungszeit ist. Das Tor an sich wurde schon im Jahr 1244 errichtet, der schmuckvolle Treppengiebel allerdings erst im Jahr 1907 hinzugefügt. Gleich nebenan befindet sich das Museum zeiTTor, in dem sich 12.000 Jahre Menschheitsgeschichte erleben lassen.

Spaziergang im Hafen, vorbei an historischen Seglern

Auf der anderen Seite des Marktplatzes führt die ebenfalls von zahlreichen Geschäften gesäumte Brückstraße hinunter zum Hafen und über die **Brücke**, die Dreh- und Angelpunkt, aber auch Nadelöhr Neustadts ist. Alle Straßen münden in jenen Übergang, an dem sich in Stoßzeiten regelmäßig der Autoverkehr staut. Die kleine Brücke an der engen Durchfahrt zwischen dem natürlichen Hafen und dem (ehemals schiffbaren) Binnenwasser ist die einzige Verbindung zwischen dem West- und Ostteil der Stadt. Einst befand sich an dieser strategisch wichtigen Stelle ein Brückentor, später errichtete man ein kleines Häuschen, an dem noch bis 1930 Brückenzoll kassiert wurde.

Heute kann man natürlich frei auf dem Hafengelände flanieren, das in Brückennähe von einem liebevoll renovierten **Pagodenspeicher** (von 1830) und historischen Segelschiffen geprägt wird. Neben dem Kremper Tor ist dieser Speicher das zweite Wahrzeichen der Stadt und zeugt gemeinsam mit einigen historischen Kaufmannshäusern davon, dass Neustadt schon immer von Schifffahrt und Handel lebte. Ein regelrechtes Fossil ist auch das Fischeramt, die älteste Fischerinnung Deutschlands, die schon 1474 gegründet wurde und bis heute, inzwischen allerdings in modernen Räumlichkeiten, am Hafen zu finden ist.

Auch Neustadt hatte und hat mit der jüngsten Krise der Fischerei, der Reedereien und Werften zu kämpfen. Ein Lichtblick ist, dass die bekannte Reederei Peter Deilmann, die sich auf Luxuskreuzfahrten spezialisiert hat und deren Flaggschiff die **MS Deutschland** ist, ihren Sitz immer noch hier hat. Das aus der Fernsehserie „Traumschiff" bekannte Kreuzfahrtschiff ist allerdings zu groß, um den Heimathafen anlaufen zu können. Auch sonst geht es an der Westseite des Hafens heutzutage meist eher ruhig und beschaulich zu. Mitunter wird am Güterhafen noch Holz oder Getreide verschifft.

Neustadt in Holstein: ein Spaziergang durch die Heimatstadt des „Traumschiffs"

Neustadt lebte schon immer von Schifffahrt und Handel

Noch weiter westlich liegen zwei große Marinas, die über 1.500 Liegeplätze für Freizeitkapitäne bereithalten. Die Marine betreibt hier ein Ausbildungszentrum und auch die Küstenwache hat in Neustadt einen Stützpunkt. Ihre Schiffe tauchen oft in der ZDF-Vorabendserie „Küstenwache" auf, die seit Mitte der 1990er-Jahre hier gedreht wird. Mit etwas Glück erlebt man die Dreharbeiten live vor Ort. Das Studio am Hafen kann besichtigt werden.

An der östlichen Hafenseite – beim Fischeramt – können Frühaufsteher gelegentlich noch Fisch direkt vom Fischerboot kaufen. Von hier aus führt der Neustädter **Jungfernstieg** immer am Ufer entlang nach Süden in Richtung Pelzerhaken. Der ehemalige Treidelpfad für ankommende und abfahrende Segelschiffe hat allerdings nichts mit seinem berühmten Hamburger Pendant gemein. Wer schwimmen möchte oder oder wer Lust auf einen schönen Spaziergang hat, der kann hier noch etwa zwei Kilometer weiter bis zum Strandbad laufen und dabei die Schiffe und Boote beobachten.

Neustadt ist ohnehin ein beliebter **Badeort** und verfügt in den Ortsteilen Pelzerhaken und Rettin über einen fast sieben Kilometer langen Sandstrand. Aufgrund seiner Lage an der Lübecker Bucht gehört Neustadt zu den wenigen Orten an der Ostseeküste mit einem Südstrand. (dk)

Information: Tourist-Info Neustadt, in einem riesigen Strandkorb-Kiosk im Neustädter Hafen (am Kugelbrunnen) sowie im Dünenweg 7, Tel. 04561/7011, www.luebecker-bucht-ostsee.de/region-neustadt. Parkmöglichkeiten am Hafen und am Marktplatz.
Museum zeiTTor, Museum zur Heimatgeschichte, Ostern bis Okt. Di–Sa 10.30–17, So 14–17 Uhr, Nov. bis Ostern Fr 15–17, Sa/So 14–16 Uhr, Eintritt 3,50 € (Kinder frei); Vor dem Kremper Tor, 23730 Neustadt, Tel. 04561/619305, www.zeittor-neustadt.de.
Küstenwache Studio 1, Blick hinter die Kulissen der ZDF-Fernsehserie, Juni bis August Do–Sa 14–18 Uhr; Eintritt 6 € (Kinder 4 €); Hafenwestseite, Werftstraße 9 (im Haus der Manufakturen), Tel. 04561/1088.

Die Inselstadt Ratzeburg: Bötchenfahrt, Barlach und legendäres Eis

Nicht wenige Bundesbürger kennen das kleine, dreihügelige Inselstädtchen Ratzeburg. „Schuld" daran ist der **Deutschland-Achter**, der 1968 bei den Olympischen Spielen in Mexiko-Stadt die prestigeträchtige Goldmedaille holte. Der damals 14-jährige Ratzeburger Gunther Tiersch, der später die Wettervorhersagen im ZDF moderierte, war der Steuermann des legendären Ruderbootes, das deutschlandweit für Aufsehen sorgte.

Auch heute noch spielt das flüssige Element in Ratzeburg eine große Rolle. Sowohl der St. Georgsberg mit dem Bahnhof als auch die Altstadt mit dem Dombezirk sowie die Vorstadt liegen am Ratzeburger See, dessen südliche Ausläufer „Domsee", „Kleiner Küchensee" und „Küchensee" heißen. Wer mag, kann sich sogar von Lübeck aus mit dem Bötchen nach Ratzeburg schippern lassen. Dabei geht es durch den wunderbar naturbelassenen „Amazonas des Nordens", Geografen besser bekannt als **Wakenitz**. Knapp zwei Stunden dauert die Tour, doch dann kann man sich mit einem weit über die Stadtgrenzen hinaus bekannten Eis belohnen. Der Pavillon der Familie Pelz, deren hausgemachtes Eis an sonnigen Wochenenden viele Motorradfahrer in den zertifizierten Luftkurort lockt, ist für Ratzeburg beinahe so eine Institution wie Niederegger für Lübeck. Wer auf raffiniert zusammengestellte Eisbecher in zahllosen Variationen Wert legt, ist jedoch beim Konkurrenzunternehmen der Familie Bruhn noch etwas besser aufgehoben.

Romanische Backsteinarchitektur am See: der Ratzeburger Dom

Die Inselstadt Ratzeburg: Bötchenfahrt, Barlach und legendäres Eis

Kulturliebhabern sei ein Besuch des **Ratzeburger Doms** empfohlen. Der Bau der spätromanischen Backsteinbasilika begann im Jahr 1160. Der Braunschweiger Herzog Heinrich der Löwe, der auch für den Lübecker Dom verantwortlich zeichnete, stiftete eine große Geldsumme für die Erbauung. Als im Ratzeburger Dom im Mai 2012 ein Festgottesdienst anlässlich der Vereinigung der evangelisch-lutherischen Kirche in Norddeutschland abgehalten wurde, fand sich dazu sogar Bundespräsident Joachim Gauck ein.

Im Innenhof des Kreuzgangs steht ein Nachguss von Ernst Barlachs bekannter Skulptur „Der Bettler". Dabei ist es kein Zufall, dass der 1870 geborene Schriftsteller und Bildhauer hier mit einem Kunstwerk vertreten ist: **Barlach**, dessen Werke sowohl vom Realismus als auch vom Expressionismus geprägt sind, verbrachte einige Kindheits- und Jugendjahre in dem 14.000 Einwohner fassenden Kreisstädtchen des Herzogtums Lauenburg. Er schrieb sogar ein Drama über Ratzeburg, wo er auch seit seinem Tod 1938 begraben liegt. Natürlich gibt es in der Stadt auch ein Museum, das sich mit Leben und Werk des Künstlers befasst. Dabei handelt es sich um eine Dauerausstellung, in der schon seit 1956 die wichtigsten Stationen von Barlachs künstlerischer Entwicklung gezeigt werden. Erfreulicherweise sind auch frühe Werke zu sehen, die Barlach noch unfertig und stilsuchend zeigen.

Ein zweiter Meister, dem die Stadt Ratzeburg eine eigene Ausstellung gewidmet hat, ist **A. Paul Weber** (1893–1980). Seine kritischen und satirischen Grafiken sind im zweiten Museum auf der Altstadtinsel ausgestellt. Nur so viel: Selten wurde ein „Gerücht" (1943/1953) oder ein „Denunziant" (1934/1947) so aussagekräftig und gewitzt dargestellt wie bei Weber. Allerdings stellte dieser sein Talent – ganz im Gegensatz zu Barlach – auch in den Dienst antisemitischer und nationalsozialistischer Hetze. Zugleich verbrachte der patriotisch-sozialkritische Weber aber wegen Kritik an Adolf Hitler einige Monate im KZ Hamburg-Fuhlsbüttel.

Bleibt zu sagen, dass Ratzeburg als Scharnier zwischen westlicher und östlicher Ostseeküste, als ehemalige Grenzstadt zur Deutschen „Demokratischen" Republik, als kleine Insel-, Dom- und, ja, auch Kulturstadt einen Abstecher wert ist – insbesondere in Verbindung mit einem Tagesausflug auf dem Wasser. (mk)

Information: Schifffahrt, die einfache Bootstour von Lübeck (Moltkebrücke) nach Ratzeburg kostet 12 € (Kinder 6 €), Hin- und Rückticket 16,50 € (11 €); Wakenitzufer 1c, 23564 Lübeck, Tel. 0451/793885, www.wakenitz-schiffahrt-quandt.de. **Ratzeburger Dom**, Mai bis Sept. tgl. 10–18, Okt. bis April tgl. außer Mo 10–16 Uhr, Gottesdienst So/feiertags 10.15 Uhr; Domhof, 23909 Ratzeburg, Tel. 04541/3406, www.ratzeburger-dom.de. **Ernst Barlach Museum**, April bis Nov. Di–So 11–17 Uhr, Eintritt 5 € (erm. 4 €); Barlachplatz 3, 23909 Ratzeburg, Tel. 04541/3789, www.ernst-barlach-gesellschaft.de. **A. Paul Weber-Museum**, Di–So 10–13 und 14–17 Uhr. Eintritt 2 € (erm. 1 €, Kinder 0,50 €, Familienkarte 3 €); Domhof 5, 23909 Ratzeburg, www.weber-museum.de. **Essen & Trinken: Eispavillon Pelz**, Schlosswiese 1, 23909 Ratzeburg, Tel. 04541/2754, www.eis-pelz.de; **Eiscafé Bruhn**, Königsdamm 3, 23909 Ratzeburg, Tel. 04541/858827, www.eiscafe-bruhn.de. Beide Cafés sind in den Wintermonaten geschlossen, ansonsten tgl. geöffnet.

88 Shoppen in Lübecks Altstadt: mehr als Marzipan und Weihnachtsmarkt

Zugegeben, man reist nicht zuletzt wegen des **Marzipans** nach Lübeck. Das „Haremskonfekt", wie Thomas Mann es bezeichnete, gehört zur altehrwürdigen Hansestadt wie die drei Nobelpreisträger, die sieben Türme und selbstverständlich das Holstentor. Dabei muss man wissen, dass die Lübecker nicht zwingend bei Niederegger einkaufen. Eine beliebte Alternative zum Branchenprimus ist das Marzipanland *(An der Untertrave 97–98, tgl. 10–18 Uhr)* mit seinem schokolierten Marzipanbruch und der leicht karamellisierten Königsberger Variante. Einziger Wermutstropfen: Der sehr selbstbewusste Besitzer und Marzipanbäcker weiß um sein Können, was ihm nicht immer Pluspunkte bei den Einheimischen einbringt. Als Lübecker gibt man sich am liebsten ganz hanseatisch. Wer die Biovariante des wohlschmeckenden „Mandelmußes" – so wurde Marzipan im Mittelalter genannt – bevorzugt, kann im winzigen Laden von Mest *(Mühlenstraße 39, Mo–Fr 10–18, Sa 10–14 Uhr)* glücklich werden. Im Stammhaus von Niederegger *(Breite Straße 89, tgl. meist 10–18 Uhr, im Dezember bisweilen bis 20 Uhr)* gibt es sogar einen kleinen Marzipansalon, der kostenlos besichtigt werden kann. Darin befindet sich u. a. das größte Marzipankunstwerk der Welt.

Auch der Lübecker **Weihnachtsmarkt**, der von Ende November bis Ende Dezember stattfindet, zieht regelmäßig Scharen von Touristen in die „Minimetropole" an der Trave. Warum? Nur selten findet man eine solche Fülle von Ständen vor der

Das vorweihnachtliche Lübeck zieht jedes Jahr zahlreiche Touristen an

Kulisse einer UNESCO-zertifizierten Altstadt. Dabei hat der Mittelaltermarkt mit Feuerjongleuren und Bands zu Füßen der Marienkirche immer besonders viel Atmosphäre, zudem findet sich gleich daneben ein „Märchenwald" für die Kleinen. Viel zu sehen gibt es auf den Kunsthandwerkermärkten in St. Petri und im Heiligen-Geist-Hospital am Koberg *(jeweils 2 € Eintritt)*. Doch auch der Kinder- und Familienmarkt an der sehr schön gelegenen Obertrave beeindruckt.

Außerhalb der Advents- und Weihnachtszeit bietet sich für Lübeck-Besucher ein ausgedehnter **Schaufensterbummel** an. Längst hat sich die Hüxstraße als charmante und ein ganz klein bisschen mondäne Einkaufsstraße etabliert und auch die parallel verlaufende Fleischhauerstraße wird immer vorzeigbarer. Im Gegensatz zu Hamburg und vielen anderen deutschen Städten, die stark auf Einkaufspassagen mit austauschbaren Geschäften setzen, bieten die zwei lübschen „Gässchen" in verkehrsberuhigter Zone noch zahlreiche individuelle Läden und viel Handgefer-

Leckereien und Kunsthandwerk vor UNESCO-zertifizierter Kulisse

tigtes. An die 150 kleinen Geschäfte reihen sich aneinander, vom Antiquitätenladen bis zur homöopathischen Apotheke, von der wunderbaren Kunst- und Designbuchhandlung maKULaTUR *(Hüxstraße 87, Mo–Fr 10–19, Sa 10–16 Uhr)* bis zu Souvenirgeschäften mit ausgefallenen Mitbringseln für die Daheimgebliebenen (z. B. Lübeckgeschenke, Fleischhauerstraße 44, Mo–Fr 11–18, Sa 10–16 Uhr). Es gibt sogar einen Laden für spanische und portugiesische Spezialitäten sowie einen Schuhmacher, der u. a. lederne Kinderhausschuhe herstellt. Das jüngere Publikum wird sicherlich im cool aufgemachten Klamottenladen Cyroline fündig werden; samstags legt in der stylischen Boutique wie selbstverständlich ein DJ auf *(Fleischhauerstraße 49, Mo–Sa 10–19 Uhr)*. Nur wenige Meter entfernt gibt es bei Joyas *(Fleischhauerstraße 25, Mo–Fr 10.30–18.30, Sa 10.30–18 Uhr)* eine tolle Auswahl an hochwertigen Schuhen.

Nach dem Bummel vielleicht noch ein bisschen Kultur gefällig? Drei Moscheen gibt es in Lübeck, eine davon direkt an der Einkaufsmeile *(Fleischhauerstraße 55–57)*. Außerdem bietet sich ein Besuch im Kinderliteraturhaus *(Fleischhauerstraße 71)* mit Benefiz-Buchladen, Ateliers und Lese-Gruppen für Kinder und Jugendliche an. (mk)

Information: Wer noch mehr Einkaufstipps sucht, kann im Welcome Center am Holstentorplatz 1 einen Shoppingguide für die komplette Altstadt zu ca. 3 € erstehen. Fröhliches Lübeckbummeln!

89 Strandkörbe aus Heringsdorf

Wer meint, bei einem Strandkorb handle es sich lediglich um Freiluft-Mobiliar, irrt gewaltig. Vielmehr hat man es hier mit einer komprimierten **Luxus-Immobilie**, einem multifunktionalen Ein-Raum-Apartment zu tun: gemütliches Esszimmer mit Stauraum für die Picknick-Kitchenette, lichter Salon für die morgendliche Zeitungslektüre oder den nachmittäglichen Tee, Wohn- oder Schlafzimmer für einen Plausch oder ein Nickerchen. Die weitläufige Terrasse mit Ostseeblick ist inklusive, der „Pool" auch nicht weit.

Tage- oder lieber wochenweise?

An nahezu jedem Ostseebad-Strand entlang der deutschen Küste prägen Strandkörbe das Bild, mal in Reih und Glied, mal wild durcheinander. Der Mietpreis eines Strandkorbs beträgt in der Regel 7 bis 9 € am Tag. Wer sich nur am Nachmittag einmieten will, zahlt weniger, etwa 5 bis 6 € nach 14 Uhr. Oder man reserviert sich „seinen" Strandkorb gleich wochenweise, was den großen Vorteil hat, dass man seine Strandutensilien nicht hin- und herschleppen muss. Dann muss man mit etwa 35 bis 45 €/Woche rechnen.

Von allen etwaigen Vorläufern einmal abgesehen, beginnt die **Geschichte des Strandkorbes** zu Anfang der Saison 1882. Der Korbmacher Wilhelm Barthelmann aus Rostock, seines Zeichens Großherzoglicher Hoflieferant, fertigte für Elfriede von Maltzahn, eine ältere Dame, die allen rheumatischer Beschwerden zum Trotz ihren Strandurlaub in Warnemünde genießen wollte, einen ersten einsitzigen Strandstuhl aus Korbgeflecht samt Windfang an. Der Strandkorb war geboren. Frau Maltzahns Sitzgelegenheit muss zahllose interessierte Blicke auf sich gezogen haben, denn bereits im nächsten Jahr eröffnete Frau Elisabeth Barthelmann, die Gattin des genialen Korbmachers, den ersten Strandkorbverleih beim Leuchtturm von Warnemünde. Der Siegeszug des Mobiliars, das bereits 1883 als romantischer Zweisitzer reüssierte, war nicht mehr aufzuhalten.

Kein einfaches Sitzmöbel, sondern ein multifunktionales Ein-Raum-Apartment

In **Heringsdorf** auf Usedom gründete Carl Martin Hader 1925 eine Strandkorbmanufaktur und gleichzeitig eine handwerkliche Tradition, die bis heute Bestand hat. Denn in Heringsdorf werden auch in diesen Tagen noch Strandkörbe hergestellt. Auch das aufsehenerregendste Modell der letzten Jahre stammt von hier: der Korb, in dem die Regierungschefs auf dem G-8-Gipfel 2007 in Heiligendamm in seltener Einmütigkeit Platz genommen hatten.

Der Siegeszug des Strandkorbs begann bereits im 19. Jahrhundert

Wer sich für den Garten einen Hauch Ostsee-Feeling gönnen möchte, kann sich einen Korb anfertigen und nach Balkonien, auf die heimische Gartenterrasse oder in die Laube liefern lassen. Verstellbarer Sonnenschutz und stufenlose Liegestellung, Fußstützen (auch höhenverstellbar), abschließbare Schubfächer, schwenkbares Bistrotischchen, Lektüre- und Brillen-Täschchen sowie Sektkübelhalter, schwer zu sagen, was beim ostseetypischen Halblieger längst Standard ist und wo der Luxus beginnt. Auch bei Form, Farbe und Flechtart kann der Kunde wählen: ob kariert, gestreift oder uni bepolstert, knallig bunt, elegant kontrastreich oder klassisch gedeckt, dicht oder weit geflochten, gewellte oder gerade Markise …

Muss erwähnt werden, dass es sich bei den Qualitäts-Strandkörben aus Heringsdorf um **handgefertigte Unikate** handelt? Aber natürlich hat der Luxus seinen Preis. Der Grundpreis für ein Modell ohne aufwendige Extrawünsche beginnt bei 1.250 €. (st/sb)

Information: In Heringsdorf gibt es zwei Strandkorb-Manufakturen: **Strandkorbfabrik Heringsdorf**, Mo–Fr 9–16 Uhr, Brunnenstraße 10, 17424 Heringsdorf, Tel. 038378/808755, www.strandkörbe-fromholz.de (die Fabrik befindet sich im Waldbühnenweg 3), und **korbwerk**, Mo–Fr 10–18, Sa 10–15 Uhr, Waldbühnenweg 2, 17424 Heringsdorf, Tel. 038378/465050, www.korbwerk.de.

Typisches & Kurioses

GEOMAR, Zoologisches Museum und Aquarium in Kiel: bizarre Welten 11.000 Meter unter der Meeresoberfläche

Die **Erforschung der Ozeane** hat in der Fördestadt Kiel eine lange Tradition. Schon im Jahr 1697 untersuchte der Mathematiker und Physiker Samuel Reyher den Salzgehalt des Wassers in der Kieler Förde. Seit der Mitte des 19. Jahrhunderts – und Wissenschaftlern wie Karl August Möbius und Victor Hensen – wird die Ökologie der Kieler Bucht systematisch erforscht. Auch zahlreiche bedeutsame Expeditionen in den Atlantik oder den Indischen Ozean starteten in Kiel. In der Tradition dieser frühen Erforschung der Weltmeere steht das **GEOMAR** – Helmholtz-Zentrum für Ozeanforschung Kiel, in dem u. a. geologische, biologische und chemische Prozesse in den Meeren mit modernsten Methoden untersucht werden.

Wer sich als Laie für Meeresbewohner interessiert, für den ist das **Zoologische Museum** der Universität Kiel eine gute Adresse: Es befindet sich seit 1881 in einem imposanten Gebäude, das in Zusammenarbeit der Architekten Martin Gropius und Heino Schmieden mit dem Zoologen Karl August Möbius entworfen wurde. Es war von Beginn der Planung an einerseits auf die für ein breites Publikum zugängliche Präsentation von Naturwissenschaft, andererseits auf Forschungstätigkeit und Archivierung ausgerichtet. Die damals neuartige Konzeption mit einer zentralen Ausstellungshalle und umliegenden Forschungsräumlichkeiten wurde zum Vorbild vieler weiterer naturhistorischer Museen.

In verschiedenen Dauerausstellungen wird dem Besucher die Vielfalt der tierischen Land- und Meeresbewohner nähergebracht. Neben zahlreichen historischen Ex-

Beeindruckend ist die Sammlung an Wal-Skeletten, darunter ein 14 Meter langer Pottwal

ponaten gibt es Themenschwerpunkte zu Vögeln, Schmetterlingen und Walen. Besonders faszinierend ist die in Zusammenarbeit mit dem GEOMAR entstandene Dauerausstellung zum Thema **Tiefsee**. Über diesen gigantischen Lebensraum, der fast 60 Prozent der Erdoberfläche einnimmt, ist immer noch sehr wenig bekannt, weniger als über die Oberfläche des Mondes!

Die Exponate wirken wie aus einer anderen Welt: Fische mit gewaltigen Fangzähnen, Riesenkalmare, Leuchtquallen … Durch sparsame, in Blautönen gehaltene Beleuchtung wird der Besucher atmosphärisch in diese fremde Welt versetzt. Im Obergeschoss des Museums werden im Bereich „Ozean der Zukunft" Probleme und Fragestellungen der modernen Meeresforschung thematisiert und durch Exponate veranschaulicht, es geht etwa um Überfischung und den Anstieg des Meeresspiegels.

Wer nach so viel Wissenschaft und Theorie noch ein paar lebende Bewohner der Ozeane sehen möchte, dem sei ein Besuch des **Aquariums** am GEOMAR empfohlen. In großen Schaubecken werden hier verschiedene maritime Lebensräume nachgestellt, in denen sich diverse Tropen- und Mittelmeerfische sowie Bewohner von kälteren Gewässern wie Nord- und Ostsee tummeln. Im Außenbereich kann eine Gruppe von Seehunden über und unter Wasser beobachtet werden. (mw)

Bedrohung aus der Tiefsee

Der Kölner Bestseller-Autor Frank Schätzing verlieh dem Forschungszentrum GEOMAR in seinem 2004 erschienen Thriller **„Der Schwarm"** internationale Bekanntheit auch beim nichtfachlichen Publikum. Die Menschheit sieht sich in Schätzings spannendem Roman von einer bisher unbekannten Spezies aus dem Meer bedroht und angegriffen. Schätzing wurde vom GEOMAR für die verständliche Vermittlung komplexer wissenschaftlicher Erkenntnisse mit einem Preis ausgezeichnet.

Buchtipp: Frank Schätzing, Der Schwarm, Fischer Taschenbuch Verlag

Das Kieler Zoologische Museum wurde zum Vorbild für viele andere naturhistorische Museen

Information: Das **GEOMAR** veranstaltet gelegentlich Tage der offenen Tür. Vom Zentrum betreute Dauer- und Sonderausstellungen in verschiedenen Museen und Einrichtungen sind zu finden unter www.geomar.de/entdecken/ausstellungen.
Aquarium am GEOMAR, April bis Sept. tgl. 9–19, Okt. bis März tgl. 9–17 Uhr, Eintritt 3 € (Kinder/Jugendliche 6–18 J. 1,50 €, Familienkarte 9 €); Düsternbrooker Weg 20, 24105 Kiel, Tel. 0431/6001637, http://aquarium-geomar.de.
Zoologisches Museum, Di–Sa 10–17, So 10–13 Uhr, Eintritt 4 € (Kinder/Jugendliche 6–16 J. 2 €); Hegewischstraße 3, 24105 Kiel, Tel. 0431/8805170, www.zoologisches-museum.uni-kiel.de.

91 Der Fußball des Nordens: Handball-Rekordmeister THW Kiel und Verfolger SG Flensburg-Handewitt

„Gehst du heute zum Spiel?" – während sich diese Frage südlich der Elbe mit ziemlicher Sicherheit auf Fußball bezieht, ist in Schleswig-Holstein meist ein Handball-Spiel gemeint. Spielt einer der beiden großen Nordclubs, sieht man schon Stunden vorher die Fans in schwarz-weißen bzw. blau-roten Trikots, Schals und Mützen durch die Innenstädte von Kiel und Flensburg pilgern.

Der THW Kiel ist für den Handball, was Bayern München für den Fußball ist: Mit 18 Meisterschafts-Titeln zwischen 1957 und 2013 ist der **THW deutscher Rekord-Meister** und mit neun Pokaltiteln auch Rekord-Pokalsieger. Jeweils dreimal konnten die Kieler auf internationaler Ebene auch die Champions-League und den EHF-Pokal nach Hause holen. Die Dominanz des THW im deutschen Handball entwickelte sich in den 1990er-Jahren unter dem aus Kroatien stammenden Trainer Zvonimir Serdarušiæ, genannt Noka. Er betreute die Kieler „Zebras" zwischen 1993 und 2008 ohne Unterbrechung und führte sie in dieser Zeit zu elf Meisterschaftstiteln. 2008 wurde der Trainerposten von dem Isländer Alfreð Gíslason eingenommen, der die Erfolgsserie fortsetzte. 2012 gewann der THW unter seiner

Verein	Anzahl der Meisterschaftstitel	Jahre
Deutsche Handballmeister seit 1950		
THW Kiel	18	1957, 1962, 1963, 1994, 1995, 1996, 1998, 1999, 2000, 2002, 2005, 2006, 2007, 2008, 2009, 2010, 2012, 2013
VfL Gummersbach	12	1966, 1967, 1969, 1973, 1974, 1975, 1976, 1982, 1983, 1985, 1988, 1991
Frisch Auf Göppingen	9	1954, 1955, 1958, 1959, 1960, 1961, 1965, 1970, 1972
TV Großwallstadt	6	1978, 1979, 1980, 1981, 1984, 1990
SV Polizei Hamburg	4	1950, 1951, 1952, 1953
TuSEM Essen	3	1986, 1987, 1989
TBV Lemgo	2	1997, 2003
SG Wallau-Massenheim	2	1992, 1993
Grün-Weiß Dankersen	2	1971, 1977
Berliner SV 1892	2	1956, 1964
HSV Hamburg	1	2011
SG Flensburg-Handewitt	1	2004
SC Magdeburg	1	2001
SG Leutershausen	1	1968

Quelle: wikipedia.de

Leitung die Meisterschaft, den DHB-Pokal, die Champions-League und den Supercup.

Die **Spielgemeinschaft Flensburg-Handewitt** entstand 1990 aus dem Zusammenschluss der Handballabteilungen des Handewitter SV und des TSB Flensburg. Der Start der SG in der Bundesliga war zwar etwas holprig – mit Beinahe-Abstieg und Trainerwechsel – aber dennoch der Beginn einer Erfolgsgeschichte. Der Däne Anders Dahl-Nielsen formte die SG in seinen Trainerjahren 1993 bis 1998 zu einem Erfolgsteam, das seitdem beinahe immer einen Spitzenplatz in der Bundesliga erringen konnte. 2004 schaffte die SG sogar den Doppelerfolg und wurde Deutscher Meister und Pokalsieger.

Bei den Derbys ist in der Flens-Arena die Hölle los – hier der Kieler Aron Palmarsson im Angriff gegen den Flensburger Tobias Karlsson

Wie so oft bei Nachbarvereinen besteht zwischen THW und SG eine **besondere Rivalität**, welche die Hallen bei Derbys zum Hexenkessel werden lässt. Das Schöne dabei ist aber, dass es hier – anders als beim Fußball – eher selten zu Gewalt unter den Fans kommt. Überhaupt herrscht bei den Spielen – trotz aller Spannung und Rivalität – meist eine angenehme, familienfreundliche Stimmung. Das Publikum ist bunt gemischt: Männer, Frauen, Senioren und Kinder feuern ihre jeweiligen Teams an. (mw)

Information: Der **THW Kiel** (www.thw-provinzial.de) spielt in der Sparkassen-Arena Kiel, der ehemaligen Ostsee-Halle, mit Platz für über 10.000 Besucher. Es ist gar nicht so einfach, Tickets für Bundesliga-Heimspiele des THW zu bekommen, denn beinahe alle Plätze sind bereits an Fans mit Dauerkarten vergeben. Ein kleines Kontingent an Stehplatzkarten sowie einige wenige Sitzplätze können online über den Ticketshop auf der Vereinsseite, an Ticketschaltern oder direkt in der Halle erworben werden. Karten für Pokal- und Freundschaftsspiele sind dagegen einfacher zu bekommen. Preise zwischen 14 und 50 €.

Die **SG Flensburg-Handewitt** (www.sg-flensburg-handewitt.de) spielt in der Flens-Arena, der ehemaligen Campushalle auf dem Uni-Gelände. Die sogenannte „Hölle Nord" fasst 6.500 Zuschauer. Hier sind meist, wenn man sich rechtzeitig darum kümmert, auch Karten für die Bundesliga-Heimspiele zu bekommen. Nur die Derbys gegen den THW sind immer sehr früh ausverkauft. Karten gibt es auch hier über den Ticketshop auf der Website, an Ticketschaltern oder in der Halle für 16 bis 38 €.

92 Die Bräutigamseiche im Dodauer Forst: ein Baum mit eigener Postadresse

Kaum zu glauben, aber es gibt in Deutschland einen Baum mit eigener Postadresse: Bräutigamseiche, Dodauer Forst, 23701 Eutin. Seit 1927 steigt der Briefträger als wahrhaftiger **Postillon d'Amour** fast täglich die breite Leiter hinauf und steckt Post in das auf gut drei Metern Höhe befindliche Astloch.

Die rund 500 Jahre alte Bräutigamseiche gilt als Baum der Liebe und ist heute Anlaufpunkt für einsame Herzen, welche die Liebe ihres Lebens suchen. Der mächtige Baum mit seinem fünf Meter dicken Stamm ist gewissermaßen die **älteste Kontaktbörse Deutschlands**. Er ist sogar weltweit der einzige mit dieser Funktion, weshalb selbst in Zeiten der Internet-Kontaktbörsen Menschen von überall her schreiben – aus Japan oder China, vor allem aber aus Polen und Russland. Manche suchen nicht gleich die große Liebe, sondern einfach nur eine Brieffreundschaft. Mitunter wollen die Schreiber auch nur wissen, ob es den Baum wirklich gibt. Die im erstaunlich geräumigen Astloch befindlichen Briefe dürfen von jedermann herausgenommen und bei Bedarf mitgenommen werden, denn das Postgeheimnis gilt hier nicht.

Doch wie kam die Eiche zu ihrem Namen und ihrer Funktion? Der **Sage** nach wurde der Baum von einem keltischen Fürstensohn aus Dankbarkeit für seine Errettung gepflanzt. Er war hier im Forst von Feinden gefesselt zurückgelassen worden, wurde dann aber von einem Christenmädchen, das ihn liebte, aus seiner hilflosen Lage befreit. Möglicherweise wurde diese Sage aber auch von christlichen Missionaren erfunden, um den „heidnischen" Glauben, der mit alten Eichen verbunden war, umzudeuten. Bis heute wird jedenfalls an der Bräutigamseiche alljährlich am Pfingstmontag (um 10.30 Uhr) ein beliebter Gottesdienst gefeiert, oft begleitet vom Bläserkorps des Hegerings Malente. Und es gibt noch einen weiteren schönen Brauch: Wenn ein Mädchen bei Vollmond schweigend und mit ernstem Gesichtsausdruck dreimal um den Baum herum geht und dabei an ihren

Das Postgeheimnis gilt hier nicht, jeder darf die Briefe herausnehmen und lesen

Angebeteten denkt, so wird sie diesen noch innerhalb von Jahresfrist heiraten. Sie können es ja einmal ausprobieren …

Ihren Namen bekam die Bräutigamseiche allerdings erst 1891. Damals verlobte sich die Tochter des Oberforstmeisters Orth mit dem Sohn des Leipziger Schokoladen-Fabrikanten Schütte-Felsche. Doch der strenge Oberförster war strikt gegen diese Romanze, weshalb das Paar seine Liebesbotschaften in dem Astloch der alten Eiche verbarg. Über ein Jahr ging das so und irgendwann stellte sich der Förster dem jungen Glück nicht mehr in den Weg. Am 2. Juni 1891 konnte das Brautpaar einander endlich das Jawort geben – natürlich fand die **Hochzeit** unter diesem Baum statt, was sogar ein zeitgenössisches Foto bezeugt.

Kurgäste aus dem nahegelegenen Malente hörten von dieser glücklichen Romanze und verbreiteten die Geschichte des Baums, der bald darauf im Volksmund „Bräutigamseiche" genannt wurde. Seither wurde es unter einsamen Herzen Brauch, Post im Astloch zu deponieren. Im Jahr **1927** wurde zum leichteren Erklettern des Baums eine Leiter angestellt und seitdem stellt auch die Post die Briefe offiziell zu.

Die Bräutigamseiche hat angeblich schon über 100 Ehen gestiftet

Bis heute hat die Bräutigamseiche nachweislich schon über 100 Ehen zusammengeführt und nach wie vor findet der Baum seine Anhänger. Im Liebesmonat Mai werden von der Post pro Tag bis zu 40 Briefe *(meist gegen 14 Uhr)* zugestellt; ansonsten sind es etwa drei Briefe täglich. Absender sind meist Menschen mittleren Alters, die sich ein zweites Liebesglück wünschen.

(dk)

Information: Tourist-Info Eutin, Markt 19, 23701 Eutin, Tel. 04521/70970, www.holsteinischeschweiz.de.
Hinkommen: An der B 76 Richtung Plön etwa 3 km hinter Eutin beim Obsthof (mit Hofladen und eigener Brennerei) rechts ab in den Dodauer Forst. Es gibt auch ein kleines Hinweisschild mit der Aufschrift „Bräutigamseiche". Nach etwa 200 Metern kommt rechts ein Waldparkplatz, halb links, etwa 100 m in den Wald hinein, steht die riesige Eiche. Die Straße führt übrigens in ihrem weiteren Verlauf fast bis zum ebenfalls sehenswerten Riesenfindling von Malente.

Astronomische Uhr in der Rostocker Marienkirche: schlägt seit 1472 (nicht nur) die Stunde

Viele Kirchen an der Ostseeküste bewahren mehr oder minder ansehnliche Reste uralter astronomischer Uhren und stellen diese aus. Hier ein Ziffernblatt, dort noch eine Ahnung alter Mechanik. Der älteste Zeitmesser steht in Stralsunds Nikolai-Kirche, Bad Doberans Münster hat noch das Ziffernblatt. Die Besonderheit der astronomischen Uhr in der Marienkirche von Rostock besteht in einem simplen Umstand: Sie tickt.

Rostocks astronomische Uhr baute *Magistro orologii* Hans Düringer von 1470 bis 1472. Im Laufe der Jahrhunderte wurde sie teilweise verändert und ergänzt, ein letztes Mal, was ihr äußeres Erscheinungsbild angeht, im Jahr 1643. Im 19. Jahrhundert stand sie eine Zeitlang still, konnte aber überholt und wieder zum Laufen gebracht werden. Auch die Bombenangriffe des Zweiten Weltkrieges überstand die Uhr ohne Schäden, dank des Turmdieners, der sie kurzerhand einmauerte. In den 1970er-Jahren erneut restauriert, funktioniert die **spätmittelalterliche Mechanik** auch heute noch wie das sprichwörtliche Uhrwerk. Aber die astronomische Uhr ist natürlich viel mehr als nur ein Zeitmesser. Sie ist auch ein Kalender, informiert über Tierkreiszeichen und Mondphasen, Sonnenauf- und -untergang, den tagesaktuellen Heiligen und so fort.

Die Uhrscheibe zeigt auch Tierkreiszeichen, Monate und Mondphasen an

Die Uhrscheibe befindet sich in der Mitte, darunter der Kalender. Gekrönt wird die Uhr vom **Apostelumgang**. Über der Uhr stehen sechs Apostel (zwei davon rechts und links ums Eck) in Zierbögen. In der Mitte thront Christus. Schlag 12 Uhr (mittags und nachts) öffnet sich das Tor rechts der Christus-Figur, aus dem die übrigen sechs Apostel kommen. Sie laufen im Halbkreis um den Sohn Gottes herum, wenden sich ihm zu, werden gesegnet und verschwinden wieder durch das linke Tor. Nur der letzten Figur wird sowohl Segen als auch Eintritt verwehrt: Sie bleibt vor dem sich schließenden Tor stehen und ist anhand des Geldsäckels in der Hand unschwer zu identifizieren: Der Apostel vor dem Tor ist Judas.

Faszinierend vielfältig und detailreich gestaltet ist die **Uhrscheibe** in der Mitte. Der äußerste Ring tut das, was man von einer Uhr erwartet, er zeigt die Zeit an. Ungewöhnlich im Vergleich zu heutigen Exemplaren: Der Zeiger läuft am Tag einmal herum, durchläuft also 24 Stunden in einer Umrundung. Der zweite Ring kündet anhand geschnitzter Symbole vom derzeit aktuellen **Tierkreiszeichen**. Ebenfalls mit hübschen Schnitzereien versehen ist der anschließende Kreis. Dieser zeigt die **Monate** und zwar anhand von typischen Monatsbildern: Im Februar wärmt man sich am Feuer, im August wird Korn gedroschen, im November Holz gehackt.

Multifunktional: die Kalenderscheibe

In der Mitte befinden sich zwei Scheiben. An der oberen Scheibe ist ein Sonnenzeiger befestigt, der die Tierkreiszeichen durchläuft, die darunter liegende Mondscheibe, sichtbar im kreisrunden Ausschnitt der Sonnenscheibe, offenbart die **Mondphasen**.

Die **Kalenderscheibe** unterhalb der Uhr ist vielleicht nicht so kunstvoll, dafür deutlich multifunktionaler. Hier ist u. a. das Tagesdatum zu sehen: Ein Zeiger weist dafür von außen auf den zweiten Ring. Die Jahreszahl befindet sich im siebten Ring. Darüber hinaus wird man im vierten Ring über den Tagesheiligen und im zwölften Ring über den diesjährigen Ostertermin informiert. In der Mitte der Scheibe wird sogar ersichtlich, wie lange gerade Tag und Nacht sind (*Allhier sieht man zu aller frist/ Wie lang' der tag von stunde ist …*) und wer es sich partout nicht merken kann: Der äußere Ring klärt darüber auf, wie viele Tage welcher Monat hat (*Ianuarius, habet dies 31 …*). Die Kalenderscheibe reicht übrigens bis ins Jahr 2017. Allerdings steht dann keine Weltuntergangshysterie zu erwarten wie bei auslaufenden Mayakalendern. Die neue Kalenderscheibe ist bereits fertig und wird am 1. Januar 2018 angefügt.

Aber die eigentliche Besonderheit dieser phänomenalen Uhr bleibt den Blicken des Besuchers verborgen: das Uhrwerk, das präzise und zuverlässig Uhr- und Kalenderzeiger bewegt, das Stundenschlag- und Musikwerk bedient und die Apostel Punkt zwölf auf ihre Runde schickt. (st/sb)

Information: St. Marien und die Astronomische Uhr, Mai bis Sept. Mo–Sa 10–18, So und feiertags 11.15–17, Okt. bis April Mo–Sa 10–12.15 und 14–16, So und feiertags 11–12.15 Uhr, Apostelumgang tgl. 12 Uhr, Gottesdienst So 9.30 Uhr, Kirchenführung durch St. Marien (einschließlich Uhr) Mai bis Okt. 11 Uhr; Bei der Marienkirche 2, 18055 Rostock, Tel. 0381/453325, www.astronomischeuhr.de und www.marienkirche-rostock.de.

94 Bernsteinmuseum in Ribnitz-Damgarten: das Gold der Ostsee

Bernstein ist ein Kaustobiolith. Der Fachterminus aus der Geologie kommt zwar recht sperrig daher, charakterisiert den wertvollen Bernstein dafür aber vortrefflich: Es handelt sich um einen Stein (griech. *lithos*), der aus lebendigem, organischem Material entstand (griech. *bios*) und dessen besondere Eigenschaft darin besteht, brennbar zu sein (griech. *kaio*). Auch der deutsche Name deutet das an: Bernstein stammt vom niederdeutschen *Barnsteen*, Brennstein. Gemeinhin eignet sich der Bernstein weniger zum Befeuern, denn – geschliffen und geformt – als kleidsames Schmuckstück und Erinnerung an den Ostseeurlaub.

Was den brennbaren Stein nun vor der, sagen wir, Braunkohle, dem Torfklumpen oder anderen Kaustobiolithen unterscheidet, sind sein vereinzeltes Auffinden und seine leuchtenden Farben. Die Steine können klar und transparent oder auch matt und undurchsichtig sein, je nachdem, wie intensiv winzige Luftbläschen oder mikroskopisch kleine Partikel eingeschlossen sind. Es gibt sogar weißen Bernstein, sogenannte Knochen. Die Farbpalette reicht also von fast Weiß über alle goldgelben und honigfarbenen Schattierungen bis ins dunkle Braun-Rot und fast Schwarz.

Bernstein ist das versteinerte Harz urzeitlicher, subtropischer Bäume. Im Laufe der Jahrmillionen verhärtete das zähflüssige, klebrige Harz zu dem leichten Fossil, von dem man mit etwas Glück Exemplare beim Strandspaziergang findet.

Einen besonderen Stein hat man entdeckt, wenn in seinem Inneren etwas konserviert ist. Dann spricht man von **Inklusen**. Klassiker sind natürlich Fliegen und Mücken, die am urzeitlichen Harz kleben geblieben sind, aber es

Der Bernsteinbrunnen am Marktplatz stellt einen Bernsteinfischer und seine Familie am Ostseestrand dar

können auch Federn sein oder Blüten und Blätter. Im Rohzustand hat Bernstein eine raue und matte Oberfläche. Erst geschliffen entfaltet sich der Glanz, der den Bernstein zum begehrten Rohstoff für Schmuckstücke und Kunstwerke macht.

Das wohl großformatigste Schmuckstück aus Bernstein befeuert bis heute die Fantasie zahlloser Schatzjäger. Das legendäre Bernsteinzimmer, das der preußische König Friedrich Wilhelm I. dem russischen Zaren Peter, genannt der Große, schenkte, ging in den Wirren des Zweiten Weltkrieges verloren. Die schmucke Nachbildung eines Teils dieser brandschutztechnisch bedenklichen Raumausstattung bildet einen Höhepunkt im **Deutschen Bernsteinmuseum**.

In diesem interessanten Haus zur Natur- und Kulturgeschichte des Bernsteins sind zahlreiche Fundstücke und bemerkenswerte Bernsteinkunst ausgestellt. Dazu erfährt man Informatives und Hintergründiges zum Gold der Ostsee: über die Entstehung des Fossils einschließlich der Inklusen, über die Formen der Bernsteingewinnung sowie die Bedeutung des Bernsteins als Schmuckrohstoff von der Steinzeit bis heute, über den historischen Handel usw. Das Museum befindet sich im ehemaligen Kloster von Ribnitz-Damgarten, in der dazugehörigen Kirche ist eine Ausstellung zur Klostergeschichte untergebracht.

Bernstein überall

In der Bernsteinstadt Ribnitz-Damgarten dreht sich alles um den Schmuck-Rohstoff: Da findet sich unter anderem das genannte, sehenswerte Bernsteinmuseum, sogar eine Bernstein-Sauna in der Boddentherme oder eine Bernsteinkönigin als Stadtrepräsentantin. Ein überaus gelungenes Denkmal hat die Stadt dem Lieferanten des Bernsteins gesetzt. Auf dem weitläufigen Marktplatz findet sich der **„Bernsteinbrunnen"**. Die Skulpturengruppe des aus Rostock stammenden Bildhauers Thomas Jastram, Neffe des berühmten Jo Jastram, zeigt einen Bernsteinfischer mit seiner Familie am Ostseestrand.

Geschliffen wird der farblich sehr vielfältige Bernstein zum beliebten Schmuckstück

Wie man Bernstein erkennt? Bernstein ist leicht und schwimmt in Salzwasser, erweist sich beim Bisstest als eher weich und ist auf jeden Fall einzigartig – und: Bernstein brennt. (st/sb)

Information: Deutsches Bernsteinmuseum Ribnitz-Damgarten, März bis Okt. tgl. 9.30–18, Nov. bis Feb. Di–So 9.30–17 Uhr, Eintritt 8,50 € (Schüler/Stud. 6 €, Kinder 4–16 J. 4 €, Familienticket 18,50 €, Audioguides 3 €), Ausstellung zur Klostergeschichte 3 €; Im Kloster 1–2, 18311 Ribnitz-Damgarten, Tel. 03821/4622, www.deutsches-bernsteinmuseum.de.
Schaumanufaktur, vornehmlich ein großes Geschäft für Bernsteinschmuck, aber auch eine offene Bernsteinschleiferei und Schmuckmanufaktur, Mo–Fr 9.30–18, Sa 9.30–16 Uhr; An der Mühle 30, 18311 Ribnitz-Damgarten, Tel. 03821/88580, www.ostseeschmuck.de.

Wie der Bismarckhering in Stralsund zu seinem Namen kam

Es begann mit einem Lottogewinn. Johann Wiechmann – Kaufmann, Bierbrauer und Schankwirt aus Stralsund – hieß der Glückliche, der mit den gewonnenen 1.000 Goldmark ein Haus in der Fährstraße erwarb. Er hängte die Schankschürze an den Nagel und sattelte um zum Fischhändler. Seine uralte und doch moderne Geschäftsidee: Fisch haltbar zu machen. In dem neu erworbenen Gebäude mit der Hausnummer 21, das sich neben dem Scheelehaus befindet, eröffnete der findige Lottogewinner eine Fischkonservenfabrik.

Seit jeher war Fisch und an der Ostseeküste insbesondere der Hering ein Grundnahrungsmittel, das es haltbar zu machen galt, um damit Handel zu treiben oder über den Winter zu kommen. Stralsund verdankt seine hanseatische Karriere zu einem guten Teil dem Hering. Der Handel mit dem Fisch lieferte das Grundkapital, das der jungen Stadt im 13. Jahrhundert den Einstieg in den Ostseehandel und den folgenden Aufstieg zur hanseatischen Handelsmacht ermöglichte. Über Jahrhunderte hielten Heringfang und -handel unvermindert an und waren Lebensgrundlage sowohl für die Rügener und Hiddenseer Fischer wie auch für so manchen Stralsunder Händler. Auf den beiden Inseln gab es zahlreiche, anfangs saisonale Umschlagplätze, meist in geschützten Buchten. Dort trafen sich Händler und Fischer, um den Fisch zur Konservierung in Salz einzulegen, in Fässer zu verpacken und zu kaufen bzw. zu verkaufen. Die Orte, an denen das geschah, wurden **Vitten** ge-

In Stralsund kam der berühmte Fisch zu seinem Namen

nannt. Aus den provisorischen Fischverarbeitungs- und Umschlagplätzen, anfangs wohl kaum mehr als ein paar Bretterverschläge, entwickelten sich Fischerdörfer. Das malerische Dörfchen Vitt am Kap Arkona auf der Insel Rügen und auch Vitte auf Hiddensee erinnern mit ihren Namen heute noch an die alte Tradition.

Nichts anderes hatte im Prinzip Wiechmann im Sinn, als er seine Fischkonservenfabrik gründete, nur eben mit modernen, industriellen Methoden. So wurde aus dem Schankwirt und Ladenbesitzer ein Pionier der Fischindustrie. Doch kam in Wiechmanns Fabrik noch ein weiterer, entscheidender Aspekt

Essig, Öl, Zwiebeln, Salz, Lorbeer und Senf machen aus einem schnöden Hering einen echten Bismarck

hinzu. Hier kommen seine Gemahlin Karoline und Otto von Bismarck ins Spiel. Karoline hatte, lange bevor der Lottogewinn den Geldsegen brachte, nach altem Familienrezept den Hering zubereitet und verkauft. Sie legte den frischen, entgräteten Fisch in einer sauren Marinade ein und machte ihn damit nicht nur haltbar, sondern auch schmackhafter. Natürlich ist die Rezeptur geheim, nicht unwahrscheinlich aber, dass Essig und Öl, Zwiebeln, Salz, Lorbeerblätter und Senfkörner eine Rolle spielen.

Und nun bekam Wiechmanns Geschäftsidee die richtige Würze. Als glühender Verehrer Otto von Bismarcks erlaubte sich der frisch gebackene Fabrikbesitzer, jenem zum Geburtstag ein Fässchen mit dem mild-sauer eingelegten Hering zu schenken. Glückwünsche und ein weiteres Fässchen ließ Wiechmann 1871 dem nun frisch gebackenen Reichskanzler übersenden. Diesmal versah er sein Präsent untertänigst mit der Bitte, den solchermaßen mild-sauer eingelegten Ostseehering in Zukunft **„Bismarckhering"** nennen zu dürfen. Der Reichskanzler war offensichtlich angetan und gewährte dem glücklichen Wiechmann seine Bitte. Seither gibt es den Bismarckhering.

Auch heute noch wird die Tradition des original Stralsunder Bismarckherings fortgeführt. Henry Rasmus heißt der Fischhändler, der wie sein Vorgänger den heute Mächtigen, z. B. Bismarcks Amtsnachfolgern Gerhard Schröder und Angela Merkel, bei Gelegenheit schon mal Fässchen mit dem berühmten eingelegten Hering überreicht hat. (st/sb)

Essen & Trinken: Es findet sich in der Gegend kaum eine Speisekarte, auf der nicht der eingelegte Hering steht. Zahlreiche Gastronomen lassen sich von Henry Rasmus beliefern: **Henry Rasmus Fischhandel und Räucherei**, Fischgeschäft und Imbiss, Heilgeiststraße 10, 18439 Stralsund, Tel. 03831/ 281535, www.bismarckhering.com. Eine weitere Spezialität und empfehlenswerte Alternative zum Bismarckhering ist übrigens der Hiddenseer Pfefferlappen!

Typisches & Kurioses

Stralsund: Meer erleben im MEERESMUSEUM und im OZEANEUM

Die beiden Hauptstandorte des Deutschen Meeresmuseums in Stralsund könnten in ihrer Unterbringung unterschiedlicher nicht sein: Im ehemaligen Katharinenkloster residiert das alte, 1951 gegründete MEERESMUSEUM. Der Gebäudekomplex geht auf eine der ältesten Klostergründungen an der Ostsee zurück und wurde Anfang des 14. Jahrhunderts fertig gestellt. Dagegen ist das 2008 eröffnete OZEANEUM in einem spektakulären, die historische Hafenfront dominierenden Neubau untergebracht. Beiden gemein ist das Thema, dem sich Ausstellungen und Aquarien widmen: das Meer.

Das **MEERESMUSEUM im Katharinenkloster** umfasst die Themenbereiche Meereskunde, Meeresbiologie und Tiefseeforschung, Fischereigeschichte vom Einbaum bis zum Hochseetrawler sowie Lebensraum Ostsee. Geschickt sind die Exponate in das gotische Gebäude eingefügt, nämlich auf mehreren Ebenen in der an sich schon sehenswerten Klosterkirche. Überraschender Höhepunkt ist das riesi-

Das riesige Schildkrötenaquarium ist eine der Hauptattraktionen im MEERESMUSEUM

Tipp

Lange Schlangen vor der Kasse, Gedränge sogar bei den Ohrenquallen? Das muss nicht sein, auch wenn viel los ist. Karten gibt es auch bei der Tourismuszentrale und online auf der Webseite des Museums. Den Besuch im OZEANEUM sollte man zur Hauptsaison direkt morgens nach der Öffnung oder am späten Nachmittag einplanen. Wer beide Museen besuchen möchte, ist mit dem Kombiticket gut beraten, das 12 Monate gültig ist und mit dem man auch noch Geld spart. Am besten startet man mit der Besichtigung des MEERESMUSEUMs.

Kombiticket für MEERESMUSEUM und OZEANEUM 21 € (erm. 14 €, Kinder 10 €).

Ungewöhnliche Architektur: das OZEANEUM am Stralsunder Hafen

ge Skelett eines Finnwals, das im Chor hängt. Schließlich gelangt man beim Rundgang zu den Aquarien. Unter anderem findet man eine farbenprächtige Lebenswelt mit Korallen, Anemonen und Clownfischen im Tropenaquarium sowie ein großes Becken mit Meeresschildkröten.

Auch im **OZEANEUM** wird das Zusammentreffen von farbenprächtigen Aquarien und informativen Ausstellungen inmitten außergewöhnlicher Architektur zum einzigartigen Museumserlebnis. Nur dass die Aquarien hier noch spektakulärer sind (und das Wasser ein paar Grad kälter), die eine oder andere Ausstellung auch interaktiv ist und die Architektur zeitgenössisch. Mit den weißen, gerundeten Fassaden der vier, durch ein Foyer miteinander verbundenen Gebäudeteile bildet das OZEANEUM einen gelungenen Kontrast zum backsteinroten Hafen. Die Ausstellungen befassen sich u. a. mit den Themen Ostsee und Meeresforschung. In den Aquarien bekommt man die Lebensräume der nördlichen Meere zu sehen: vom Stralsunder Hafenbecken über die Boddenlandschaft der Ostsee bis zu Nordsee und Atlantik. Highlights sind zweifelsohne das gigantische Schwarmfischbecken und das Tunnelaquarium Helgoland. Grandios! In einem großen Raum versetzen Modelle von Walen und anderen Meeresriesen in Originalgröße Besucher in Erstaunen. Auf der Dachterrasse kann man die putzigen Humboldt-Pinguine in Aktion erleben. (st/sb)

Information: Tourismuszentrale der Hansestadt Stralsund, Alter Markt 9, 18439 Stralsund, Tel. 03831/24690, www.stralsundtourismus.de.
MEERESMUSEUM, bis Sept. 2014 tgl. 10–17, Okt. bis Juni Di–So 10–17 Uhr, Juli bis Sept. tgl. 10–17 Uhr, Eintritt 9 € (erm. 7 €, Kinder 4–16 J. 4 €, Kombiticket mit dem OZEANEUM s. Kasten); Katharinenberg 14–20 (Besuchereingang: Ecke Mönchstraße/Bielkenhagen), 18439 Stralsund , Tel. 03831/2650210, www.meeresmuseum.de.
OZEANEUM, bis Sept. 2014 tgl. 9.30–20, Okt. bis Mai tgl. 9.30–18 Uhr, Eintritt 16 € (erm. 10 €, Kinder 4–16 J. 7 €); Hafenstraße 11, 18439 Stralsund, Tel. 03831/2650610, www.ozeaneum.de.

Das dänische Sønderborg: Kriegsschauplatz und Segelparadies an der Flensburger Förde

Die malerisch an der Flensburger Förde gelegene dänische Kleinstadt Sønderborg ist nicht nur reich an Geschichte und Kultur, sondern auch ein beliebtes Ausflugsziel für Dänen und Deutsche gleichermaßen. Besonders Freizeitsegler steuern gerne den Hafen der knapp 30.000 Einwohner zählenden Kommune an. Im Sommer herrscht in der gemütlichen Innenstadt ein **reges Treiben** und man kann froh sein, wenn man noch ein Plätzchen unter den Sonnenschirmen der vielen Cafés und Restaurants oder an einem der Brunnen ergattert.

Auf der Halbinsel ging es jedoch nicht immer so beschaulich zu, davon zeugen das einst mit Wehrtürmen und schweren Befestigungsanlagen ausgestattete **Schloss Sønderborg** sowie die westlich der Stadt gelegenen Düppeler Schanzen. Schon im 12. Jahrhundert stand an der Stelle des heutigen Schlosses eine Festung, sie diente der Verteidigung gegen räuberische Angriffe von der Seeseite und schuf einen vergleichsweise sicheren Raum, in dem sich die Stadt Sønderborg entwickeln konnte. Im späten Mittelalter – die Festung war mittlerweile intensiv ausgebaut worden – fanden hier zahlreiche kriegerische Auseinandersetzungen statt.

Für das dänische Königshaus spielte die Festung über Jahrhunderte eine nicht unbedeutende Rolle: Während die Deutsche Dorothea von Brandenburg-Kulmbach, Witwe von König Christian I., noch mehr oder weniger freiwillig hier ihren Lebensabend verbrachte, wurde Schloss Sønderborg für **König Christian II.** zum Gefängnis. 17 Jahre verbrachte er hier, angeblich unablässig um einen runden Tisch herumwandernd und mit dem Daumen eine Kerbe am Rand der Tischplatte hinterlassend. An diese Legende erinnert eine **Tisch-Skulptur** an der Hafenpromenade.

Sønderborg war einst schwer umkämpft, davon zeugen Reste der mächtigen Verteidigungsanlagen

Im 16. und 17. Jahrhundert wurden nach und nach bauliche Veränderungen durchgeführt – aus der Verteidigungsanlage wurde Repräsentations-, Amts- und Wohnsitz adliger Familien. Eine gewisse militärische Bedeutung erlangte der Bau noch einmal während der Schleswig-Holsteinischen Kriege als Kaserne sowie als Lazarett. Heute befindet sich im Schloss ein **Museum**, das sich mit der wechselhaften Geschichte der Grenzregion befasst. Die vielen Konflikte und Kriege werden ebenso thematisiert wie der rege kulturelle Austausch von Deutschen und Dänen. Im Schloss finden auch Konzerte des Schleswig-Holsteinischen Musikfestivals statt (s. S. 159).

Westlich von Sønderborg, an den **Düppeler Schanzen** (dänisch: *Dybbøl Skanser*), entschied sich am 18. April 1864 der Zweite Schleswig-Holsteinische Krieg, auch Deutsch-Dänischer Krieg genannt. Nachdem die Dänen im Februar 1864 das Danewerk aufgrund der preußisch-österreichischen Übermacht kampflos hatten räumen müssen, zogen sie sich hinter das noch nicht ganz fertiggestellte Bollwerk bei Sønderborg zurück. Nach mehrwöchiger Belagerung durch die zahlenmäßig, technisch und strategisch überlegenen Preußen mussten sich die Dänen schließlich geschlagen geben. Diese beiden Ereignisse – die kampflose Aufgabe des nationalmythologisch bedeutsamen Danewerks und die Niederlage bei Düppel – waren für Dänemark traumatisch. Heute befinden sich am Schauplatz der Schlacht eine Gedenkstätte und ein Museum auf der Düppeler Anhöhe (*Dybbøl Banke*). Im Sommer laufen Mitarbeiter in Originaluniformen von 1864 auf dem Gelände herum und erzählen die Ereignisse aus der Sicht der Zeitgenossen. Zum 150. Jahrestag 2014 ist ein umfangreiches Programm geplant. (mw)

Dänische Währung

In Dänemark wird nicht mit dem Euro, sondern mit der Dänischen Krone bezahlt. Derzeit bekommt man für 1 € ca. 7,5 DKK (Stand Frühjahr 2014). In und um Sønderborg wird der Euro jedoch oft auch angenommen, allerdings zu einem sehr ungünstigen Kurs – und das Wechselgeld gibt's in Kronen.

Die Tisch-Skulptur mit der Kerbe erinnert an die lange Gefangenschaft König Christians II.

Information: www.sonderborg.dk/deutsch, www.visitsonderborg.com.
Schloss Sønderborg *(Sønderborg Slot)* **mit Museum**, Mai bis Sept. tgl. 10–17, April/Okt. tgl. 10–16, sonst tgl. außer Mo 13–16 Uhr, Eintritt ca. 8 € (Kinder unter 18 J. frei); Sønderbro 1, DK-6400 Sønderborg, Tel. (0045) 74422539, www.museum-sonderjylland.dk.
Düppeler Schanzen *(Historiecenter Dybbøl Banke)*, April bis Okt. tgl. 10–17 Uhr, Eintritt in der Hochsaison ca. 15 € (Kinder ca. 8 €), sonst ca. 10 € (Kinder ca. 6 €); Dybbøl Banke 16, DK-6400 Sønderborg, Tel. (0045) 74489000, www.museum-sonderjylland.dk.
Hinkommen: Von Flensburg aus auf der B 199/B 200 nach Norden und über die Grenze, weiter nach Norden auf der dänischen Landstraße 170, die nach etwa 10 Kilometern auf die Autobahn 8 in Richtung Sønderborg trifft. Insgesamt braucht man etwa 40 Minuten.

98 Dänische Hotdogs aus Sønderhav: beliebt und preisgekrönt von Annies Kiosk

Alternativ zum schnellsten Weg von Flensburg ins dänische Sønderborg (s. S. 220, „Hinkommen") bzw. auf die Insel Als bietet sich die Küstenstrecke entlang des dänischen Ufers der Flensburger Förde an. Der kleine Umweg lohnt sich gleich doppelt, denn zum einen ist an sonnigen Tagen der Ausblick auf die Förde mit den unzähligen Segelbooten wunderschön. Zum anderen kommt man an dem kleinen Ort **Sønderhav** und damit an einer lokalen Berühmtheit vorbei: Annies Kiosk.

In und um Flensburg kennt jeder die unscheinbare **Würstchenbude**, an der sich allerdings ein wenig die Geister scheiden: Während die einen regelmäßig an den Wochenenden hierher pilgern, um die besten Hotdogs Dänemarks zu genießen, schütteln die anderen nur den Kopf und murmeln etwas von einer überteuerten Touristenfalle. Fast jeder aber war schon einmal hier und hat sich in die oft sehr lange Warteschlange eingereiht, um eine der vielen Hotdog-Varianten, ein Softeis (die andere große dänische Spezialität) oder gleich beides zu erstehen. Rund um die Bude stehen einfache Picknickbänke bereit, oder man setzt sich zum Essen auf die Steine am Fördeufer.

Unscheinbare Würstchenbude mit Kult-Faktor

Inzwischen ist die Beliebtheit von Annies Kiosk wohl kaum mehr alleine durch die – wirklich leckeren, allerdings auch nicht ganz günstigen – Hotdogs oder durch die tolle Location direkt am Wasser zu erklären. Die Bude ist zu einem **Selbstläufer** geworden: Wer hierher kommt, kommt nicht nur aus kulinarischen Gründen, sondern genießt auch staunend und belustigt den allgemeinen Trubel um gar nichts.

Man schlendert umher und schaut sich die Kennzeichen insbesondere der vielen Motorräder an, die teilweise aus weit entfernten Regionen Deutschlands und Dänemarks kommen. An guten Tagen im Sommer steuern oft Hunderte Biker diesen Kult-Treff mitten im Nirgendwo an. Man erzählt einander die Gerüchte über die Inhaberin und Namensgeberin **Annie Bøgild**, die angeblich über die Jahrzehnte mit ihrem Imbiss Millionärin geworden ist und zurückgezogen in einem der Häuser leben soll, die man vom Parkplatz aus oberhalb des Kiosks am Hang sehen kann.

Dänische Hotdogs aus Sønderhav: beliebt und preisgekrönt von Annies Kiosk

Eine Mini-Fähre verkehrt zwischen Sønderhav und den vorgelagerten Ochseninseln

Direkt auf Höhe des Kiosks befindet sich ein kleiner Bootsanleger, von dem aus während der Saison eine Mini-Fähre zu den vorgelagerten **Ochseninseln** verkehrt. Die größere der beiden Inseln (*Store Okseø*) ist unter Seglern ein beliebtes Ausflugsziel. Es gibt hier einen Zeltplatz, eine Gaststätte und einen kleinen Wanderweg. Ansonsten wird die Insel landwirtschaftlich genutzt und es gibt einen kleinen Werftbetrieb. Im Sommer finden regelmäßig Veranstaltungen statt. Von Flensburg aus kann die Insel auch mit dem Wasserflugzeug angesteuert werden. Die kleinere Ochseninsel (*Lille Okseø*) befindet sich in Privatbesitz und ist für die Öffentlichkeit nicht zugänglich. (mw)

Information: Die **Mini-Fähre** zwischen Sønderhav und Store Okseø (Fahrtdauer 10 Min.) verkehrt im Juli und August Di–So 11–18 Uhr, den Rest des Jahres nur am Wochenende, ca. 6 € (Kinder bis 12 J. 3 €); Tel. (0045) 74678766, http://ochseninseln.de.
Ein Ausflug mit dem **Wasserflugzeug** vom Jachthafen Sonwik in Flensburg zu den Ochseninseln mit einer Stunde Aufenthalt kostet 163 € (Kinder 2–12 J. 108 €). Die Flugzeit beträgt pro Strecke 10 Min. www.clipper-aviation.de.
Essen & Trinken: Ein **Hotdog bei An-** **nie** – mit gekochter oder gebratener Wurst, Remoulade, Ketchup, Gurke und Röstzwiebeln – ist selbstverständlich Pflicht (ab ca. 2,70 €, bezahlt werden kann in Euro oder Kronen).
Für den größeren Hunger bietet sich der **Øens Kro** („Inselkrug") auf der Großen Ochseninsel an. Hier gibt es neben typisch dänischen Gerichten auch saisonale Spezialitäten sowie Kuchen und Torten aus eigener Herstellung; Tel. (0045) 74678766, http://ochseninseln.de (hier findet man auch Informationen zum **Zeltplatz**).

99 Über die deutsch-dänische Grenze: ein Waldspaziergang von Wassersleben über den Grenzübergang Schusterkate nach Kollund

Idyllischer kann ein Grenzübergang kaum sein: Nur Fußgänger und Radfahrer dürfen die kleine **Holzbrücke** überqueren, die dänisches und deutsches Territorium verbindet. Auf jeder Seite der Brücke befindet sich ein Grenzstein mit dem Kürzel des Landes, in das der Spaziergänger „einzureisen" im Begriff ist, sowie der Datumsangabe „15.6.1920". Der Grenzübergang Schusterkate wurde 1920 im Anschluss an eine Volksabstimmung eingerichtet. Dabei wurde entschieden, dass Nordschleswig (heute der südliche Teil des dänischen Jütland) nach über einem halben Jahrhundert unter preußischer Herrschaft wieder zu Dänemark gehören sollte.

Heute gibt es entlang der deutsch-dänischen Grenze 280 Grenzmarkierungen in Form von Steinen oder Pfählen. Der **Grenzübergang Schusterkate** ist die Nr. 1 und befindet sich an der östlichsten Stelle der Landesgrenze. Erst seit dem Beitritt Dänemarks zum Schengener Abkommen im März 2001 kann die Brücke jederzeit uneingeschränkt passiert werden. Zuvor war die Grenze zwar auch für jedermann geöffnet, aber nur im Sommerhalbjahr und nur zu bestimmten Zeiten, etwa am Wochenende.

Der Kollunder Wald mit seinem teils sehr alten Buchenbestand ist ein beliebtes Naherholungsgebiet

Nördlich der Brücke führt ein Spazierweg in den **Kollunder Wald**. Früher war der Forst Eigentum der Stadt Flensburg, die durch den Kauf 1883 seine vollständige Rodung verhindert hatte. Vor einigen Jahren ging das Areal in Privatbesitz über, seit 2012 ist es allerdings wieder auf dem Grundstücksmarkt – Kauf-

Grenzgänge

Wer eine längere Tour an der deutsch-dänischen Grenze unternehmen möchte, kann den 74 Kilometer langen ehemaligen **Gendarmenpfad** (*Gendarmstien*) per Fahrrad oder zu Fuß erkunden. Zwischen Padborg und Høruphav patrouillierten von 1920 bis 1958 blau uniformierte dänische Grenzgendarmen, die vor allem den Schiffsverkehr zwischen Dänemark und Deutschland kontrollierten. Entlang der ausgeschilderten Strecke, die zum Großteil direkt am Wasser entlangführt, finden sich zahlreiche Denkmäler, Grenzsteine, Infotafeln und Rastplätze.

Information und Karte unter *www.fjaellwanderung.de/daenemark/gendarmstien/*.

Über die deutsch-dänische Grenze: von Wassersleben nach Kollund

Die einzige Brücke, die Dänemark und Deutschland verbindet

preis drei Millionen Euro! Die Stadt Flensburg erwägt den Rückkauf. Zudem hat sich eine Stiftung gegründet, die zu diesem Zweck Spenden sammelt und vor allem die durch Rodungen bedrohte Ökologie des Kleinods retten will.

Das etwa 1,3 Quadratkilometer große Gebiet war ursprünglich ein Laubmischwald. Während der jahrhundertelangen Nutzung durch die Holzindustrie wurden aber vielfach importierte Nadelhölzer gepflanzt, die sich durch einen besonders schnellen Wuchs auszeichnen. Insgesamt herrscht im Kollunder Wald aber eine große **Artenvielfalt**, sowohl bei Pflanzen als auch bei Tieren.

Ein Netz aus **Spazier- und Wirtschaftswegen** durchzieht den Wald. Der Wanderweg in den kleinen dänischen Ort Kollund führt teils direkt an der Küste entlang, teils durch das Innere des Waldes. Immer wieder bieten sich durch die Bäume tolle Ausblicke aufs Wasser und auf die unzähligen weißen Segel der Boote, die sich im Sommer auf dem Blau der Flensburger Förde (dänisch: *Flensborg Fjord*) tummeln. (mw)

Hinkommen: Wassersleben befindet sich etwa 4,5 km nördlich der Flensburger Innenstadt. Entlang der Hauptstraße gibt es einen großen **Parkplatz**, der – wenn nicht gerade ein besonders heißes Wochenende in der Hochsaison ist – ausreichende Parkmöglichkeiten bietet. Von hier geht man noch ein kurzes Stück entlang der Hauptstraße nach Norden, bevor auf der rechten Seite der 2,5 km lange Wanderweg nach **Kollund** (ausgeschildert) abzweigt.

Lolland: mit der Fähre von Puttgarden nach Rødbyhavn

Ein **Tagesausflug** auf Fehmarns dänische Nachbarinsel Lolland ist leicht durchführbar, weil die Fähre von Puttgarden nach Rødbyhavn im Halbstundentakt verkehrt. Die Fahrt über den 18 Kilometer breiten Fehmarnbelt dauert 45 Minuten und ist damit schon so etwas wie eine kleine Seereise. Zeit genug also, um genüsslich an Deck etwas Seeluft zu schnuppern, im Bordshop einzukaufen oder eine Kleinigkeit zu essen.

Lolland ist mit einer Breite von 58 Kilometern und einer Länge von ca. 20 Kilometern die **viertgrößte dänische Ostseeinsel**. Sie ist selbst für dänische Verhältnisse ziemlich flach, vor allem im Süden und Westen; der östliche Teil der Insel ist etwas hügeliger.

Wer als **Fußgänger** diesen Ausflug unternehmen möchte, kann seinen Pkw bequem am westlichen Hafenbecken stehen lassen *(Parkgebühr 4 €/12 Std., 6,50 €/24 Std.)*. Angekommen in Dänemark, gelangt man über eine Fußgängerbrücke in den Ort **Rødbyhavn**, der mehr oder weniger nur aus dem Hafen und der eher trostlos wirkenden Hafenstraße *(Havnegade)* besteht. Schöner wird es, wenn man westlich des Kommunalhafens ab dem Café Langelinie in etwa 15 Minuten zum feinsandigen Dünenstrand läuft. Von dort bietet sich ein Spaziergang über den Deich zum 1,5 Kilometer entfernten Feriencenter Lalandia an. Wer allerdings nach **Rødby** möchte, muss den Bus nehmen *(Linie 720R, Mo–Fr alle 30 Min, Sa/So stündlich)*.

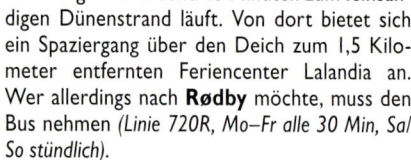

Es lohnt sich, für einen Tagesausflug das **Fahrrad** mitzunehmen, um einen größeren Teil der Insel erkunden zu können. Gut erreichbar ist das sechs Kilometer vom Fährhafen entfernte Rødby, allerdings wirkt der kleine Ort mit ca. 2.500 Einwohnern trotz ein paar Einkaufsmöglichkeiten etwas verschlafen. Wiederum sechs Kilometer östlich von Rødby befindet sich die mit mittelalterlichen Fresken geschmückte Kirche von Tågerup. Außerdem lohnen hier das Museum Polakkasernen, das sich mit der Geschichte der polnischen Rübenarbeiterinnen beschäftigt, und das Schloss Lungholm mit seinen gediegenen Ferienwohnungen einen Besuch. Ansonsten macht eine Radtour über das flache und sehr ländliche Umland auch einfach Spaß, ohne irgendwelche besonderen Ziele anzusteuern.

Der Naturhafen von Nysted lohnt einen kleinen Abstecher

Für die bedeutendsten Ausflugsziele auf Lolland benötigen Sie auf jeden Fall ein **Auto**. Nicht nur für Kinder interessant ist der traditionsreiche **Knuthenborg Safaripark** im Norden der Insel, der größte Safari- und Erlebnispark Nordeuropas. Auf dem von einer sieben Kilometer langen Felssteinmauer umgebenen Gelände laufen Giraffen, Tiger, Nashörner aber auch Bisons und Kängurus frei herum.

Die größten Städte Lollands sind **Nakskov** im Westen (13.500 Einwohner) mit einer netten Altstadt, aber auch mit Industrie- und Hafenanlagen, sowie **Maribo** (6.000 Einwohner) mit einer schönen, am See gelegenen Domkirche von 1470. Sehr idyllisch und auf jeden Fall einen Abstecher wert ist das kleine Städtchen **Nysted** im Südosten mit nur 1.400 Einwohnern. Hier gibt es einen schönen Naturhafen und kleine (Antik-)Läden. Jenseits der Hafenbucht liegt das imposante mittelalterliche Schloss **Aalholm**. Es ist das älteste noch bewohnte Schloss Dänemarks, zum Anwesen gehören sagenhafte 60 Quadratkilometer Land und damit fast zehn Prozent der Fläche Lollands. (dk)

Die Fähre zwischen Fehmarn und Lolland verkehrt im Halbstundentakt

Information: Knuthenborg Safaripark, in der Saison tgl. 10–18 Uhr, Eintritt ca. 28 € (Kinder ca. 15 €); Knuthenborg Allé 1, 4930 Maribo, Tel. (0045) 54788089, http://de.knuthenborg.dk/.

Hinkommen: Fähre nach Rødbyhavn, Preise für einen Tagesausflug in der Hauptsaison ab Puttgarden: Fußgänger 11 € (Kinder 4–11 J. 4 €, Familien 26 €), zu lösen am Automaten am Ende der hölzernen Fußgängerbrücke; Fahrradfahrer 11 €; Pkw 87 €. Autofahrer und Fahrradfahrer reihen sich wie an einer Autobahn-Mautstation ein und kaufen ihr Ticket direkt vom Fahrzeug aus (in der Spur mit dem manuellen Service), weitere Infos unter www.scandlines.de.

Essen & Trinken: Das **Café Langelinie** ist schön gelegen, ganz am äußersten westlichen Ende des Kommunalhafens an den Stranddünen. Hier gibt es in einfachem Imbiss-Ambiente leckeren Bratfisch, Schnitzel und natürlich Kaffee und Kuchen. Tgl. 12–21 Uhr (Hauptsaison), Mo Ruhetag; Rødbyhavn, Vestre Kaj 64, Tel. (0045) 54603420.

Ausflüge ins Ausland

⑩ Ausflug nach Polen: mit der Usedomer Bäderbahn nach Swinemünde

Wer mit dem Zug nach Usedom reist, kommt über die **Peenebrücke** in Wolgast (s. S. 118). Sie verbindet die Insel mit dem Festland, ist aber nicht für schwere Züge gebaut. Daher werden die 54 Kilometer einspuriger Schienenweg auf der Insel von leichteren Diesel-Stadtbahnzügen der Deutschen Bahn bedient, wie sie sonst rund um Großstädte üblich sind, wo es keine Elektrooberleitungen gibt.

Die Züge der Usedomer Bäderbahn (UBB) erkennt man an den mit aufgemalten blauen Wellen geschmückten Triebwagen. Mit ihnen kann man **an der Ostküste Usedoms entlang** Richtung Süden fahren, von Wolgast über Zinnowitz bis ins polnische Świnoujście – vor 1945 deutsch und als „Swinemünde" bekannt. Eine Nebenstrecke verbindet das im Norden der Insel gelegene Peenemünde (s. S. 94) mit Zinnowitz und der Hauptstrecke.

Auch wenn sie sich „Bäderbahn" nennt, direkt entlang der Ostsee fährt sie nur an einer Stelle: Zwischen den Stationen Zempin und Koserow kann man von der Bahn aus sowohl die Ostsee auf der einen Seite der Insel als auch das Achterwasser (s. S. 181) auf der anderen Seite sehen. Die Fahrt dorthin führt an zwei Binnenseen vorbei und durch Buchenwälder hindurch.

Nicht zu übersehen sind die Züge mit den blauen Wellen

Stadt auf zwei Inseln

Die **Swine**, ein Wasserarm der Ostsee, teilt nicht nur die Stadt Swinemünde in zwei Teile, sondern bildet auch die natürliche Grenze zwischen den Inseln Usedom und **Wollin**. So kommt es, dass der Westteil von Swinemünde mit den Hauptsehenswürdigkeiten auf Usedom liegt, das östliche Hafenviertel und seine Anlagen auf Wollin.

Ein Ausstieg lohnt im **Seebad Heringsdorf**, wo man nicht nur auf der Seebrücke flanieren (s. S. 32) oder Strandkörbe kaufen (s. S. 200), sondern im Bahnhofslokal – einer Mischung aus Eisenbahnmuseum und Restaurant – „neue pommersche Küche" essen kann. Im **„Stellwerk"** werden keine Bierhähne auf- und zugedreht, vielmehr drückt und zieht der Wirt Hebel, die aus alten Stellwerken stammen, um Blondes oder Schwarzes zu zapfen.

Das Stationsgebäude wurde 1894 zu Kaisers Zeiten erbaut. Bequemer als mit dem Zug konnte man damals nicht nach Usedom reisen. Dass es in den Zügen reichlich 1.-Klasse-Abteile gab, war der Klientel geschuldet: Bankiers, Industrielle und der Adel hatten sich auf Usedom Sommerresi-

Ausflug nach Polen: mit der Usedomer Bäderbahn nach Swinemünde

denzen und Ferienvillen zugelegt. Und dass **der Kaiser höchstselbst** liebend gerne die Insel besuchte, trug zur Attraktivität erheblich bei. Dazu passte keine kleine Bahnstation, ein großzügiges Gebäude samt Bahnhofsgaststätte musste her. Hier traf sich der Geldadel zu den Rennen auf der Pferderennbahn gleich nebenan.

Später dann galt der Kleinstadtbahnhof als überdimensioniert. Ein zusätzliches Problem war die abseitige Lage des Bahnhofs, die die Verantwortlichen gewählt hätten, weil die Heringsdorfer keine lauten und rauschenden Züge mitten durch ihren Ort fahren lassen wollten. Immerhin ist das Gebäude seit 1994 der Verwaltungssitz der UBB.

Damit die Bahn die letzten eineinhalb Kilometer von der deutsch-polnischen Grenze hinter Ahlbeck (s. S. 32) in den polnischen Teil Usedoms (polnisch **Uznam**) fahren darf, musste die Bäderbahn die Tochterfirma UBB Polska gründen. Seit 2008 funktioniert dieser Schienen-Grenzverkehr bestens.

In **Swinemünde** (Endbahnhof „Świnoujście Centrum") muss man sich dann entscheiden, wo man zuerst flaniert: Auf Europas längster Strandpromenade (die zwölf Kilometer zurück über Ahlbeck und Heringsdorf bis nach Bansin reicht), im ausgedehnten Kurpark oder

Die Mühlenbake ist das Wahrzeichen Swinemündes

um die an der Swine gelegenen Forts aus dem 19. Jahrhundert herum. Gesehen haben sollte man auf jeden Fall das Wahrzeichen der Stadt: die **Mühlenbake** auf der Westmole. (aem)

Information: Die **Usedomer Bäderbahn** bedient die Nebenstrecke stündlich, die Hauptstrecke halbstündlich (Sommer-Fahrplan). Auf der 70-minütigen Fahrt von Wolgast nach Swinemünde gilt Preisstufe 4: einfache Fahrt Erw. 8 € (Kinder 6–14 J. 4 €, Usedom-Ticket für 4 Pers. 29 €); Tel. 038378/27132, www.ubb-online.de.

Swinemünde präsentiert sich als Urlaubs- und Ausflugsziel unter www.swinoujscie.pl/de.
Essen & Trinken: Stellwerk, neue pommersche Küche. Was das ist? Reinschauen und ein Bier aus den „Stellwerkshähnen" bestellen; Am Bahnhof 1, 17424 Ostseebad Heringsdorf, Tel. 038378/32306, www.culinaria-pommerania.de.

Anhang

Pfeffersäcke und bauchige Koggen: eine kleine Geschichte der Hanse

Politisch machtvoll und militärisch schlagkräftig, selbstbewusst und vor allem ungemein umsatzstark: Die Geschichte der Hanse beschreibt eine beispiellose **Erfolgsgeschichte**. Begonnen hat die Karriere der Herrin über das *mare balticum* in gewisser Weise mit dem Wunsch nach Risikominimierung. Das klingt vielleicht etwas zaghaft, berührt aber den Kern hanseatischen Antriebs: das Streben nach Profit.

Hinweis

Die Geschichte der beiden „Ostseeküsten-Bundesländer" Schleswig-Holstein und Mecklenburg-Vorpommern ist so vielfältig und von so verschiedenen historischen, politischen und kulturellen Einflüssen in Gegenwart und Vergangenheit geprägt, dass sie kaum einheitlich und auf engem Raum darzustellen ist. Ein verbindendes Element ist jedoch die Hanse, die im Mittelalter das Schicksal der meisten Hafenstädte an der Ostsee mitbestimmte. Einige weitere historische Aspekte werden im **Kapitel „Geschichte erleben"** (ab S. 69) thematisiert.

Weitere Artikel zur Hanse s. S. 82, 84, 138, 146, 176 und 214.

Fernhandel im 12. Jahrhundert war keine ungefährliche Angelegenheit. Infrastruktur gab es kaum, dafür umso mehr Gefahren und Unwägbarkeiten auf dem Weg: etwa das Wetter, Seeräuber oder launige Fürsten. Gut, das Wetter kann man nicht ändern. Gegen Räuber und Fürsten aber geht man am besten gemeinsam vor. Also reisten die Fernhändler im Verbund, erwarben gemeinsam kostspielige Privilegien – diese benötigte man, um auswärts in einem rechtlich halbwegs sicheren Umfeld Handel treiben zu können – und gründeten in fremden Hafenstädten Handelskontore.

Aus den vielen Fernhandel treibenden „Hansen" – in der ursprünglichen Wortbedeutung „Scharen" oder „Gefolgschaften" – entwickelte sich im 13. Jahrhundert nach und nach ein Städtebündnis: die **„Deutsche Hanse"**. Lübeck hatte bereits im 12. Jahrhundert das Stadtrecht erhalten und die Ostsee als Markt für den niederdeutschen Raum geöffnet. Das spätere „Haupt der Hanse" (s. S. 138) verbündete sich 1241 mit Hamburg und Lüneburg im Westen sowie 1259 mit Wismar und Rostock zu einer Städtehanse, dem „wendischen Städtebund". Dieser wurde bald noch durch Stralsund (im Verbund mit Greifswald) ergänzt. Mit der Einrichtung eines regelmäßig stattfindenden Hansetags – der erste wurde vermutlich im Jahr 1356 in Lübeck abgehalten – hatte sich die Hanse als politischer Machtfaktor etabliert. Die militärische Feuertaufe erfolgte in den 1360er-Jahren, als die anhaltenden Versuche Dänemarks, die Entwicklung des Städtebundes zu hemmen, unterbunden wurden. 1368 nahm eine hanseatische Flotte Kopenhagen ein und zwang den dänischen König zum „Frieden von Stralsund" (1370). Die Hanse war zur Herrin der Ostsee geworden.

Die entscheidende nautisch-technische Errungenschaft der Hanse war die **Kogge** (s. S. 84). Die bauchigen Segler mit zuverlässigen Navigationseigenschaften und einem immensen Fassungsvermögen beförderten die Waren der Händler und somit die Entwicklung der Hanse zur Nord- und Ostsee beherrschenden Macht. Der hanseatische Warenfluss folgte dabei einem grundlegenden Muster: Aus dem Norden und dem Osten kamen vornehmlich Rohstoffe und Lebensmittel, aus dem Westen und Süden wurden Fertigprodukte und Luxuswaren geliefert. Die Hansestädte an der Ostseeküste (ver-)dienten dabei nicht nur als Zwischenhändler, sondern schlugen auch heimische Güter um. Wolle z. B. kam traditionell aus England, Tuch aus Flandern; darüber hinaus wurden aus dem Westen auch Wein sowie Silber- und Metallwaren in den Ostseeraum gebracht. Aus Norwegen wurde Stockfisch geliefert, aus Schweden Kupfer und Eisen, aus Russland und dem Baltikum Teer und Pech, Holz und Pottasche, Felle und Leder. Gewürze und Seide kamen aus Fernost. Aus dem eigenen Hinterland steuerten Lübeck und Wismar Getreide bei – zumindest bis Lübeck den Getreidehandel an sich riss und Wismar mit Erfolg auf den Export von Bier umstieg (s. S. 82). Die Hansestädte an der Ostsee verfügten zudem über Vitten, also Orte, an denen der heimische Hering mittels Salz konserviert und damit haltbar gemacht wurde (s. S. 214).

Die zuverlässigen Koggen sicherten die Vormachtstellung der Hanse auf Nord- und Ostsee – hier die Wissemara auf der Hanse Sail (s. S. 174)

Ab der Mitte des 14. Jahrhunderts erlebte die Hanse eine bis ins 16. Jahrhundert reichende **Blütezeit**. Zahlreiche Kaufleute, die sich längst nicht mehr selbst auf die gefahrvolle Fernfahrt begeben mussten, sondern die Waren vom heimischen Kontor aus über sicher gewordene Handelswege jonglierten, wurden unermesslich reich. Stolzer Ausdruck des hanseatisch-bürgerlichen Selbstbewusstseins ist die Norddeutsche Backsteingotik. In prächtigen Kirchenbauten, prunkvollen Rathäusern und repräsentativen Bürgerhäusern stellten die Kaufleute und Ratsherren Reichtum und Macht zur Schau. Die Rathäuser von Lübeck (s. S. 138) und Stralsund (s. S. 146), die großartigen Kirchen in Wismar (s. S. 140), Rostock und Stralsund (s. S. 148) sowie natürlich die Lübecker Marienkirche (s. S. 136) zeugen noch heute von hanseatischer Blüte.

(st/sb)

Die deutsche Ostseeküste – Zahlen und Fakten

Angrenzende Bundesländer:

Schleswig-Holstein (SH)

Mecklenburg-Vorpommern (MV)

Küstenlänge: 2.582 km

SH: 637 km (davon 162 km Schlei-Küste, 87 km Insel Fehmarn)

MV: 1.945 km (1.568 km **Bodden- und Haffküste** mit (Halb-)Inseln, 377 km Außenküste)

Charakteristisch für die Ostseeküste sind zudem die abwechselnden Abschnitte von **Steil- und Flachküsten** sowie das Vorkommen von **Förden**.

Internationale Landgrenzen:

SH: mit **Dänemark**	67 km
MV: mit **Polen**	78 km

Größte Städte (Einwohner, ca.):

H Kiel (SH)	240.000
H Lübeck (SH)	212.500
H Rostock (MV)	204.500
Schwerin (MV)	95.500
Flensburg (SH)	83.500
H Stralsund (MV)	57.500
H Greifswald (MV)	56.000
H Wismar (MV)	42.500

H = Hansestadt

Neben den genannten sind auch Anklam, Demmin und Wolgast (alle MV) **Hansestädte**. Letztere wird meist nicht erwähnt, da sie innerhalb der Hanse kaum von Bedeutung war. Die Hansestadt Hamburg liegt ca. 80 km von der Ostseeküste entfernt.

Größte Inseln (Quadratkilometer):

Rügen (MV)	930
Usedom (MV; deutscher Teil)	373
Fehmarn (SH)	178,7
Poel (MV)	34,3
Ummanz (MV)	19,6
Hiddensee (MV)	16,7

Von den genannten **Inseln** ist Rügen auch die größte Deutschlands, Usedom steht auf Platz zwei, Fehmarn auf drei. Poel ist die siebt-, Ummanz die zwölft- und Hiddensee die vierzehntgrößte.

Ostseezuflüsse:

SH: Trave

MV: Warnow, Peene, Recknitz, Stepenitz und Uecker (die Oder fließt auf polnischem Gebiet ins Stettiner Haff und damit in die Ostsee)

Höchste Erhebungen an der Ostseeküste (Meter über NN):

SH: Bungsberg	168
MV: Piekberg (Rügen)	161,1

Nationalparks:

MV: Nationalpark Vorpommersche Boddenlandschaft, Nationalpark Jasmund

UNESCO-Welterbe:

Kultur: Altstadt von Lübeck mit Holstentor (SH; seit 1987) und die Altstädte von Wismar und Stralsund (MV; seit 2002)

Auf der deutschen Nominierungsliste stehen zzt. die Denkmäler und Stätten der Wikinger, u. a. Haithabu (SH). Vorgeschlagen für diese Liste sind das Münster von Bad Doberan und das Schweriner Schloss (beide MV).

Natur: Buchenwälder im Nationalpark Jasmund (MV; seit 2011)

Praktische Informationen

Anreise

Mit dem Auto

Das dichte **deutsche Autobahnnetz** bringt Ostseeurlauber an fast alle Ziele nah heran, wenn zu den Ferienzeiten auch mit Stau zu rechnen ist. Folgend eine Übersicht der Routenmöglichkeiten ohne Anspruch auf Vollständigkeit:

Für Reisende aus den Bundesländern **Saarland, Rheinland-Pfalz, Nordrhein-Westfalen, Bremen** und dem **nördlichen Niedersachsen** bietet sich die **A1** von Saarbrücken über die Eifel, Köln und das Ruhrgebiet Richtung Bremen, Hamburg und Lübeck an. Sie führt weiter über Scharbeutz, Eutin, Neustadt in Holstein, Oldenburg und Heiligenhafen über die Fehmarnsundbrücke bis zum Fährhafen Puttgarden auf Fehmarn, wo die Fähre nach Lolland/Dänemark übersetzt. Möchte man ins nördliche Schleswig-Holstein, fährt man vor Hamburg auf die A7 nach Norden (s. u.) oder später auf die **A21** gen Kiel. Richtung Mecklenburg-Vorpommern führt ab Kreuz Lübeck die A20 (s. u.).

Ostseefahrer aus dem **östlichen Bayern** (Schwaben, Mainfranken), **Baden-Württemberg, Hessen und dem südlichen Niedersachsen** kommen über die **A7**. Sie führt von Füssen im Allgäu vorbei an Ulm, Würzburg, Fulda, Kassel und Hannover nach Hamburg. Über Neumünster und den Nord-Ostsee-Kanal bei Rendsburg, Schleswig und Flensburg geht es weiter bis zur dänischen Landgrenze.

Den Anordnungen des Personals ist unbedingt Folge zu leisten ...

In **Ober- und Niederbayern** sowie **Franken** und **Thüringen** führt die **A9** von München über Nürnberg, Bayreuth, Hof durch die Bundesländer **Sachsen, Sachsen-Anhalt und Brandenburg**. Ziel ist Potsdam am **Berliner Autobahnring**.

Von **Berlin** aus gibt es verschiedene Möglichkeiten: Die **A24** Richtung Hamburg mit Anschluss an die A1, A7 und A21 (s. o.), von der man auch vorher auf die **A19** Richtung Rostock bzw. **A14** nach Wismar gelangen kann.

Die **A20**, genannt „**Ostseeautobahn**", berührt zwischen Bremerhaven und Lübeck sowohl die A7 als auch die A1 (s. o.) und führt von Westen nach Osten die Ostseeküste Mecklenburg-Vorpommerns entlang. In ihrem Verlauf trifft sie ebenfalls auf die A14, die A19 (s. o.) und die **A11**, die auch vom Berliner Ring her kommt.

Mit der Bahn

Mit der Bahn gelangt man meist über Hamburg oder über Berlin an die Reiseziele an der Ostsee.

Wer in Richtung dänische Grenze möchte, steigt am besten ab Hamburg in den alle zwei Stunden verkehrenden Schleswig-Holstein-Express nach **Flensburg**. Der braucht zwar gut zwei Stunden, hat aber noch die gemütlichen alten Abteile und sogar einen mobilen Kaffee- und Snackwagen an Bord – zudem geht es über die historische Rendsburger Hochbrücke (s. S. 128). Durchgehende IC oder ICE-Verbindungen gibt es von Hamburg nach **Lübeck**, **Kiel** und **Fehmarn**. Ein ICE fährt auf dem Weg ins dänische Aarhus zwar auch über Flensburg, braucht dabei von Hamburg aus aber genauso lange wie der o. g. RE.

Ein IC bedient die Strecke Hamburg – **Rostock** – **Stralsund**, wobei man in Stralsund nach **Binz**/Rügen umsteigen kann. Von Hamburg nach Stralsund fährt man knapp drei Stunden (mit dem ebenfalls verkehrenden RE ca. 3,5 Stunden (mit Umstieg in Rostock).

Von Berlin aus geht es in etwa drei Stunden per IC oder RE nach Stralsund sowie mit dem RE nach **Schwerin** und weiter nach **Wismar** (Fahrtzeit ebenfalls etwa drei Stunden).

Mit dem Bus

Verschiedene Fernbuslinien verbinden Hamburg und Berlin mit den Zielen an der Ostseeküste. Flensburg, Kiel, Lübeck, Schwerin, Kühlungsborn, Rostock, Rügen und Usedom sind mit dem Bus oft zu relativ günstigen Preisen zu erreichen, Infos unter **www.bahn.de/autokraft** oder **www.berlinlinienbus.de**.

Mit dem Flugzeug

Für die Anreise aus der Luft kommen die Flughäfen Hamburg und Rostock in Frage. **Hamburg** wird u. a. von München, Nürnberg, Köln/Bonn und Frankfurt angeflogen. Allerdings ist Hamburg noch ein ganzes Stück von den Zielen an der Küste entfernt und man muss noch einige Kilometer mit Bahn oder Bus zurücklegen. Die Zeitersparnis gegenüber der Anreise per Auto oder komplett per Bahn geht dann oft beim Einchecken, Auschecken, Umsteigen in Bahn und Bus etc. wieder verloren. **Rostock** wird direkt von München, Stuttgart, Köln/Bonn und Frankfurt aus angeflogen. In Heringsdorf auf **Usedom** gibt es einen kleinen Flughafen, der während der Saison von Düsseldorf, Dortmund, Köln/Bonn, Frankfurt und Stuttgart aus angeflogen wird (www.flughafen-heringsdorf.de).

Informationsstellen

Schleswig-Holstein

Ostsee-Holstein-Tourismus e.V. (Dachverband)	Am Bürgerhaus 2, 23683 Scharbeutz, Tel. 04503/888525, Fax 04503/888515, E-Mail: info@ostsee-sh.de, www.ostsee-schleswig-holstein.de
Flensburg Fjord Tourismus GmbH	Rote Straße 15–17, 24937 Flensburg, Tel. 0461/9090920, Fax 0461/9090936, E-Mail: info@flensburg-tourismus.de, www.flensburg-tourismus.de
Tourist Service Center Glücksburg	Schloss Glücksburg, 24960 Glücksburg, Tel. 046 31/40770, Tel. 046 31/407737, E-Mail: touristinfo@gluecksburg.com, www.gluecksburg.com
Ferienland Ostsee – Geltinger Bucht e.V.	Nordstraße, 24395 Gelting, Tel. 04643/777, Fax 04643/442, E-Mail: info@ferienlandostsee.de, www.ferienlandostsee.de
Eckernförde Touristik und Marketing GmbH	Am Exer 1, 24340 Eckernförde, Tel. 04351/71790, Fax 04351/6282, E-Mail: info@ostseebad-eckernfoerde.de, www.ostseebad-eckernfoerde.de
Kiel-Marketing e. V. / GmbH	Andreas-Gayk-Str. 31b (Neues Rathaus), 24103 Kiel, Tel. 0431/679100, Fax 0431/6791099, E-Mail: info@kiel-sailing-city.de, www.kiel-sailing-city.de
Tourismusverband Probstei e.V.	Alte Dorfstr. 53, 24253 Probsteierhagen, Tel. 04348/919184, E-Mail: info@probstei.de, www.probstei.de
Zweckverband Tourismuszentrale Holsteinische Schweiz	Bahnhofstraße 5, 24306 Plön, Tel. 04522/50950, Fax 04522/509520, E-Mail: info@holsteinischeschweiz.de, www.holsteinischeschweiz.de
Hohwachter Bucht Touristik GmbH	Berliner Platz 1, Tel. 04381/90550, Fax 04381/905555, E-Mail: info@hohwachterbucht.de, www.hohwachterbucht.de
Tourismus-Service Fehmarn	Südstrandpromenade 1 und Mummendorfer Weg 7, 23769 Fehmarn, Tel. 04371/506333, E-Mail: info@fehmarn.de, www.fehmarn.de
Tourismus-Service Grömitz	Neuer Markt 1, 23743 Grömitz, Tel. 04562/256256, Fax 04562/256246, E-Mail: info@groemitz.de, www.groemitz.de und www.ostseeferienland.de (auch für Dahme, Kellenhusen, Grube und Lensahn)
Lübeck und Travemünde Marketing GmbH	Holstentorplatz 1, 23552 Lübeck, Tel. 0451/8899700, Fax 0451/4091990, E-Mail: info@luebeck-tourismus.de, www.luebeck-tourismus.de

Mecklenburg-Vorpommern

Tourismusverband Mecklenburg-Vorpommern e.V.
Platz der Freundschaft 1, 18059 Rostock, Tel. 0381/4030550, Fax 0381/4030555, E-Mail: info@auf-nach-mv.de, www.auf-nach-mv.de

Tourismusverband Mecklenburg-Schwerin e.V.
Alexandrinenplatz 7, 19288 Ludwigslust, Tel. 03874/666922, Fax 03874/666920, E-Mail: info@mecklenburg-schwerin.de, www.mecklenburg-schwerin.de

Stadtmarketing Gesellschaft Schwerin mbH, Tourist-Information
Am Markt 14 (Rathaus), 19055 Schwerin, Tel. 0385/59252-12, -13, -14, Fax 0385/555094, E-Mail: info@schwerin.info, www.schwerin.info

Tourismuszentrale Wismar
Am Markt 11, 23966 Wismar, Tel. 03841/19433, Fax 03841/251-3091, E-Mail: touristinfo@wismar.de, www.wismar.de

Verband Mecklenburgische Ostseebäder e.V.
Uferstraße 2, 18211 Ostseebad Nienhagen, Tel. 038203/77610, Fax 038203/776120, E-Mail: info@ostseeferien.de, www.ostseeferien.de

Tourist-Information Rostock
Universitätsplatz 6 (Barocksaal), 18055 Rostock, Tel. 0381/3812222, Fax 0381/3812602

Am Strom 59/Ecke Kirchenstraße, 18119 Rostock-Warnemünde, Tel. 0381/548000, Fax 0381/5480030, E-Mail: touristinfo@rostock.de, www.rostock.de

Tourismusverband Fischland-Darß-Zingst e.V.
Barther Straße 16, 18314 Löbnitz, Tel. 038324/6400, Fax 038324/64034, E-Mail: info@tv-fdz.de, www.fischland-darss-zingst.de

Tourismuszentrale der Hansestadt Stralsund
Alter Markt 9, 18439 Stralsund, Tel. 03831/24690, Fax 03831/246922, E-Mail: info@stralsund tourismus.de, www.stralsundtourismus.de

Tourismuszentrale Rügen GmbH
Ringstr. 113–115, 18528 Bergen auf Rügen, Tel. 03838/807780, Fax 03838/254440, E-Mail: info@ruegen.de, www.ruegen.de

Tourismusverband Vorpommern e.V.
Fischstraße 11, 17489 Greifswald, Tel. 03834/8910, Fax 03834/891555, E-Mail: info@vorpommern.de, www.vorpommern.de

Fremdenverkehrsverein der Hansestadt Greifswald und Land e.V.
Rathaus/Markt, 17489 Greifswald, Tel. 03834/521380, Fax 03834/521382, E-Mail: greifswald-information@t-online.de, www.greifswald.de / www.greifswald.info

Usedom Tourismus GmbH
Waldstr. 1, 17429 Seebad Bansin, Tel. 038378/477110, Fax 038378/477129, E-Mail: info@usedom.de, www.usedom.de

Unterwegs

Fahrradfahren

Die deutsche Ostseeküste ist ideal für längere und kürzere Fahrradtouren. Das Streckennetz ist weitgehend ausgebaut und bietet sowohl einfache und flache Abschnitte für Gelegenheitsradler und Familien mit Kindern als auch durchaus anspruchsvolle Strecken für Radsportler. Der wunderschöne **Ostseeküstenradweg** (siehe Karten im Umschlag) führt auf rund 1.100 Kilometern immer an der deutschen Küstenlinie entlang. Der Weg ist durchgängig als Route „D2" bzw. mit dem blauen Logo des Ostseeküstenradwegs gekennzeichnet. Bahnanbindung gibt es etwa in Flensburg, Kiel, Lübeck, Rostock und Stralsund, aber auch an vielen kleineren Bahnhöfen auf der Strecke. Zahlreiche weitere regionale und Fernradwege – wie auch die Deutsche Fährstraße (s. S. 162) – sind auf den Internet-Seiten www.auf-nach-mv.de/radwandern sowie www.ostsee-schleswig-holstein.de/de/radfahren beschrieben.

Wandern

Auch zu Fuß lassen sich die Küstenlinie und das Hinterland wunderbar erschließen. Zahlreiche ausgewiesene Wanderwege und organisierte Wandertouren bieten genügend Abwechslung für jede Zielgruppe. Neben dem Nord-Ostsee-Wanderweg und dem Europäischen Fernwanderweg E9 gibt es viele regionale und lokale Routen, die sich lohnen. Besonders schöne Wanderwege gibt es auf den Inseln **Rügen, Hiddensee und Fehmarn**, aber auch das Hinterland hält einige Überraschungen in Form von malerischen Seen und dichten Wäldern bereit. Ideal für Wander-Anfänger: Wer nicht möchte und sich vorher ein bisschen informiert, muss so gut wie keine Steigungen überwinden, ein großer Teil der Strecken ist extrem flach. Informationen gibt es zum Beispiel über www.auf-nach-mv.de/wandern oder www.ostsee-schleswig-holstein.de (hier hat man sich entschieden, das „Wandern" durch „Laufen & Walken" zu ersetzen – die vorgestellten Wege und Routen sind aber natürlich für jede Art der Fortbewegung zu Fuß geeignet).

Fährverbindungen (Auswahl)

Kiel – Göteborg (S); www.stenaline.de
Kiel – Oslo (N); www.colorline.de
Puttgarden/Fehmarn – Rødby/Lolland (DK); www.scandlines.de (s. S. 226)
Travemünde – Malmö (S); www.finnlines.com
Travemünde – Helsinki (F); www.finnlines.com
Rostock – Gedser/Falster (DK); www.scandlines.de
Rostock – Trelleborg (S); www.stenaline.de

Segeln

Eine der schönsten Fortbewegungsarten in der Region ist natürlich das Segeln (s. S. 84, 160 und 174). Die **Küstenlandschaft** mit ihren Steilküsten, Sandstränden, malerischen Buchten und idyllischen Hafenstädtchen ist abwechslungsreich und auch an Wind mangelt es meistens nicht. Informationen zu Segelschulen, Bootsverleihern und Törns zum Mitsegeln gibt es bei den Touristen-Informationen vor Ort (s. S. 238).

Urlaub für die ganze Familie

Die Ostseeküste ist ideal für einen Urlaub mit Kindern geeignet. Feiner Sand, überwachte Strandabschnitte, familienfreundliche Unterkünfte und Restaurants finden sich überall entlang der Küstenlinie. Wer mit **kleineren Kindern** reist und in erster Linie Sandburgen bauen, in der Ostsee baden und sich sonnen möchte, wird etwa in Hohwacht (s. S. 12), Kellenhusen (s. S. 18), Grömitz (s. S. 20) oder Holnis (s. S. 54) fündig. Die Strände auf den Inseln Poel (s. S. 24) und Fehmarn (s. S. 58) bieten das ganze Spektrum von abgelegenen, ruhigen Abschnitten bis hin zu DLRG-überwachtem Strand-Getümmel. Sind **ältere Kinder** dabei, die ein bisschen mehr Unterhaltung und Aktion brauchen, bieten sich etwa das Ostsee Resort Damp (s. S. 10) oder der Weißenhäuser Strand (s. S. 14) an – riesige Spaßbäder, Sportanlagen und Abenteuerspielplätze lassen hier keine Wünsche offen.

Reiterferien auf einem Bauernhof in der Probstei (s. S. 164) oder ein **Segel-Urlaub** an der Eckernförder Bucht (s. S. 160) sind für Kinder ab etwa sieben Jahren geeignet. Weitere Attraktionen für Kinder sind das riesige SEA LIFE-Meeresaquarium in Timmendorfer Strand (s. S. 22), die Ostseestation Priwall in Travemünde (s. S. 44) oder auch die Robbenstation Hohe Düne in Rostock (s. S. 62). Auch **Freizeitparks** hat die Ostseeküste zu bieten: Während die Tolk-Schau (s. S. 156) sich eher an kleinere Kinder richtet, bietet der Hansa-Park in Sierksdorf Action und Nervenkitzel pur (s. S. 168).

Sowohl der Tourismusverband der Ostseeküste Schleswig-Holsteins (www.ostsee-schleswig-holstein.de/de/familienurlaub) als auch jener der Ostseeküste Mecklenburg-Vorpommerns (www.auf-nach-mv.de/tourismusorte-familien) gibt **Tipps** für den perfekten Familienurlaub.

Entspannung pur für Groß und Klein

Buchtipps

Hanne Bahra, **Familien-Reiseführer Ostseeküste Mecklenburg-Vorpommern** (Hamburg 2012).
Karolin Küntzel, **Ostseeküste Lübeck mit Kindern**. 350 Aktivitäten & Adressen im Dreieck Lübeck, Plön und Fehmarn (Frankfurt 2014).
Anne Sauer, **Familien-Reiseführer Ostseeküste Schleswig-Holstein** (Hamburg 2011).

Für Kinder:
Claas Janssen, **Das große Ostseebuch für Kinder** (Rostock 2014).
Frank Rudolph, **Strandsteine für Kids**: Sammeln und Bestimmen (Neumünster 2011).

Anhang

Besondere Unterkünfte – eine kleine Auswahl

An Übernachtungsmöglichkeiten aller Art besteht an der gesamten deutschen Ostseeküste kein Mangel: Einfache und komfortable Campingplätze, Ferienhäuser und -wohnungen, Ferienparks, Reiterhöfe, noble Gutshäuser sowie Sport-und Wellnesshotels lassen keine Wünsche offen. An dieser Stelle sollen daher nur einige aus unterschiedlichen Gründen besonders empfehlenswerte Übernachtungsmöglichkeiten – sortiert von West nach Ost – vorgestellt werden.

Ostseecamp Glücksburg-Holnis, An der Promenade 1, Tel. 04631/622071, www.ostseecamp-holnis.de, Stellplatz ca. 31 € (4-köpfige Familie mit Zelt oder Wohnwagen). Stellplätze für Zelte, Wohnwagen und Wohnmobile, auch Mietwohnwagen. Typisch für einen Campingplatz direkt am Strand: Die Parzellen sind eher klein und kaum voneinander abgetrennt, es gibt wenig Schatten. Dafür tolle Lage, gute Sanitäreinrichtungen und vielfältiges Sport- und Spielangebot am flach abfallenden, feinen Sandstrand. Ideal für Familien mit kleineren Kindern.

Hotel Admiral Scheer, Strandstraße 92, 24235 Laboe, Tel. 04343/42700, www.admiral-scheer.net, Doppelzimmer ab 49 € (Hauptsaison). Der Deutsche Marinebund betreibt direkt am Marine-Ehrenmal ein Hotel mit Restaurant. Die Zimmer im Hotel Admiral Scheer sind selbstverständlich im maritimen Stil eingerichtet und verfügen größtenteils über Seeblick. Das Restaurant Heimathafen bietet Feines und Deftiges aus dem Meer und von der Weide.

Heuhotel Dummersdorfer Ufer, Reseberweg 11, 23569 Lübeck, Tel. 0451/301705, www.dummersdorfer-ufer.de, ca. 13 €. Erholsamer Schlaf im duftenden Heu, anschließend ein kräftiges ländliches Frühstück mit allem was dazugehört ... Weitere Heuhotels an der Ostseeküste unter www.heuherbergen.de.

Radisson Blu Senator Hotel, Willy-Brandt-Allee 6, 23554 Lübeck, Tel. 0451/1420, www.senatorhotel.de, Doppelzimmer ab 140 €. Wenn man ein Zimmer mit Traveblick bucht, hat man die „Skyline" der vielleicht schönsten 200.000-Einwohner-Stadt der Republik vor sich. Ansonsten bietet das Radisson allen Komfort, den ein 5-Sterne-Hotel bieten muss: von Zimmern mit Wohlfühlatmosphäre bis Spa. Lediglich das Frühstück kostet 19 € extra.

Rucksack Hotel Lübeck, Kanalstraße 70, 23552 Lübeck, Tel. 0451/706892 oder 0171/2618792, www.rucksackhotel-luebeck.com,

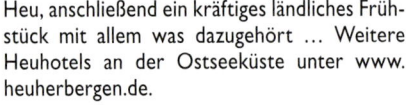

Auch wenn man am liebsten den ganzen Urlaub im Strandkorb verbringen möchte – ein warmes Bett ist manchmal auch nicht zu verachten ...

Besondere Unterkünfte – eine kleine Auswahl

Schlafen im Mehrbettzimmer ab 15 €. Wesentlich weniger hanseatisch geht es in der sympathischen Unterkunft neben dem Café Affenbrot, einem zertifizierten Biobetrieb, zu. Neben Mehrbettzimmern für bis zu acht Personen existieren auch sieben charmant eingerichtete Doppelzimmer, die für den kleinen Geldbeutel unbedingt zu empfehlen sind.

Fründts Hotel, Schweinsbrücke 1–3, 23966 Wismar, Tel. 03841/2256982, www.hotel-stadtwismar.de, Doppelzimmer ab 68 €. Mitten in Wismars historischer Altstadt liegt einen Steinwurf von St. Nikolai entfernt das erst jüngst eröffnete Hotel. Die geräumigen Zimmer in dem sorgsam renovierten alten Stadthaus sind stilvoll eingerichtet und sehr behaglich. Mit Restaurant; Parkplätze im großen Hof hinter dem Haus.

Unterkünfte suchen

Der Ostsee-Holstein-Tourismus e. V. (**www.ostsee-schleswig-holstein.de**) und der Tourismusverband Mecklenburg-Vorpommern e. V. (**www.auf-nach-mv.de**) bieten auf ihren Webseiten übersichtliche Unterkunfts-Suchfunktionen mit direkt angeschlossener Buchungsmöglichkeit an.

Strandhotel Fischland/Dünenmeer, Ernst-Moritz-Arndt-Str. 6 bzw. Birkenallee 20, 18347 Ostseebad Dierhagen, Tel. 038226/520, www.strandhotel-ostsee.de, Doppelzimmer ab 260 bzw. 295 € (Hauptsaison). Rundum entspannen und sich mal so richtig verwöhnen lassen kann man in den beiden direkt am feinen Dierhagener Strand gelegenen Hotels Fischland und Dünenmeer. Ersteres ist dabei mehr auf Familien mit Kindern und Sportbegeisterte ausgerichtet, das Strandhotel Dünenmeer mit seinem erstklassigen Spa bietet v. a. Ruhe, Entspannung und Wellness.

Regenbogen Camp Perow, Bernsteinweg 4–8, 18375 Prerow, Tel. 038233/69351, www.regenbogen-camp.de, Stellplatz ab 22 € (inkl. 2 Pers.). Der Ostseecampingplatz schlechthin – Zelten in den Dünen oder im lichten Kiefernwald, keine 50 Meter zum Wasser. Großes Areal am Rand des Darßwaldes, bestens organisiert, einer der am schönsten gelegenen Campingplätze Deutschlands.

Haferland, Bauernreihe 5a, 18375 Wieck a. d. Darß, Tel. 038233/680, www.hotelhaferland.de, Doppelzimmer ab 137 €. Das wunderbare Hotel Haferland liegt ruhig am Ortsrand des kleinen Dörfchens Wieck auf dem Darß. Hinter dem Haus erstreckt sich ein zauberhafter (Kräuter-)Garten. Entspannung garantiert die Gesundheitsscheune mit Sauna, Spa und Schwimmbad. In der Guten Stube oder dem vegetarischen Feinschmeckerrestaurant Bajazzo wird verfeinerte regionale Küche serviert. Erholung garantiert.

Schloss Spyker, Schlossallee 1, 18551 Spyker, Tel. 038302/770, www.schloss-spyker.de, Doppelzimmer ab 110 €. Das altehrwürdige Schloss mit dem markanten rostroten Putz befindet sich in herrlich abgeschiedener Lage auf der Halbinsel Jasmund (Rügen) und beherbergt heute ein stilvolles Hotel. Im gemütlichen Gewölbekeller ist ein empfehlenswertes Restaurant untergebracht (im Sommer mit Terrasse vor dem Schloss).

Jugendherberge Heringsdorf, Puschkinstraße 7–9, 17424 Heringsdorf, Tel. 038378/22325, www.jugendherbergen-mv.de, Übernachtung im Mehrbettzimmer ca. 25–32 Euro, im DZ ca. 30–36 €. Direkt an der Strandpromenade der Dreikaiserbäder auf Usedom gelegen, ist diese ehrwürdige Fachwerkvilla aus der Zeit um 1900. Bestlage und mit schönem, schattigem Garten. DJH-Mitgliedschaft erforderlich.

Literatur

Albert Burkhardt: Vineta. Sagen und Märchen vom Ostseestrand (Rostock 2001).

Bernd E. Fischer: Gerhart Hauptmann auf Hiddensee. Menschen und Orte (Berlin 2011).

Gisela Graichen; Rolf Hammel-Kiesow: Die deutsche Hanse. Eine heimliche Supermacht (Reinbek 2011).

Uwe Johnson: Jahrestage. Aus dem Leben von Gesine Cresspahl (vierbändige Ausgabe im Schuber, Berlin 2013).

Gottfried Kiesow: Wege zur Backsteingotik. Eine Einführung (Bonn 2003/2011).

Arnulf Krause: Die Welt der Wikinger (Hamburg 2013).

Mörderische Ostsee: Ihr krimineller Reiseführer für die Lübecker Bucht (Scharbeutz 2010).

Mörderische Ostsee 2: Ihr krimineller Reiseführer von Fehmarn bis Kiel (Scharbeutz 2011).

Ostseeküsten-Radweg Teil 1: Schleswig-Holstein. Von Flensburg nach Lübeck. 1:75.000, mit GPS-Track-Download (Rodingersdorf/Österreich 2012).

Ostseeküsten-Radweg Teil 2: Mecklenburg-Vorpommern. Von Lübeck nach Ahlbeck/Usedom. Mit Rügen. 1:50.000, mit GPS-Track-Download (Rodingersdorf/Österreich 2013).

Angela Pfotenhauer (Text); **Elmar Lixenfeld** (Fotos): Backsteingotik (Bonn 2002/2005).

Jürgen Reich: Nationalpark Jasmund (Rostock 2012).

Achim Roscher: Otto Niemeyer-Holstein. Lebensbild mit Landschaft und Figuren (Berlin 2001).

Jürgen Rostock; Franz Zadniček: Paradiesruinen. Das KdF-Seebad der Zwanzigtausend auf Rügen (Berlin 2012).

Matthias Schümann (Text); **Reiner Mnich** (Fotos): Kunstwege. Spaziergänge durch Rostock und Warnemünde (Rostock 2006).

Register

A
Aalholm 227
Aalregatta 161
Ahlbeck 32
Ahrenshoop 114
Altenhof 158
Am Schwarzen Busch 25
Angeln (Region) 72
Annies Kiosk 222
Anreise 236
Aquarium am GEOMAR 205
Arche Noah 21
Astronomische Uhr 210
B
Bad Doberan 144, 170, 172
Badehaus Goor 150
Bäderarchitektur 33
Bäderbahn 178
Bad Segeberg 102
Baltic Sail 174
Bansin 32
Barlach, Ernst 197
Barth 90
Bernstein 212
Bernsteinbrunnen 212
Bernsteinmuseum 212
Bier 82
Binz 30
Bismarckhering 214
Boy-Ed, Ida 135
Braasch Rum 71
Brandt, Willy 104
Brasilien 164
Braun, Wernher von 94
Bräutigamseiche 208
Brodtener Steilufer 42
Brueghel, Jan 110
Brunnen der Lebensfreude 112
Brunsbüttel 162
Buddenbrookhaus 104
Buddenbrooks 44
Bungsberg 38
Burg auf Fehmarn 192
Burgstaaken 192
Burgtor 134
C
Croy-Teppich 121
D
Dahmer Kliff 41
Dahmeshöved 40
Damp 10
Dampfloks 172
Dänemark 220, 222, 224, 226

Darßbahn 29
Darßer Ort 28
Darßer Weststrand 28
Demmler, Georg Adolph 142
Der Fürst und das Mädchen 127
Der Landarzt 11, 156
Deutsche Fährstraße 162
Die Pumpe 98
Doberaner Renntage 170
Dodauer Forst 208
Dornbusch 48
drei Kaiserbäder 32
E
Eckernförde 158, 160, 186
Eichendorff, Joseph von 42
Einwohnerzahlen 234
Eisarsch-Regatta 161
Eisenbahnhochbrücke 128
Eiszeitmuseum 81
Eitzer Strand 15
Elisabethturm 39
Erhebungen 235
Eutin 100
Eutiner Festspiele 100
F
Fahrradtouren 240
Fährverbindungen 240
Falshöft 36
Fauler See 24
Fehmarn 58, 192
Fehmarnsundbrücke 132
Ferienhof Plagmann 164
Ferienhof Sye 164
Fernmeldeturm 38
Fernwanderweg E 9 61
Fischräucherei 186
Fledermäuse 102
Flensburg 70, 184
Flensburger Hofkultur 185
Freilichtmuseum Klockenhagen 88
Freizeitparks 241
Friedrich, Caspar David 120
Futterkamp 13
G
G 8-Gipfel 27
Galopprennbahn 170
Geltinger Birk 56
Gendarmenpfad 224
GEOMAR 204
Gerhart-Hauptmann-Haus 117
Gespensterwald 60
Glücksburg 126

Gogh, Vincent van 120
Golfen 158
Grand Hotel Kempinski 26
Grass, Günter 104
Graswarder 16
Grauer Kranich 64
Greifswald 120, 152
Grenzzone 40
Grömitz 20
Großer Binnensee 13
Grüner Brink 58
Günter-Grass-Haus 105
Gut Damp 10
Gut Ehlerstorf 15
Gut Farve 15
Gut Neudorf 13
Gut Panker 130
H
Haithabu 74
Hals, Frans 110
Hansa-Park 168
Hanse 82, 84, 138, 146, 176, 214, 232
Hansekogge 84
Hanse Sail 174
Hauptmann, Gerhart 116
Heeresversuchsanstalt 94
Heiligendamm 26
Heiligenhafen 16
Heiraten auf dem Leuchtturm 37
Heiraten auf dem Schloss 126
Heringsdorf 32, 200
Hermannshöhe 42
Herthaburg 67
Herthasee 67
Hessenstein 130
Hiddensee 48, 116
Highland-Rinder 55, 56
Hochseilgarten 158
Hohe Düne 62
Hohwacht 12
Hohwachter Bucht 12, 14
Hohwachter Flunder 12
Holnis 54
Holstentor 134
Hörnbrücke 162
I
Informationsstellen 238
Inseln 235
J
Jagdschloss Granitz 31
Jaromarsburg 50

Jasmund 66
Johannsen Rum 71
Johnson, Uwe 108
K
Kalifornien 164
Kanu 180
Kap Arkona 50
Kappeln 156
Karl-May-Spiele 102
Kaufmannshäuser 147
Kellenhusen 18
Kellenhusener Hubertuswochen 19
Kiel 98, 162, 188, 204
Kieler Umschlag 189
Kieler Woche 99
Kinder 241
Klettern 158
Klockenhagen 88
Kloster Cismar 21
Kloster Eldena 153
Kloster Preetz 190
Klütz 108
Knuthenborg Safaripark 227
Kogge 84, 232
Kollund 224
Kollunder Wald 224
Koloss von Rügen 92
Königsstuhl 66
Koniks 56
Kraniche 64
Krusenstern 175
Kuhhaus Altenhof 159
KuhHaus Damp 11
Kühlungsborn 172
Kunstkaten 115
Künstlerhaus Lukas 114
Kunstmuseum Ahrenshoop 115
Kunstsammlungen 110
Küstenlänge 234
Küstenwache 195
L
Laboe 76
Landgrenzen 234
Landschaftsmuseum Angeln/Unewatt 72
Langballig 72
Langbetten-Grabanlage Ruserberg 13
Langenwerder 24
Lensahn 166
Leuchtenfeld 44
Liebermann, Max 120
Likedeeler 176
Lolland 226
Lübeck 104, 106, 134, 136, 138, 198
Lütjenburg 80
Lüttenort 122

M
MACHTUrlaub 92
Mann, Thomas 44, 104
Maribo 227
Marine-Ehrenmal 76
Marinepeilturm 50
Marine Science Center 62
Marschall Vorwärts 112
Marzipan 198
Mecklenburg, Friedrich Franz I. von 26
Mecklenburgische Bäderbahn 172
MEERESMUSEUM 216
Missunde 156
Molli 172
Molli-Museum 173
Museumshof Lensahn 167
N
Nakskov 227
Nationalpark Jasmund 66
Nationalpark Vorpommersche Boddenlandschaft 29, 64
Naturerbe Zentrum Rügen 92
Naturpark Schlei 156
Naturpark Usedom 181
Naturschutzgebiet Großer Wotig 180
Neudarß 29
Neustadt 194
Niederdeutsches Hallenhaus 89
Niemeyer-Holstein, Otto 122
Nienhagen 60
Nienhäger Gespensterwald 60
Nienhäger Holz 60
Niobe 59
Noctalis 103
Nord-Ostsee-Kanal 162
Nysted 227
O
Ochseninseln 223
Ostholstein-Museum 101
Ostsee-Ferienpark 16
Ostseeküsten-Radweg 61
Ostsee-Meeting 170
Ostseezuflüsse 235
Oudry, Jean-Baptiste 111
OZEANEUM 216
P
Passat 45
Peenebrücke 228
Peenemünde 94
Peenestrom 180
Petermännchen 143
Plön 78
Poel 24
Poeler Kogge 84
Polen 228

Pommersches Landesmuseum 120
Präsidenteneiche 19
Preetz 190
Priwall 45
Probstei 164, 190
Probsteimuseum 164
Prora 92
Putbus 150
Putbus, Fürst zu 31
Puttgarden 226
R
Ralswiek 177
Rasender Roland 178
Rathausschlange 112
Ratzeburg 196
Ratzeburger Dom 196
Räucherfisch 186
Reederei Peter Deilmann 194
Reiterferien 241
Rembrandt 110
Rendsburg 128
Ribnitz-Damgarten 212
Robbenforschungsanlage 62
Robbenstation 62
Rødbyhavn 226
Rosenstadt 101
Rostock 62, 86, 112, 174, 210
Rubens 110
Rügen 50, 92, 178
Rügensche BäderBahn 178
Rumhäuser 70
Rum-Museum 71
Rumregatta 70
Runge, Philipp Otto 118
Ruserberg 13
S
Schifffahrtsmuseum Flensburg 70
Schinkelturm 50
Schlei 156
Schleswig-Holsteinisches Eiszeitmuseum 81
Schloss Glücksburg 126
Schloss Plön 78
Schloss Sønderborg 220
Schloss Weißenhaus 15
Schönwalde 38
Schusterkate 224
Schwansen 10
Schwebefähre 128
Schwentine 38
Schwerin 110, 142
SEA LIFE 22
Seeadler 181
Seebrücken 30, 32
Segeln 84, 160, 174, 240, 241
Sellin 30
SG Flensburg-Handewitt 206

Register

Sierksdorf 168
Skulpturen 112
Sønderborg 220
Sønderhav 222
St. Aegidien, Lübeck 137
St. Annen, Lübeck 106
Stasi-U-Haft Rostock 86
Steinwarder 16
St. Marien, Lübeck 136
Störtebeker Festspiele 176
Störtebeker, Klaus 176
St. Petri, Lübeck 137
Stralsund 146, 148, 214, 216
Strandkörbe 200
Stubbenkammer 66
Stubnitz 66
Süderleuchtturm 49
Swinemünde 228

T
THW Kiel 206
Timmendorfer Strand 22
Tolk-Schau 156
Travemünde 44
Triple-Ultra-Triathlon 166
Turmhügelburg 80

U
U-Boot-Besichtigung 76
UNESCO-Welterbe 235
Unewatt 72
Untersuchungs-Haftanstalt Rostock 86
Usedom 91, 180, 228
Usedomer Bäderbahn 228

V
Vineta 90
Vitalienbrüder 176
Vitt 50

W
Wakenitz 196
Wanderwege 240
Warhol, Andy 106
Warnemünde 46
Warnemünder Woche 174
Wassersleben 224
Wasserstandseiche 19
Weber, A. Paul 197
Weber, Carl Maria von 100
Weigel, Helene 51
Weihnachtsmarkt 198
Weißenhäuser Strand 14

Wikingermuseum 74
Wildpferde 56
Wilhelm Malte I. 31
Willy-Brandt-Haus 104
Windmühle Charlotte 56
Wintersport 38
Wismar 82, 140, 177
Wismarer Mumme 82
Wissemara 84
Wolgast 118
Wollin 228

Z
Zappanale 170
Zinnowitz 91
Zoologisches Museum 204

Bildnachweis

Archiv Hanse Sail: 174, 175, 233
BStU-Außenstelle Rostock: 86, 87
Deutscher Marinebund e.V. / Preuß: 77
Deutscher Marinebund e.V. / Schumacher: 76
Die LÜBECKER MUSEEN / Thorsten Wulff: 96/97, 105
Die LÜBECKER MUSEEN / Michael Haydn: 104, 106, 107, 124/125
Eutiner Festspiele / Thorben Junge: 100
Ferienhof Sye: 165
Fotolia.com / AlexanderLrs: 42, Blickfang: 147, Kathleen Rekowski: 215
Franke, Oliver: 128, 129
Gut Altenhof: 159
HANSA-PARK Freizeit- und Familienpark GmbH & Co. KG: 168, 169
Harlandt, Claus / Nordlicht Fotostudio: 103
Hochseilgarten Altenhof: 158
HTM Peenemünde GmbH: 94, 95

istockphoto.com / firina 51, 201; nicky39: 47; Oliver Hoffman: 196; photoschuh: 50; RicoK69: 48, 230/231; threeart: 229
Katz, Dieter: 12–20, 23, 34/35, 38–41, 58, 59, 78–81, 101, 102, 130–132, 166, 190–195, 202/203, 208, 209, 226, 227, 248(1), vordere Klappe (1, 4), Buchrücken (o., u.)
Klemmer, Klaus: 248(3)
Kloock, Joachim: 170, 171
Kröner, Gabriele: 43
Kröner, Matthias: 248(2)
LTM / Manfred Nupnau: 198, 199
Miethe, Uwe: 228
Möller, Armin E.: 172, 173, 179
Museen der Stadt Wolgast: 118, 119
Nolte, Benjamin / noltemedia: 207
Ostseestation Priwall: 44
Pommersches Landesmuseum: 120, 121
Rügensche BäderBahn: 178
Schlorke, Johannes-Maria / OZEANEUM Stralsund: 216, 217

SEA LIFE Timmendorfer Strand 22
Staatliches Museum Schwerin / Michael Setzpfandt: 110, 111
Störtebeker Festspiele GmbH Co. KG: 176, 177
Talaron, Sven / Becht, Sabine: 6, 24–33, 46, 49, 60–67, 82–85, 88–93, 109, 112–117, 122, 123, 140, 141–145, 148–153, 180, 181, 200, 210–213, 241, vordere Klappe (3, 6, 7), Buchrücken (M.)
Thomson-Sabors, Sebastian: 8/9, 136, 139, 236, 242, vordere Klappe (5)
Tolk-Schau: 156, 157
Tourismuszentrale Stralsund: 146, 214
Wegner, Heike: 154/155
Wegner, Mareike: 10, 11, 36, 37, 52/53, 54–57, 68/69, 70–73, 98, 99, 126, 127, 135, 160–163, 182/183, 184–189, 204, 205, 218/219, 220–225, vordere Klappe (2, 8)
Wikinger Museum Haithabu: 74, 75

Das Autorenteam

Dieter Katz (dk) ist promovierter Wirtschaftspädagoge und begeisterter Fotograf. Jeden Sommer seines Lebens hat er – erst familiär erzwungen, dann aus Leidenschaft – an der Ostsee verbracht und auf diese Weise fast jeden Winkel der Küste kennengelernt. Seine Begeisterung für die Region spiegelt sich in mehreren Reiseführern wider, die er über die deutschen Küsten und deren Inseln verfasst hat.

Matthias Kröner (mk) lebt und arbeitet seit einigen Jahren als Autor, Journalist, Redakteur und Kolumnist in der Nähe von Lübeck. Er veröffentlichte in großen deutschen Print- und Onlinemedien. Für seine Erzählungen und Lyrik gewann er sieben Literaturpreise. Als Reiseführerautor befasste er sich bisher mit den Städten Lübeck und Hamburg. www.fair-gefischt.de.

Armin E. Möller (aem) ist Journalist und leidenschaftlicher Eisenbahnfahrer. Aus seinem bei Iwanowski erschienenen Buch „101 Reisen mit der Eisenbahn" stammen drei Texte zu den schönsten Bahnstrecken an der deutschen Ostseeküste.

Sven Talaron und Sabine Becht (st/sb) sind zwar fern der Küste geboren, doch plagte die beiden zeitlebens das Fernweh nach dem Meer. Seit ihrem Studium bereisen der Historiker/Germanist und die Amerikanistin/Kommunikationswissenschaftlerin unter anderem auch die heimische Küste. Das Fernweh haben sie zum Beruf gemacht: Mecklenburg-Vorpommern ist ein fester Bestandteil im alljährlichen Reisekalender der Autoren.

Mareike Wegner (mw) ist Germanistin und lektoriert seit 2008 für Iwanowski's Reisebuchverlag. 2010 verschlug es sie unverhofft aus dem Rheinland nach Flensburg, wo sie einige Jahre lebte und arbeitete. Für dieses Projekt wurde sie auch als Autorin tätig und lässt die Leserinnen und Leser an ihren im Norden Schleswig-Holsteins gewonnenen Erfahrungen teilhaben.

Hamburg individuell

DAS Hamburg gibt es nicht. Die vielen unterschiedlichen Stadtteile und das Fehlen einer markanten Skyline lassen kein einheitliches Bild der Elbmetropole entstehen. Doch gerade in dieser Vielseitigkeit liegt die Faszination: auf der Reeperbahn, am Michel oder Rathaus, an Alster und Elbe, in der Speicherstadt und der neuen Hafencity tummeln sich jährlich Millionen Besucher. Hier leben Geschäftsleute und Kreative friedlich nebeneinander. Selbst alte Hamburger kennen nicht jede Ecke ihrer Stadt, die schillernd und bunt wie ein Kaleidoskop ist. Jeder Stadtteil ist anders und will entdeckt werden. Das Autorenteam unter Führung des Verlegers und Reisebuchautors Michael Iwanowski stellt schlaglichtartig 101-mal Hamburg vor: Besucher-Highlights und Spektakuläres neben kleineren Randerscheinungen und Besonderheiten im Verborgenen.

Nach „101 Berlin" ist mit diesem Hamburg-Reiseführer der zweite Deutschland-Titel in der Iwanowski-Serie „101 Geheimtipps" erschienen, der 2011 mit dem ITB-Award für die besondere Reisebuchreihe ausgezeichnet wurde.

Das komplette Verlagsprogramm unter:
www.iwanowski.de

ebook-Reiseführer

  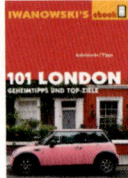 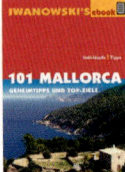 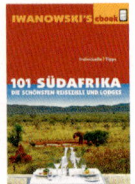 

 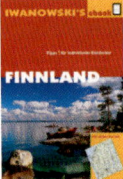 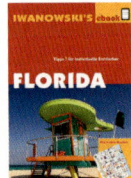  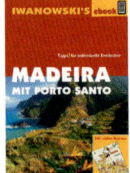 

 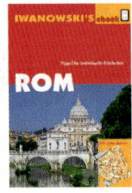   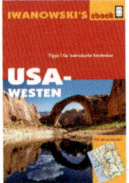 

Die ebook-Reiseführer von Iwanowski zeichnen sich durch eine hohe Benutzerfreundlichkeit aus: Alle Internetadressen sind direkt extern und alle Seitenverweise und Überschriften sind intern verlinkt. Je nach Lesesoftware können Lesezeichen gesetzt, Textstellen markiert und Kommentare einfügt werden. Alle Bilder und Karten können vergrößert angeschaut werden.

 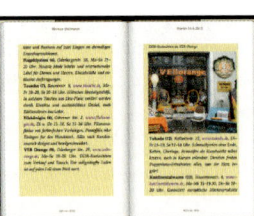 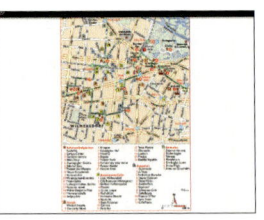

Das komplette Verlagsprogramm unter:
w w w . i w a n o w s k i . d e

IWANOWSKI'S REISEBUCHVERLAG
FÜR INDIVIDUELLE ENTDECKER

Der Reiseblog vom Spezialisten iwanowski.de/blog — Täglich aktuelle Reisehinweise & Tipps zu Unterkünften, Restaurants, Aktivitäten...

REISEHANDBÜCHER

Europa
- Barcelona und Umgebung
- Berlin*
- Dänemark*
- Finnland*
- Irland*
- Island*
- Liparische Inseln *
- Lissabon*
- Madeira mit Porto Santo
- Malta, Gozo & Comino*
- Norwegen*
- Paris und Umgebung*
- Piemont & Aostatal*
- Polens Ostseeküste & Masuren*
- Rom*
- Schweden*
- Tal der Loire mit Chartres*

Asien
- Oman*
- Peking
- Rajasthan mit Delhi & Agra*
- Shanghai*
- Singapur*
- Sri Lanka/Malediven*
- Thailand*
- Tokio mit Kyoto
- Vietnam*

Afrika
- Äthiopien*
- Botswana*
- Kapstadt & Garden Route*
- Kenia/Nordtanzania*
- Mauritius mit Rodrigues*
- Namibia*
- Südafrikas Norden & Ostküste*
- Südafrika*
- Uganda/Ruanda*

Australien / Neuseeland
- Australien*
- Neuseeland*

Amerika
- Bahamas
- Chile mit Osterinsel*

Amerika
- Costa Rica*
- Florida*
- Guadeloupe und seine Inseln
- Hawaii*
- Kalifornien*
- Kanada/Osten*
- Kanada/Westen*
- Karibik/Kleine Antillen*
- New York
- USA/Große Seen|Chicago*
- USA/Nordosten*
- USA/Nordwesten*
- USA/Ostküste*
- USA/Süden*
- USA/Südwesten*
- USA/Texas & Mittl. Westen*
- USA/Westen*

101... - Serie: Geheimtipps und Top-Ziele
- 101 Berlin*
- 101 Bodensee
- 101 China
- 101 Deutsche Ostseeküste
- 101 Florida
- 101 Hamburg
- 101 Indien
- 101 Inseln
- 101 Kanada-Westen
- 101 London
- 101 Mallorca
- 101 Namibia – Die schönsten Reiseziele, Lodges & Gästefarmen
- 101 Reisen für die Seele – Relaxen & Genießen in aller Welt
- 101 Reisen mit der Eisenbahn – Die schönsten Strecken weltweit
- 101 Safaris
- 101 Skandinavien
- 101 Südafrika – Die schönsten Reiseziele & Lodges
- 101 Südengland
- 101 USA

REISEGAST IN...
- Ägypten
- China
- England
- Indien
- Japan
- Korea
- Polen
- Russland
- Südafrika
- Thailand

Neu: Karten per QR-Code gratis downloaden!

* mit Extra-Reisekarte
  auch als ebook (epub)
  Karten gratis downloaden

Iwanowski's Reisebuchverlag GmbH • Salm-Reifferscheidt-Allee 37 • D- 41540 Dormagen
Tel: 0 2133/260311 • Fax: 0 2133/260334 • E-mail: info@iwanowski.de
www.iwanowski.de • www.facebook.com/Iwanowski.Reisebuchverlag
www.iwanowski.de/blog • www.twitter.com/Iwanowskireisen

RUHE VOM ALLTAG
Direkt am Strand der Ostsee

LIEBE & MEER VERBINDEN

DIE LIEBE ZUM GAST VERBINDET,
DER SCHÖNE STRAND AUCH – UND DAS MEER.

Im Strandhotel Fischland und im Strandhotel Dünenmeer bleiben keine Urlaubswünsche offen, denn jedes Hotel hat seinen individuellen Charakter: für Kinder, Eltern, Groß- und Urgroßeltern das **sportlich-familiäre Strandhotel Fischland** oder für die entspannten Wellnessgenießer das **ruhige Strandhotel Dünenmeer**, dessen SPA laut RELAX Guide 2014 »der beste SPA an der Ostsee« ist.

Die »Krönung« der kulinarischen Genüsse befindet sich auf dem Dach des Strandhotels Fischland: das Gourmetrestaurant Ostseelounge (ein Michelin-Stern) mit einmaligem Panoramablick über die See. Mehr Individualität geht nicht: Wohnen im Hotel oder den Ferienwohnungen und -häusern, immer umsorgt von herzlichen Menschen und einem professionellen Service auf höchstem Niveau.

Strandhotel Fischland GmbH & Co. KG • Ernst-Moritz-Arndt-Str. 6
Strandhotel Dünenmeer GmbH & Co. KG • Birkenallee 20
18347 Ostseebad Dierhagen • Tel. 038226 520 • www.strandhotel-ostsee.de